글쓰기
이론과 실제

원광대 〈글쓰기 이론과 실제〉 교재 편찬위원회 지음

도서출판 경진

글쓰기 능력은 현대 사회의 모든 분야에서 현대인이 갖추어야 할 가장 필수적인 능력으로 평가 받고 있다. 우리는 글쓰기를 통해서 자신의 생각을 구조화하고, 표현하며, 타인과 소통할 뿐만 아니라 한 걸음 나아가 자기 자신을 성찰하고, 자신의 사회적·전문적 능력을 발휘하기 때문이다. 우리 사회는 그 어느 때보다도 이러한 글쓰기와 글쓰기 능력의 중요성을 강조하고 있다.

특히 대학생에게 글쓰기는 지성인으로서의 올바른 삶에 대해 성찰하고, 자신이 전공하는 학문 세계와 만나며, 동시에 미래의 직업 세계를 준비하기 위해 반드시 필요한 수단이자 활동이다. 대학생활을 위해 또한 자신의 미래를 위해, 학문적 소양과 결부된 글쓰기 능력, 사회적으로 요구되는 실용적 글쓰기 능력을 키우는 것은 필수적이다. 이렇듯 글쓰기 능력이 중요함에도 불구하고 많은 대학생들이 글쓰기를 어려워하는 이유는 글쓰기 과정에 대한 이해의 부족, 글을 쓰는 연습의 부족, 체계적인 글쓰기 교육의 부재에서 기인한다. 이 교재를 설계하면서 일차적으로 고려한 것은 바로 이런 점이었다.

글쓰기 교재 개발 과정에서 고려한 점은 다음과 같다.

첫째, 이론 중심의 글쓰기 교재보다는 실질적인 글쓰기 능력을 기를 수 있는 교재를 지향하였다. 이를 위해 글쓰기 이론에 대한 설명은 최소화하는 대신 다양한 예를 통해 글쓰기에 접근할 수 있도록 하였으며, 글쓰기 이론을 설명할 때에도 글쓰기 자체에 대해 스스로 문제를 던지고 답하는 과정을 통해 이해에 도달할 수 있도록 하였다.

둘째, 글쓰기 방법에 대한 이해를 바탕으로 글쓰기의 실질적인 훈련이 이루어질 수 있도록 교재를 구성하였다. 알고 익히는 과정을 통해 이론과 실제를 겸할 수 있도록 한 것으로, 이는 글쓰기 능력이 더 이상 글쓰기 방법을 아는 것만으로 신장되는 것이 아니라 그 방법을 구체적으로 실천할 때 길러질 수 있다는 점을 고려한 것이다.

셋째, 글쓰기에 대한 흥미를 배가시키고 글쓰기의 모범적인 예를 제시하기 위해 다양한 예문을 선정하였다. 예문의 선정은 해당 글쓰기 요소에 필요한 특성을 갖추고 있으면서 동시에 학생들의 관심사를 표현하고 있는 글, 대학 졸업 후 직업 세계에서 필요한 글, 현대 사회 교양인으로서 지녀야 할 소양과 관련된 글 등을 중심으로 이루어졌다. 이는 다양하고 모범적인 예문을 통해 자연스럽게 글쓰기 교육뿐만 아니라 읽기 교육도 될 수 있도록 배려한 것이다.

넷째, 이 교재의 마지막에 스피치와 토론도 다룸으로써 단순히 글쓰기 교재에만 그치는 것이 아니라 말하기 훈련도 가능한 교재를 집필하고자 하였다. 글쓰기 능력은 읽고 쓰며 토론하는 통합적 활동 속에서 발전한다. 이를 고려하여 읽기 능력의 신장을 배려한 것과 같은 맥락에서 '스피치와 토론' 장을 설정하였고, 이를 통해 통합적인 의사전달 능력을 키울 수 있도록 하였다.

이 교재는 총 여섯 장으로 구성되어 있다. 우선 1장, 2장, 3장에서는 글쓰기 자체에 대한 이해와 더불어 좋은 글이란 어떤 글인지, 또 어떤 절차를 거쳐 글을 써야 하는지를 다루고 있다. 후반부인 4장, 5장, 6장에서는 우리 삶과 학문 세계에서의 글쓰기를 통해 다양한 글쓰기 방식을 익힐 수 있도록 하였으며, 또한 사회에서 필요한 말하기 능력의 신장을 위해 스피치와 토론 능력을 다루었다. 각 장별로 담고 있는 내용을 서술하면 다음과 같다.

1장에서는 글쓰기의 성격, 중요성을 이해함으로써 자신의 삶에서 글쓰기가 어떤 의미를 지니는지 알 수 있도록 하였다. 다양한 예와 연습문제들은 글쓰기에 대한 두려움을 없애는 데 도움이 될 것이다.

2장에서는 글쓰기에 필요한 기본적인 요건을 이해할 수 있도록 하였다. 어휘, 문장, 단락 단위로 글쓰기 연습을 할 수 있도록 하였으며 어문 규정에 대한 이해를 통해 정확한 표현을 위한 기초 능력을 기르도록 하였다.

3장에서는 글쓰기 절차에 대한 이해를 통해 어떤 과정을 거쳐 글을 써야 하는 것인지 익힐 수 있도록 하였다. 글쓰기의 절차를 고려한 글쓰기 훈련은 이후 스스로 글을 쓸 수 있는 능력을 기르는 데 중요한 역할을 할 것이다.

4장에서는 여러 실용적 글쓰기 능력을 갖출 수 있도록 구성하였다. '대학에서의 글쓰기'에서는 학술적 논문과 리포트 쓰기를, '사회에서의 글쓰기'에서는 이력서 쓰기, 자기소개서 쓰기,

기획서 쓰기를, '디지털 시대의 글쓰기'에서는 프레젠테이션을 익힘으로써 다양한 분야에서 필요한 글쓰기 능력을 익힐 수 있도록 하였다.

5장에서는 인문학, 사회과학, 자연과학, 예술 분야에서 요구하는 글쓰기를 배우고 익힐 수 있도록 하였다. 자신의 전공과 관련된 학문 분야에서 어떤 글쓰기 방식을 요구하는지에 대해 관심을 갖고 훈련할 수 있도록 하였다.

6장에서는 말하기와 토론의 능력이 글쓰기의 중요한 요건 중 하나라고 보고, 스피치와 자기표현, 토론과 의사소통 방식을 다루었다. 이를 통해 통합적인 의사전달능력을 익힐 수 있을 것이다.

총 여섯 장에 걸쳐, 글쓰기에 대한 많은 내용을 다루고자 하였으나 모든 것을 다룰 수는 없었다. 그 부족함은 강의 시간 혹은 개인적인 탐구의 몫으로 남겨 두고자 한다. 부디 이 교재를 바탕으로 많은 학생들이 글을 쓰는 능력, 글을 읽는 능력, 말하기 능력이 일취월장하기를 기대한다.

이 책을 기획하고 출판하기까지 여러 사람들의 노고가 있었음에 감사드린다. 귀중한 원고를 주셨을 뿐만 아니라 여러 차례 원고를 검토하고 수정하는 고생을 마다하지 않은 집필자 선생님들께 감사드린다. 또 바쁘고 힘든 일정을 소화하면서 기꺼이 출판을 허락한 경진 출판사의 양정섭 사장님, 원고를 모으는 일부터 시작해서 이 책이 나오기까지 다방면으로 수고한 국어교육과의 김영현 선생에게도 이 자리를 빌려 감사의 말을 전하고자 한다.

원광대 〈글쓰기 이론과 실제〉 교재 편찬위원회 일동

머리말

6

글쓰기의 이론과 실제

1장

글쓰기의 기초

1. 글쓰기의 이해

1) 글쓰기란 무엇인가

글쓰기는 '듣기-말하기-읽기-쓰기'로 이루어진 언어활동의 한 영역이다. 언어는 타인과 소통을 하기 위한 중요한 수단으로서, 이 중에서 말하기와 글쓰기는 자신의 생각과 느낌을 효과적으로 표현하는 중요한 방법이다. 듣기, 읽기와 마찬가지로 말하기와 글쓰기는 유기적으로 연결되어 있지만, 실제에 있어서 이 두 영역은 큰 차이점을 지닌다. 말하기가 화자, 상황, 시공간 등의 제약에 구속된 일시적·임시적·단편적·분산적·상호적 언어행위라면, 글쓰기는 그러한 제약들에서 비교적 자유로운 표현수단이다. 글쓰기가 말하기의 일시성, 직접성, 즉흥성 등을 극복할 수 있는 의사소통행위라는 것은, 그만큼 사유 내용을 체계 있게 조합하고 소통하는 능력이 요구된다는 것을 의미한다. 말을 잘 하는 사람이 반드시 글을 잘 쓰는 것은 아니고 시인, 작가 등 뻬어난 글솜씨를 지닌 사람들 중에서도 어눌한 사람이 더러 있는 것처럼 음성언어와 문자언어는 실생활에서 혹은 심화영역에서 전혀 다른 영역처럼 작동될 수도 있는 것이다. 따라서 글쓰기는 자연스러운 입말과 달리, 게임처럼 일정한 규칙과 관습을 배우고 익혀야만 잘 수행될 수 있는 일종의 기능이다.

기능으로서의 글쓰기란 최소한의 기술을 익혀야한다는 것이다. 단어, 문장, 단락 등등이 그 최소한의 기술에 해당될 것이다. 이는 게임에서 일종의 기본적인 아이템을 습득하는 것에 비유할 수 있다. 단어, 문장 등의 최소한의 무기를 능숙하게 다룰 수 있다면, 구성, 주제, 문체 등 보다 복잡한 단계로 나아가기 위한 고도의 훈련이 필요하다. 창의적 사고와 논리력, 풍부한 지식, 통찰력 등이 요구되는 이 단계는 단순히 글쓰기의 기능성이 아닌, 독서와 사유, 체험 등등 글 쓰는 이의 삶의 총체성이 반영될 수밖에 없다.

게임을 잘 하기 위해서는 끊임없는 연습이 필요하듯, 글을 잘 쓰기 위해서는 기존의 규칙을 잘 익혀야 한다. 규칙을 익히기 위한 왕도는 잘 된 글들을 열심히 읽고 모방해보는 것이다. 평면에 4차원을 도입한 입체파 화가 피카소는 그 자신의 독창적인 세계를 창조하기 전에, 대가들의 그림들을 수도 없이 모사한 것으로 유명하다. 넘어서기 위해서는, 넘어서기 전에 선배들이 달성한 곳에 도달해야 한다.

또 한편 쓰기란 가장 능동적이고 직접적이며, 정신적이고 육체적인 체험이다. 이메일, 보고서, 논문에 이르기까지 그 정도는 다르지만 쓰기는 듣기, 말하기, 읽기 중 가장 주체적이고 개인적인 언어활동이다. 많은 노역이 드는 만큼 그것은 우선적으로 글쓰는 주체를 '움직이는' 중요한 체험인 것이다. 그것은 자신의 생각을 표현하고 전달하는 주체적인 글쓰기뿐 아니라 단순한 베껴쓰기에서도 마찬가지이다. 과거 초중고교 시절 연습장에 무수히 반복해서 썼던 글자들이 그러했고, 또 아랍에서 공부란 따라 써보기였다는 데에서 알 수 있듯, 쓰기란 저자의 생각을 가장 직접적으로 체험하는 것이고, 또한 자신의 것으로 만드는 가장 능동적인 행위인 것이다.

다음은 벤야민이 쓴 중국의 필경사에 관한 것이다. 텍스트를 단순히 읽는 것과 베껴쓰는 것의 차이란 무엇인지 다섯 문장 내외로 요약하시오.

예문　국도(國道)는 직접 걸어가는가 아니면 비행기를 타고 그 위를 날아가는가에 따라 다른 위력을 보여준다. 텍스트 역시 그것을 읽는지 아니면 베껴 쓰는지에 따라 그 위력이 다르게 나타난다. 비행기를 타고 가는 사람은 자연 풍경 사이로 길이 어떻게 뚫려 있는지를 볼 뿐이다. 그에게 길은 그 주변의 지형과 동일한 법칙에 따라 펼쳐진다. 길을 걸어가는 사람만이 그 길의 영향력을 경험한다. 비행기를 탄 사람에게는 단지 펼쳐진 평원으로만 보이는 지형의 경우 걸어서 가는 사람에게 길을 돌아서는 길목마다 먼 곳, 아름다운 전망을 볼 수 있는 곳, 숲 속의 빈터, 전경들을 불러낸다. 마치 전선에서 지휘관이 군인들을 불러내듯이. 이와 마찬가지로 베껴 쓴 텍스트만이 텍스트에 몰두하는 사람의 영혼에 지시를 내린다. 이에 반해 텍스트를 읽기만 하는 사람은 텍스트가 원시림을 지나는 길처럼 그 내부에서 펼쳐 보이는 새로운 풍경들을 알 기회를 갖지 못한다. 그냥 텍스트를 읽은 사람은 몽상의 자유로운 공기 속에서 자아의 움직임을 따라갈 뿐이지만, 텍스트를 베껴 쓰는 사람은 텍스트의 풍경들이 자신에게 명령을 내리기를 기다리기 때문이다. 따라서 중국에서 필경사(筆耕士)는 문자문화의 비할 바 없는 보증인이며, 필사, 즉 베껴 쓰기는 중국의 수수께끼를 푸는 열쇠다.

▶▶▷ 발터 벤야민, 김영옥·윤미애·최성만 옮김, 『일방통행로/사유이미지』, 도서출판 길, 2007

2) 대학에서의 글쓰기

글쓰기는 인간이 사회활동을 위해 필요한 일상적인 의사소통수단의 하나이지만, 최근 정보화 시대와 세계화 추세에 의해 확장된 네트워크 속에서 상호 의사소통을 위해 더욱더 중요시 되고 있다. 인터넷 채팅, 이메일, 보고서, 발표문, 기획서, 이력서 등등, 날로 점증되는 일상적인 글쓰기의 중요성 이외에 대학에서 글쓰기는 보다 특별히 중요성을 띠고 있다. 글쓰기는 대학생이 학문을 연마하고 사회를 이해하는 데 중요한 토대가 되기 때문이다. 대학에서의 글쓰기는 기존의 지식을 수동적으로 습득하는 데에서 나아가 주체적이고 능동적으로 학습할 수 있도록 하는 중요한 수단이다. 대학을 뜻하는 'university'는 'universe'(우주)에서 나온 말이다. 즉 대학은 특수, 개별적인 것의 지식 및 기술을 습득하는 곳이 아니라, 보편적인 것을 이해하고 탐구하는 곳이라는 뜻이다. 대학 생활동안 우리는 자신의 전공분야는 물론, 앞으로 몸담게 될 사회공동체를 이해하기 위해 노력해야 한다. 그 이해의 첫 출발은 지식의 보고인 책읽기를 통해서이지만, 성공적인 삶을 살기 위해서는 기존의 지식을 주체적으로 성찰하고 받아들여야 한다. 삶과 사회에 관한 모든 지식은 분명 구체적 현실에서 나온 것들이지만 모두, 어떤 상황에서든 '옳은 것'은 아니다. 가령, "아는 게 힘이다"라는 말과 "모르는 게 약이다"라는 속담이 함께 존재하고 그 둘은 다른 상황에서 모두 옳을 수 있는 게 현실이다. 즉, 어떤 지식과 경험을 받아들이는 것은 특정한 관점을 필요로 한다는 것이다. 그리고 그 '특정한 관점-세계관'을 형성하는 데 가장 중요한 수단이 바로 주체적인 글쓰기이다.

다음의 글을 읽고, 1) 여행과 대학의 유사성은 무엇인지, 2) 대학생이 갖춰야 할 대학생활의 자세는 무엇인지 200자로 정리해보자.

예문   나는 지난번 것과 마찬가지로 이 글도 미국 버팔로라는 곳에서 쓰고 있지만 지금쯤 새내기들을 맞아 시끌벅적할 우리의 대학 캠퍼스들이 눈에 선하다. 해마다, 그것도 고목에 물오르고 개구리 잠깨는 봄의 시작과 함께, 눈빛 초롱한 신입생들을 만난다는 것은 한국 대학에 몸담고 있는 사람들의 큰 행복 가운데 하나이다. 봄학기가 대개 1월에 시작되는 미국에서는 우리처럼 새내기를 맞는 춘삼월의 설렘을 경험할 수 없다. 내가 머물고 있는 버팔로는 경상도보다 더 클 성싶은 호수를 양쪽에 하나씩 끼고 있어 3월에도 무시로 흐린 눈발이 분분하고 4월이 지나야 간신히 봄이 오는 고장이다. 여기서 차로 30분 거리의 나이아가라 폭포 주변에는 물보라를 뒤집어쓴 나무들이 투명한 얼음옷을 아직도 두께두께 입고 있다. 나무들이 얼어죽지 않는 것이 기적 같다. 아니, 얼음집(igloo)이 에스키모에게 집이듯 나이아가라의 나무들에게는 얼음옷이 겨울옷인지 모른다.

돌연한 깨침처럼, 여행자는 흔히 두 가지 만남을 경험한다. 그는 여행길에서 많은 것을 보되 그가 본 것의 어느 것도 소유하지 못한다. 그가 본 새로운 것들, 아름다운 것들, 탐나는 것들이 제 아무리 많아도 그는 그냥 빈손으로 돌아가야 한다. 소유의 왕국에서 해방된 사람처럼 그는 아무것도 소유하지 않고 소유할 수 없다. 여행이란 그러므로 소유와 매달림과 집착으로부터의 자유로움, 우리에게 익숙하지 않은 그 낯선 자유와의 만남이다. 그리고 그는 남의 나라 타자(他者)의 고장에 와서 어렵쇼, 어찌된 건가, 거기서 마치 거울 속의 자신을 처음 보듯 제 나라 자기 고장, 자기 자신을 발견한다. 영국 작가 G. K. 체스터튼이 했던 말(《외국 땅에 발을 딛는다는 것은 자기 조국에 발을 딛는 것이다》) 그대로 그는 타지에서 고국을 만난다. 여행은 그러나 이런 두 개의 만남으로만 끝나지 않는다. 세 번째 만남이 있다. 제 나라에 돌아왔을 때 그는 자신이 이미 이전의 자기가 아님을 문득 깨닫는다. 남의 고장에서 제 나라를 발견한 사람은 제 나라에서도 남의 고장을 발견한다. 그에게 가장 익숙하고 친숙한 것들에서 그는 그가 몰랐던 타자의 얼굴을 만나는 것이다. 그는 바뀌어 있다.

대학을 다닌다는 것과 여행의 경험 사이에는 모종의 유사성이 있어보인다. 여행의 경우처럼 대학에서 우리는 아무것도 소유하지 않는다. 우리가 가진 것, 고정관념, 굳어진 가치관에서 벗어나 자유로워지는 것이 대학생활이다. 무언가를 단단히 움켜쥐기 위해, 어떤 것에 매달리고 집착하기 위해 대학에 가는 이가 있다면 그는 번지수를 잘못 잡은 사람이다. 우리는 누에고치가 되기 위해 대학에 가지 않는다. 모래에 머리 처박는 타조처럼 자기의 믿는 것에만 열심히 머리 파묻기 위해서라면 대학에 가지 않아도 된다. 쥐었던 것도 일단 놓는 곳, 거기가 대학이다. 놓지 않고는 우리가 대학에서 새로운 것을 만날 가능성은 없다. 몸을 가두는 육체의 감옥이 있다면 혼을 가두는 정신의 감옥도 있다. 대학은 정신의 가두리 양식장이 아니라 여행자의 행로처럼 열린 바다, 넓은 하늘, 트인 지평이다.

〈걸리버 여행기〉의 주인공 걸리버는 난쟁이, 거인, 철학자, 말들의 나라를 여행하고 〈야후〉(Yahoos)족도 만난다. 이 나라들은 세상에 존재하지 않는 판타지 속의 세계이다. 그런데 이상하다. 그 존재하지 않는 이상한 나라들의 여행기에서 18세기 영국 독자들이 본 것은 자기네 나라 영국이다. 낯선 나라를 통해 되비쳐오는 제 나라의 얼굴 만나기, 그것이 여행의 한 소득이라면 대학생활의 가장 자랑할 만한 성과도 나 아닌 것, 타자, 다른 세계들과의 만남을 통해 나를 알고 넓어지는 것이다. 이 자기 확장을 가능하게 하는 것이 자기에게 질문을 던질 줄 아는 비판적 능력이다. 질문하는 능력의 확장을 보장하기 위해 사회가 대학에 인정하는 높은 특권이 대학의 자유, 학문의 자유이다. 그것은 특권이되 모든 기득권을 거부하고 진리의 소유 주장을 심문하는 특권, 정신의 가장 활발하면서도 겸손한, 그리고 겸손해지기 위한 특권이다.

우리 시대의 한 탁월한 평론가 에드워드 사이드는 최근의 에세이집 『유배에 대한 성찰』에서 모든 형태의 문화적 고정성에 비판적 거리를 유지하는 것이 유배자(exile)의 정신이며 자신은 그런 유배자의 하나라고 말한다. 그리고 테오도르 아도르노의 말을 인용한다. 〈자기 집에서 편하지 않은 것, 그것이 도덕성의 한 부분이다.〉 집으로 돌아와 타자의 존재를 보는 여행자, 그는 사이드의 유배자와도 비슷하다. 그 여행자의 소득에서 우리는 안주하지 않는 대학생활의 정신적 성취를 본다. 나중에 설혹 어떤 안거의 순간이 온다 할지라도 그것은 질문 없이 네모꼴로 오래오래 퍼져 앉은 자의 안주는 아니다.

▶▶▷ 도정일, 「여행자의 이야기-신입생을 위하여」, 『씨네21』, 디스토피아 유토피아

3) 좋은 글의 요건

> **토론과제**
>
> 과거에 읽었던 글 중에서 가장 좋았던 글 한 편씩을 제시하고, 좋은 글이 갖춰야할 요건 다섯 가지를 제시해보자.

간결한 문장, 짜임새 있는 구성, 정확성, 독창성, 통일성, 일관성, 논리성, 재미, 감동 등등 흔히 말해지는 대로 좋은 글의 요건은 많지만 이 수다한 항목이 모든 글이 갖춰야 할 필수적이고, 공통적인 사항은 아니다. 즉 좋은 글의 요건은, 개별적인 글이 목표하는 바에 따라 다르다는 것이다. "좋은 작품을 쓰는 데에는 세 가지의 법칙이 있다. 그러나 그것을 아는 사람은 아무도 없다"라고 했던 서머셋 모옴의 말은 바로 이러한 좋은 글의 모호한 성격에 대해 지적하고 있는 것이다.

좋은 글의 요건은 그 각각의 글이 지향하는 바에서 귀납적으로 추출될 수 있다는 말은 쉽게 비유하자면 패션과 마찬가지라는 뜻이다. '상가집에 갈 때는 검정색 정장을, 소풍을 갈 때는 캐주얼하게, 수영장에 갈 때는 수영복을, 기타 등등' 우리는 때와 장소에 맞게 관습적 의복을 수행하며 살아간다. 글에서도 이와 마찬가지로 때론 점잖게, 때론 섹시하게, 때론 화려하게 입어야 하는 여러 스타일이 존재한다. 같은 검은 정장에도 여러 종류가 있듯, 같은 종류의 글이더라도 자신의 개성과 논지를 살리기 위해서는 각자 최선의 방식으로 '엣지있게' 다듬을 줄 알아야 한다. 그러나 그 이전에 우선 갖추어야 하는 것은, '오류없는 글쓰기'이다. 단추를 잘못 달거나 옷을 거꾸로 입고 다니는 사람이 해괴망측하듯, 오류가 있는 글은 눈살을 찌푸리게 한다. 오자, 탈자, 틀린 맞춤법, 문단 나누기 안 하고 쓴 글, 비문 투성이, 구성이 전혀 안 되어 있는 글들은 일단 '오류가 많은 글'이라고 할 수 있다.

대학에서의 글쓰기 수업은 우선 이러한 오류를 없애는 것에서 출발한다. 그리고 그것은 조금만 노력한다면 누구나 도달할 수 있는 1단계이다. 좋은 글을 100점 만점으로 보았을 때, 이 1단계는 30점에 해당한다. 이 30점은 쓰고 나서 '퇴고'만 한다면 쉽게 얻을 수 있는 점수이다. 2단계는 앞에서 말한 정확성, 독창성, 통일성, 논리성, 재미 등등의 여러 요건을 충족시키는 단계이다. 좋은 글이 모두 이 요건들을 충족시킬 필요는 없지만, 좋은 글이라면 이 요건들을 완전히 배제하지는 않는다. 그러므로 좋은 글쓰기의 2단계는 이러한 요건들을 최소한으로 연마하는 과정이다. 2단계까지는 한 학기 혹은 두 학기 동안의 글쓰기 수업을 통해 학습할 수 있다. 기능으로서의 글쓰기란 바로 이 70점에 해당하는 2단계까지를 의미하는 것이다. 그러나 나머지 30점은 글쓰기 수업 시간에 배울 수 없는 것이다.

좋은 글을 정의하기란 쉽지 않지만, 읽었던 글 중에 가장 좋았던 글을 떠올려보면 그것들이 갖고 있는 공통된 핵을 찾을 수는 있다. 최상의 좋은 글은 '읽는 이'의 삶을 바꾸는 글이다. 즉 독자의 마음을 흔들고, 사유를 흔들어 새로운 지각 변동이 일어나게 하는 글, 혹은 이전까지 어렴풋하게 알고 있던 것들을 더 확고하게 만들어주는 글 등등 요컨대 독자의 삶을 바꾸고 기억에 오래 남을 수 있는 '힘'을 지닌 글이 좋은 글이라고 할 수 있다. 물론, 정보 전달, 설득과 논증, 감성 표현 등 모든 종류의 글에 두루 해당되는 것은 아니지만, 기능적인 글에도 글쓴이의 관점이나 학식의 정도가 어쩔 수 없이 표출될 수밖에 없다고 했을 때, 궁극적으로 그것은 앞에서 말한 것과 다르지 않다고 할 수 있다.

3단계에 해당하는 이 단계는 강의실 바깥에서 각자 스스로 연마할 수밖에 없다. TV, 대중문화, 독서를 통한 정보 습득과 간접체험, 그리고 일상생활에서 배워나가는 복잡한 삶의 여러 층위 등등 온 몸으로밖에 연마해나갈 수밖에 없는 이 3단계는, 궁극적으로 '사유'를 획득해나가는 과정이다.

한 가지 더 추가하자면, 좋은 글의 핵심은 '내용'이지만 그 내용을 전개하는 형식 또한 중요하다. 형식은 앞서 말한 바대로 기본 규약을 지키는 것에서 출발하며, 그 내용을 '어떻게 효과적으로 표현할 것인가'하는 문제로 나아간다. 비유, 구성, 전개 등과 관련된 이 부분은 뒤에서 상세하게 설명하겠지만, 그 요지는 글을 쓰기 전에 어떻게 쓸 것인가에 대한 고민이 선행되어야 한다는 것이다. 수필이 '붓가는 대로 쓰는 글'이라고는 하지만, 어떤 좋은 글도 자유연상에 의해 자동기술된 것은 없다. 글쓰기가 궁극적으로 타인과 소통하는 사회적 행위라는 의미에서 그것은 나름의 효과적인 방식을 필요로 한다. 즉 글쓰기 전의 구상은 좋은 글의 필수적인 사전 작업이다.

다음 글을 읽고, 좋은 글의 요건 세 가지를 간략하게 요약해보자. 그리고 주제문을 찾아 밑줄 그어보자.

예문　연애편지는 우선, 독자가 분명하다. 독자의 취향과 성격, 수준이 분명하다. 단 한 명의 독자만 만족시키면 되는 글, 그것이 바로 연애편지다(때로는 상대방의 친구나 부모까지도 겨냥하는 사람들이 있지만 그런 경우는 예외로 하자). 타깃 독자가 분명하다는 것은 글쓰기에 있어 매우 중요한 요소가 된다. 누가 읽을지 모르는 글을 쓰는 것만큼 힘든 일도 없다.

또한 연애편지는, 목적이 분명하다. 연애편지는 대체로 '읽는 사람의 마음을 사로잡는다'라는 확실하고 명쾌한 목표를 가지고 있다. 목표가 분명해지면 역시 글쓰기는 한결 쉬워진다. 작자는 독자의 마음을 사로잡기 위해서 다양한 비유와 인용을 동원하게 되며 그것을 통해 점점 더 자신의 글을 발전시켜 나가게 된다. 반대로 목적이 불분명한 글을 쓰는 사람도 괴롭고 읽는 사람도 힘들다.

마지막으로 연애편지는, 작자가 가진 역량을 총동원하게 만든다. 그러니까 대충대충 쓸 수가 없는 글이라는 얘기다. 강렬한 욕망, 바로 그 욕망이 나로 하여금 내 아는 것, 가진 재능 모두를 소비하게 만드는 것이다. 사랑에 빠지면 뭔들 못하겠는가. 밤을 새워가며 시집을 뒤지고 수십 번에 걸쳐 글을 고친다. 연애편지의 이런 특성은 글이 언급하고 있는 대상, 즉 화제를 사랑한다는 간단한 사실에서 비롯되는 것이다.

나는 좋은 글을 쓰는 일이 연애편지를 적는 일과 결코 다른 것이라고 생각하지 않는다.

▶▶▷ 김영하, 「연애편지적 글쓰기」, 『김영하·이우일의 영화 이야기』, 마음산책, 2003

4) 사고와 글쓰기

앞의 예문에서 글쓰기를 연애편지에 비유하고 있는 것처럼, 좋은 글은 우선 에로스가 바탕이 되어야 한다. 즉 좋은 글은 주제를 사랑하는 데에서부터 출발한다는 것이다. 비단 좋은 글뿐일 것인가? 훌륭한 프리젠테이션, 아름다운 예술작품, 멋진 여행, 성공적인 삶 등등 최고와 최상에 열정이 함께 하지 않는 경우란 드물다. 그렇다면 '에로스'란 무엇인가? 에로스의 본질은 질문이다. 한 동네에 자란 옆집 이성관계, 일생을 함께 해온 부부 사이에서 '에로스'를 좀처럼 발견하기 어렵듯, 에로스는 낯선 것, 신비한 것을 향하는 힘이다. 연애의 90%는 수다라는 말이 있는데, 이것은 서로에 대해 끊임없이 알고자 하는 욕구 때문이다. 이미 많은 것을 알고 있는 관계에서 '에로스'는 존재하지 않는다. 질문한다는 것은 바로 대상을 물음표(?)로, 신비롭고 매혹적인 이성으로 대했을 때 발생한다. 또한 그것은 대상을 쉽게 판단하고 자기 것으로 만들고자 하는 폭력과도 다른 것이어야 한다. 즉, 좋은 글쓰기의 바탕이 되는 것은 진정성과 수줍음, 용기와 순결함을 담은 물음이어야 한다는 것이다.

물음은 사유이다. 매혹적인 대상과 마주치면 정신이 혼미해지듯, 진정한 물음은 존재를 깊이, 오랫동안 그 대상에 대해 사유하게 만든다. 때로 그것은 안일한 일상과 존재 자체를 뒤흔들어놓음으로써 이전과는 다른 존재로 바꾸어놓기도 한다. 따라서 글쓰기에서 가장 중요한 사유란, 잘 묻는 것이다. 논문의 서론에 '문제제기'가 필수적으로 들어가야 하는 것도 바로 이러한 이유이다. 모든 글은 글쓴이가 제기한 이 '문제제기'를 따라 진행될 수밖에 없기 때문이다. 좋은 글, 특히 인류에 큰 영향을 끼친 좋은 저작들에는 반드시 좋은 물음들이 있게 마련이다. 가령, 『홍길동전』을 상기해보자. 길동이가 아버지에게 끊임없이 물었던 것은 무엇인가? "왜 아버지를 아버지라 할 수 없고 형을 형이라 할 수 없는지~" 한때 개그로 유행했던 이 '호부호형(呼父呼兄)'에는 중요한 시대적 문제제기가 들어 있다. 우리는 그것을 적서차별 제도에 대한 비판으로 이미 배운 바 있다. 도스토예프스키의 『죄와벌』에도 중요한 질문이 있다. 법대생 라스꼴리니꼬프는 전당포의 수전노 노파를 도끼로 내려쳐 죽인다. 그 행위에는 다음과 같은 질문이 들어 있다. '신은 없다, 그렇다면 저러한 버러지 같은 인간쯤은 죽여도 되는 것 아닌가? 무용하고 악한 인간들은 왜 살아야하는가?' 이러한 질문에 대한 탐색이 바로 『죄와 벌』이다.

따라서 글쓰기에서 질문을 잘 하는 것이 중요하다. 물음은 곧 저자가 글을 펼치게 되는 마당이기 때문이다. 또 한 가지 예를 들어보자. 조세희의 「뫼비우스의 띠」에서 수학선생이 학생들에게 묻는다. "두 아이가 굴뚝 청소를 했다. 한 아이가 얼굴이 새까맣게 되어 내려왔고, 또 한 아이는 그을음을 전혀 묻히지 않은 깨끗한 얼굴로 내려왔다. 제군은 어느 쪽의 아이가 얼굴을 씻을 것이라고 생각하는가?" 한 학생이 대답한다. 더러운 얼굴의 아이가 씻을 거라고. 선생님이 답한다. "얼굴이 더러운 아이는 깨끗한 얼굴의 아이를 보고 자기도 깨끗하다고 생각한다. 이와 반대로 깨끗한 얼굴을 한 아이는 상대방의 더러운 얼굴을 보고 자기도 더럽다고 생각할 것이다" 그리고 나서 선생님은 다시 똑같은 질문을 한다. 학생들이 "저희들은 답을 알고 있습니다. 얼굴이 깨끗한 아이가 얼굴을 씻을 것입니다"라고 답하자, 선생님은 틀렸다고 말하면서 다음과 같이 덧붙인다. "두 아이는 함께 똑같은 굴뚝을 청소했다. 따라서 한 아이의 얼굴이 깨끗한데 다른 한 아이의 얼굴은 더럽다는 일은 있을 수가 없다."

수학 선생의 이 물음은 뒤이어지는 앉은뱅이와 꼽추의 일화, 그리고 뫼비우스 띠에 대한 중요한 암시로 제시되는데, 요컨대 중요한 것은 질문이 잘못 되었다는 것이다. 같이 굴뚝 청소를 했는데, 누가 얼굴을 씻을 것인가라고 묻는 우문은 모든 것을 잘못 판단하게 만드는 원인이다. 즉, 물음은 곧 글쓰기, 사유의 매트릭스라는 것이다.

그러나 모든 글에 반드시 새로운 질문이 있어야 한다는 것은 아니다. 모든 사람이 학자가 되기 위해 공부를 하고 글쓰기를 하는 것이 아니듯, 질문은 그 사람에게 진실한 것, 유용한 것이면 된다. 그것은 좋은 글은 '의견'을 필요로 한다는 것이다. 어떤 글의 논지가 '우정은 중요한 것이다'라고 해보자. 이것은 좋은 글이 될 가능성이 희박하다. 왜냐하면 그것은 '의견'이 아니라 상식이기 때문이다. 영어로 의견 'opinion'이란 optical(시각적인)에서 나온 말이다. 즉, 자신의 시각이 바로 의견이란 뜻이다. 상식처럼 떠도는 말들은 결코 좋은 글의 논지가 될 수 없다. 그것은 모두가 공유하는 보편타당한 견해이기 때문이다. 의견이 되기 위해서는 다른 견해를 필요로 한다. 가령 '우정이 사랑보다 소중하다', '사랑이 우정보다 중요하다'와 같은 것은 의견이 될 수 있다. 왜냐하면 그것은 사람마다, 그리고 상황에 따라 달라지고 논쟁이 될 수 있기 때문이다.

다음 글을 읽고, 다음 항목 중 현재 자신의 고민과 가장 가까운 것을 하나 선택하여 그 고민의 내용에 대해 써보고(A), 짝꿍에게 답(B)을 구해보자. (A-200자, B-200자)

1) 나는 누구인가?

2) 제대로 안다는 것은 무엇일까?

3) 돈이 세계의 전부인가?

4) 청춘은 아름다운가?

5) 무엇을 위해 일을 하는가?

6) 변하지 않는 사랑이 있을까?

예문

나는 누구인가?

자기 속에 자기를 중심으로 모든 것을 생각하는 자아라는 것이 있다고 한다면 타자 속에서도 동일한 것을 생각하는 자아가 있을 것입니다. 자기와 타자를 각각 독립해 있는 것으로 보면 인간 사회는 각양각색의 '자아의 무리'가 되고 맙니다. 그리고 각각의 자아가 제멋대로 자기를 중심으로 하는 세계상을 그리고 있다면 자기와 타자의 공존은 성립할 수 없게 됩니다. 그렇기 때문에 '자기와 타자를 연결하는 회로를 어떻게 만들어야 공통의 세계상을 형성할 수 있을까'라는 것이 철학자들이 고민해야 하는 근본적인 주제가 된 것입니다.

과거에는 '자아'라는 개념이 존재하기는 했지만 사람과 사람 사이가 종교, 전통과 관습, 문화, 지연과 혈연적 결합 등에 의해 자동적으로 사회 속에서 굳게 연결되어 있었습니다. 그런데 과학과 합리적 사고에 의해 사람들을 자동적으로 연결해주던 것들이 '난센스'로 간주되면서 하나씩 떨어져 나가기 시작합니다. 막스 베버는 이것을 '탈악마화(탈주술화)'라고 불렀습니다. 그 결과 '우리'였던 것들이 하나씩 분리되어 '나'라는 개체가 되고 말았습니다.

이런 시대에서는 개별적으로 분리된 자아가 자기를 확립하려고 하거나 지키려고 하며 점점 비대해질 수밖에 없습니다. 그것이 '사회의 해체'를 초래하기도 하고, 또한 '사회의 해체' 위기가 자아의 비대화를 초래하는 악순환이 계속됩니다.

나쓰메 소세키는 많은 소설에서 과잉된 자아를 안고 있는 파란 많은 사람들을 묘사했는데, 거기에는 이런 배경이 있습니다. 나쓰메 소세키의 '메모'에는 이런 말이 나옵니다.

"자아의식(Self-consciousness)은 결국 신경쇠약을 낳는다. 신경쇠약은 20세기의 모두가 공유하는 병이 될 것이다." 야스퍼스는 이렇게 말했습니다. "자기의 성'을 쌓는 자는 반드시 파멸한다."

우리는 자기의 성을 단단하게 만들고 벽을 높게 쌓으면 자기라는 것을 세울 수 있다고 생각하는 것은 아닐까요? 그러나 그것은 오해입니다. 그 이유는 자아라는 것은 타자와의 관계 속에서만 성립하기 때문입니다. 즉 사람과의 관계 속에서만 '나'라는 것이 존재할 수 있다는 말이지요.

▶▶▷ 강상중, 이경덕 옮김, 『고민하는 힘』, 사계절, 2008

A

B

2. 글쓰기의 첫걸음

1) 글쓰기의 매혹과 불안

어느 대작가가 이런 말을 한 적이 있다. "글쓰기에 돌입하기 전에 해야만 하는, 할 수 있는 모든 일을 합니다. 가령 손톱을 깎는다거나 집안 대청소를 한다거나 등등 할 일이 전혀 남아있지 않을 때까지, 그만큼 글쓰기는 아무리 해도 하기 싫고 늘지도 않은 고역인 겁니다." 또 어떤 작가는 원고 마감일자가 마치 청부살해를 받은 범죄자의 D-day로 느껴진다고 말하기도 했다. 일상적인 글쓰기가 아니긴 하지만 글쓰기를 업으로 하는 사람들에게조차 글쓰기란 그만큼 쉽지 않은 노고란 뜻이다. 하물며 우리 같은 평범한 사람들에게야 일러 무엇 하리오. 그러나 그렇다고 해서 다른 글들을 오려붙이거나 베꼈을 때와 서툴지만 직접 자신이 한 편의 글을 완성하고 났을 때는 우리는 전혀 다른 기분에 휩싸인다. 왜인가? 독서는 교양과 감성이 풍부한 사람을 만들고, 글쓰기는 정확한 사람을 만든다는 말이 있다. 글쓰기는 막연하게 생각하고 느꼈던 것을 끄집어내어 형상을 만드는 일이다. '형상화'는 곧 미술가, 건축가의 작업과 흡사하다는 것으로, 곧 창조의 작업과 통한다는 것이다. 창조는 '나'를 표현하는 것, 곧 세상에 '나'를 내보내는 것이다. 흔히 창작을 출산의 고통에 비유하듯, 이 창조에는 반드시 고통이 수반된다. 그러나 그 고통은 성취를 위한 능동적인 행위에 따른 부가세일 뿐, 그것의 궁극적인 쓰임은 온전히 '자기로 서는 자'의 기쁨이다.

'행복한 사람은 시계를 보지 않는다'는 말이 있듯 인생을 행복하게 살아가는 자는 인생에 대해 생각하지 않는다. 글쓰기도 마찬가지이다. 글을 쓰는 자는 '글쓰기' 자체에 대해 생각하지 않는다. 글쓰기를 위해 가장 필요한 것은 글을 쓰는 것이다. 어떻게? 주제나 화제에 대해 최초의 발언자인 듯, 그 글의 유일한 발언자인 듯, 물속에 어른거리는 물고기를 향해 겁 없이 뛰어드는 것이다. 글은 낑낑대며 써야하는 '노역'이기도 한편, 춤과 같은 자유로운 자기발산일 수도 있다. 관중을 잊고, 자기에 집중하여 한껏, 아름답고 우아한 자태를 뽐내보기로 한다면, 원고지는 곧 스포트라이트가 번쩍이는 멋진 무대로 바뀔 것이다.

아래 글쓰기에 관한 두 개의 글이 있다. 두 개의 글을 읽고 자신의 글쓰기는 어느 편에 가까운지, 최근의 경험을 떠올리며 한 편의 글을 완성해보자. (300자)

예문 (가) 　 그 누구이든 매혹당한 자가 보는 것은 엄밀한 의미에서 본다고 할 수 없다. 오히려 즉각적인 인접한 거리에서 그것이 직접 그에게 손을 대는 것이다. 그가 그것과 굉장히 먼 거리에 있다 하여도 그것이 그를 붙들고 그를 독점하는 것이다. 매혹은 불투명하고 막연한 '우리', 얼굴 없는 거대한 누군가처럼 근본적으로 중성적인 비인친의 존재와 연관되어 있다. 매혹은 시선이 유지하는 관계이다. 그 자체가 중성적이고 비인칭적인 관계이다. 무엇과의 관계인가? 시선도 둘레도 깊이와의 관계, 우리의 눈을 멀게 하기 때문에 우리가 보게 되는 부재와의 관계이다. (…중략…) 글을 쓴다는 것은 매혹의 위협이 있는 고독을 긍정하는 공간에 돌입하는 것이다. 그것은 시간의 부재라는 위험에 몸을 내던지는 것이다. 시간의 부재 속에 끝없이 새로운 시작이 군림한다. 그것은 아무에게도 일어나지 않는 것이 되고, 나와 관계있다는 사실로 말미암아 익명의 것이 되어 무한히 흩어진 가운데 무수히 반복된다. 글을 쓴다는 것은 이러한 매혹 아래 언어를 사용하는 것이다. 그리고 언어에 의해서 언어 안에서 절대적인 공간과의 접촉 아래 머무르는 것이다.

▶▶▷ 모리스 블랑쇼, 박혜영 옮김, 『문학의 공간』, 책세상, 1998

예문 (나) 　 양계장의 닭들은 멍할 거야. 좆같다고 느낄거야. 너무 바보 같이 살아서 자기가 알인지 닭인지도 모를 거야. 자기만 그런 줄 알고 옆을 둘러보면, 혼자만 그런 게 아니라 바보 같은 놈들이 수천 수만 마리나 줄지어 서 있는 거야. 하나같이 바겐 세일로 산 싸구려 모피 코트를 입고서. 잠을 재우지 않고 알만 낳게 하려고 형광등을 줄지어 빼곡하게 켜놓은 양계장의 좁다란 닭장 속에. (…) 새벽 3시. 밤새도록 불을 켜놓은 닭장에서 알을 낳으려고 끙끙거리는 닭처럼 나는 눈을 말똥거리고 있다. 제길, 항문으로 말이야. 어쩌다 잘못하면 피똥을 싸게 되는 줄도 모르면서 밤새 무엇을 쓰겠다고 작심하고 책상 앞에 앉은 꼴이라니, 요즘엔 원고지 따위에 손수 글을 쓰진 않지만 이십대 초반에 잠깐, 바둑판 모양으로 네모난 칸이 쳐진 원고지를 사용한 적이 있는 나는 글쓰기가 답답해질 때마다 닭장을 떠올리곤 한다.

▶▶▷ 장정일, 『보트하우스』, 산정, 1999, 7쪽

글쓰기 이론과 실제

2) 글쓰기와 나: 나만의 사전 만들기

글을 쓰기 전, 흔히 하는 투정으로 '할 말이 없다'라는 말을 많이 한다. 그렇다. 글은 분명 할 말이 있어야 가능하다. 그리고 그 할 말은, 가만히 있는다고 해서 생기는 것이 아니다. 할 말은 만드는 것이다. 만들기 위해서는 공력과 시간을 들여야 하며, 그것은 각자의 방식으로 추구해 나가면 된다. 면벽 수도를 하든, 책과 친구에게 묻든. 그러나 가만히 생각해보면 할 말이 전혀 없는 것은 아니다. 20년 좀 못 되게 생을 살아왔다면, 6935일, 166440시간 (365×19×24) 그 수많은 순간 어느 지점도 나와 외부 세계의 접촉으로 이뤄지지 않은 곳이 없다면, '나'는 할 말이 '좀' 있는 것이다. 그 나름대로의 '할 말'을 상기해보는 것으로 글쓰기를 시작해보도록 하자.

연습문제 6

다음은 프랑스의 작가 플로베르의 『통상관념사전』의 일부이다. 플로베르의 글은 제시어에 대한 객관적인 지식이나 개념정의가 아니라, 그것과 무관하게 사람들이 통상적으로 생각하는, 나아가 자신이 생각하는 바를 적은 것이다.

1) ( ) 부분에 자신이 생각하는 단어 혹은 문장을 적고 돌아가면서 얘기해보자.
2) 세 개의 제시어를 만들고 각자 그것에 대해 기술해보자.

예문 (가) **귀스타브 플로베르 『통상관념사전』**

따귀 때리기 절대로 하지 말 것.

문학 게으름뱅이들의 직업

사전 비웃을 것-무지한 자들을 위해서만 만들어진다.

생각하다 고통스럽다. 생각을 강요하는 것들은 대개 단념하게 된다.

아침 일찍 일어나는 사람 아침 일찍 일어나는 사람-도덕성의 증거. 새벽 네 시에 잠들어 여덟 시에

　　　일어나면 게으른 사람이지만, 저녁 아홉 시에 잠들어서 다음날 다섯 시에 일어나면 활

동적인 사람이다.

두려움 날개를 달아줘서 줄행랑을 치게 만든다.

(   ) 우수를 불러일으킨다.

(   )처럼 소심하다.

어쩌면 사람이 살지도 모른다.

(   ) 대화의 영원한 주제

기억력 자신의 기억력을 한탄할 것-그리고 심지어 기억력이 없음을 자랑할 것. 그러나 판단력이
없다는 얘기를 들으면 얼굴을 붉힐 것.

고통 언제나 유리한 결과를 가져다 준다.

진정한 고통은 항상 억제된다.

경쟁 상업정신.

경찰 언제나 틀린다.

알코올 중독 모든 질병의 원인

여자 화장실 상상력을 자극한다.

▶▶▷ 귀스타브 플로베르, 진인혜 옮김, 『통상관념사전』, 책세상, 2003

아래 예시문들은 베르나르 베르베르의 『상대적이며 절대적인 지식의 백과사전』의 서론과 목차, 본문의 일부이다. 플로베르의 『통상관념사전』이 일반 상식, 통념에 대한 지은이의 비판, 풍자, 통찰 등을 촌철살인의 수사로 표현한 문학적 글쓰기라면, 베르나르의 글은 좀 더 객관적이고 설명적인 글에 해당한다. 사물과 세계에 대해 호기심에서 출발하여, 주변 세계를 좀 더 이해 가능한 세계로 만들려는 이러한 탐구와 노력은 과학분야에만 있는 것은 아니다. 본인이 가장 잘 알고 있는 것 '한 가지'를 선택하여 타인을 잘 이해시킬 수 있는 설명문을 써보자. (가령, 라면 잘 끓이는 법, 다이어트에 성공하는 법 등)

플로베르나 베르베르의 글은 우리가 흔히 일기장에, 혹은 빈 종이에 끄적거리는 단편들을 모은 것과 다르지 않다. 그들과 우리의 차이가 있다면, 그들의 첫걸음은 하나의 세계를 이루는 데에까지 지속되었지만, 우리는 그러지 못했다는 것이다. 자신만의 사전 노트를 마련하여 대학 시절 동안 이와 같은 방식을 글쓰기를 실천해보자.

예문 (나) 생각할 거리를 제공하는 장(場)

우리는 정작 우리가 살고 있는 세계를 제대로 모르고 있다. 개미들은 1억 년 전부터 존재해 온 것에 비해, 인간이 지구에 살기 시작한 지는 3백만 년밖에 되지 않았고, 도시를 건설하기 시작한 것은 겨우 5천년 전의 일이다.

세계에 대한 우리의 이해는 이제 겨우 걸음마 단계이다. 우리는 우리와 닮지 않은 것을 여전히 경계하며, 우리와 다른 것은 무엇이든 두려워한다. 그 두려움을 없애려고 우리는 파괴자가 되기도 한다.

우리는 세계를 이해하기 위한 훈련을 해야 한다. (…중략…)

나는 열네 살에 백과사전을 쓰기 시작했다. 그것은 거대한 잡동사니 창고 같은 것이었고, 나는 그 안에 내 맘에 드는 것을 모조리 던져 넣었다.

나중에 나는 파리에서 발행되는 한 주간지의 과학부 기자가 됨으로써 세계의 탁월한 과학자들을 만날 수 있었다. 그들을 만나면서 얻은 정보 덕분에 내 백과사전의 내용은 한층 풍부해졌다.

나는 열여섯 살 때부터 소설 『개미』를 쓰기 시작했다. (그 작품을 쓰는 데는 12년이 걸렸다. 1백 40번의 수정을 거듭했으며, 가장 긴 이본(異本)은 『개미』 1부만 1천 1백 쪽에 달했다.) 나는 소설을 쓰면서 내 백과사전을 활용하였다.

이 책을 읽는 이들은 자기 문화의 경험에 따라서 저마다 자기 마음에 드는 관점을 선택할 수 있을 것이다. 나는 독자들이 능동성을 발휘하여 스스로의 직관을 가동하면서 그림을 보고 글을 읽고 스스로에게 물음을 던질 수 있기를 바란다. 에스라(ESRA)*는 알려지지 않은 영역에 빛을 비추고 질문을 던지지만, 대답을 제시하지 않는다. 이 점이 바로 이 책이 지닌 역동성 가운데 하나이다.

*Encyclopedie du Savoir Relatif et Absolu

「마방진」

3행 3열의 모눈에 1부터 9까지의 수를 넣어, 가로, 세로, 대각선, 어느 줄이든 수의 합이 15가 되게 하려고 한다. 어떻게 하면 좋겠는가?

프랑스의 유명한 카발라 학자이자 리슐리외의 사서관이었던 가파렐은 마방진 연구에 대단히 열중했던 사람 가운데 하나이다. 그는 그 수학 유희에 관한 연구를 나무랄 데 없는 학문의 수준으로 끌어올렸다. 가장 먼저 알려진 마방진(魔方陣)은 수의 합이 15가 되는 형태이다.

가로 줄과 세로 줄 각각 세 개씩 아홉 개의 네모칸으로 이루어진 사각형 안에, 1에서 9까지의 수를 넣되, 가로 줄이든 세로 줄이든 대각선이든 수의 합이 똑같아야 한다. 어떻게 하면 해답을 찾을 수 있을까? (…)

5를 중축으로 삼고 다른 수들을 선회시키면 수의 쌍이 만들어지고 그 쌍의 합은 모두 10이다. 거기에 중축의 5를 더하면 언제나 15를 얻을 수 있다.

그렇다면 해답은 나온 셈이다. 마방진의 한가운데에 5를 넣고 대칭 관계에 있는 나머지 수들을 그 주위에 배열하면 된다. 다만 한 가지 조심할 것은, 1과 9를 모퉁이에 넣는 것을 피해야 한다는 점이다. 1과 9가 모퉁이에 들어가면, 1은 너무 약하게, 9는 너무 강하게 대각선에 영향을 미치기 때문이다.

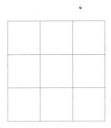

이것을 우리는 3방진, 또는 토성의 도장, 카스피엘 천사의 도장이라고 부른다. 그러나 이 형태는 식물에 비유하면 방진의 싹일 뿐이다. 우리는 이 싹을 키워서 점점 더 복잡한 구조를 만들어 갈 수 있다. 그 중에서도 해답을 찾기가 가장 까다로운 편에 속하는 9방진을 여기에 소개한다. 달의 도장, 가브리엘 천사의 도장이라고 불리는 마방진이다. 이 경우는 가로줄이나 세로줄이나 맞모금에 있는 수의 합이 언제나 369가 된다.

▶▶▷ 베르나르 베르베르, 이세욱 옮김, 『상대적이며 절대적인 지식의 백과사전』, 열린책들, 1996

3) 글쓰기와 표현: 시를 통한 언어 훈련

예문   내 그대를 생각함은 항상 그대가 앉아 있는 배경에서 해가 뜨고 바람이 부는 일처럼 (①) 일일 것이나 언젠가 그대가 한없이 괴로움 속을 헤매일 때에 오랫동안 전해오던 그 (②)으로 그대를 불러보리라.

진실로 진실로 내가 그대를 사랑하는 까닭은 내 나의 사랑을 한없이 잇닿은 그 기다림으로 바꾸어 버린 데 있었다. 밤이 들면서 골짜기엔 눈이 퍼붓기 시작했다. 내 사랑도 어디쯤에선 반드시 그칠 것을 믿는다. 다만 그때 (③)를 생각하는 것 뿐이다. 그 동안에 눈이 그치고 꽃이 피어나고 낙엽이 떨어지고 또 눈이 퍼붓고 할 것을 믿는다.

▶▶▷ 황동규, 「즐거운 편지」

이 시는 연애시로 즐겨 낭송되는 황동규의 「즐거운 편지」이다. (①) (②)에 공통되는 단어를 넣어보고, 그 단어의 사전적인 의미, 그리고 이 시를 통해 드러나는 함축적인 의미를 써보자. 전체 시를 읽고 ③의 시구절을 추측하여 작성하여 보고 원래의 시구절과 비교하여 2연에 나타난 화자의 심정과 이 시 제목 '즐거운 편지'의 의미에 대해서 서술해보자.

다음 세 개의 시를 읽고 (   )에 적당한 단어를 넣어보자. 시의 원래 단어를 찾기보다는 시를 자신의 맥락
에서 읽고 자유연상으로 그 느낌에 맞는 단어를 각자 넣어보자. ②의 시에서 (   )는 밑줄 친 <u>그것</u>, <u>이것</u>과
동일한 것이다. ③의 시의 화자는 눈내리는 풍경을 보며 아름답고 따뜻한 말을 연상한다. (   ) (   ) (   )
에 들어갈 말을 유추하여 적어보자.

① (   )이 어떻게 너에게로 왔는가?

햇빛처럼 꽃보라처럼

또는 (   )처럼 왔는가?

행복이 반짝거리며 하늘에서 풀려와

날개를 거두고

꽃피는 나의 가슴에 크게 걸려온 것을 ……

하이얀 (   )가 피어있는 날이었다.

그 짙은 화사함이 어쩐지 마음에   (   )하였다.

그날 밤 늦게, 조용히 네가

내 마음에 닿아왔다.

나는 (   )하였다.

아주 상냥하게 네가 왔다.

마침 꿈속에서 너를 생각하고 있었다.

네가 오고 그리고 은은히, 동화에서처럼

밤이 울려퍼졌다.

▶▶▷ 릴케, 「○○이 어떻게 너에게로 왔는가」

② 내가 (   )한 者의 맛에 길든 건 다섯 살 때부터다. 부모가 웬일인지 나만 혼자 집에 떼놓고
온종일을 없던 날, 마루에 걸터앉아 두 발을 동동거리고 있다가 다듬잇돌을 베고 든 잠에서 깨어

났을 때 <u>그것</u>은 맨 처음으로 어느 빠지기 싫은 물에 나를 집어들이듯 이끌고 갔다. 이 바닷속에는, 쑥국새라든가-어머니한테서 이름만 들은 형체도 모를 새가 안으로 안으로 初파일 燃燈 밤의 草綠 등불 수효를 늘여가듯 울음을 늘여 가면서, 沈沒해가는 내 周圍와 밑바닥에서 <u>이것</u>을 부채질하고 있었다.

　뛰어내려서 가는 사립門 밖 개울 물가에 와 섰다. 아까 빠져있던 가위눌림이 알싸라이 흑흑 소리를 내며, 여뀌풀 띤 물거울에 비쳐 잔잔해지면서, 거기 떠가는 얇은 솜구름이 또 正月 열나흗날 밤에 어머니가 해 입히는 종이적삼 모양으로 등짝에 가슴패기에 선선하게 닿아 오기 비롯했다.

▶▶▷ 서정주, 「다섯살 때」

③ 내리는 눈발 속에서

(　　), (　　), (　　), ……

(　　), (　　), (　　), ……

(　　), (　　), (　　), ……

(　　), (　　), (　　), ……

수부룩이 내려오는 눈발 속에서는

까투리 메추라기 새끼들도 깃들이어 오는 소리 ……

(　　), ……(　　), ……(　　), ……

포근히 내려오는 눈발 속에서는

낯이 붉은 處女 아이들도 깃들이어 오는 소리 ……

울고

웃고

수그리고

새파라니 얼어서

運命들이 모두 다 안기어 드는 소리 ……

▶▶▷ 서정주, 「내리는 눈발 속에서」

단어를 넣어 완성된 문장을 돌아가며 읽어보자. 친구와 단어가 겹칠 때도 있겠지만, 대체로 다른 단어를 넣어 완성한 시는 자신의 시가 될 것이다. 즉 ①의 시에서 어떤 간절함, 화사함을 읽은 이는 자신의 체험 중에서 그것과 가장 밀접한 것-상황, 장면, 사물, 꽃, 느낌-을 떠올리며 적합한 단어를 넣었을 것이고, 어떤 '공포' '절망' '현실의 고통' 등을 읽은 이도 동일한 과정을 거치게 될 것이다. 즉, 같은 텍스트를 주었을 때, 다른 결과물이 나온다는 것은 열이면 열, 백이면 백, 모두 다른 내면- '여과지'를 갖고 있다는 것이다. 가령 '사랑'이라는 것은 모두 알고 있는 보편적 언어이지만, 각자 체험한 '사랑'은 어떤 경우에도 같지 않다. 그 같지 않음, 그 미세한 차이를 언어로 형상화한 것이 바로 문학 작품, 특히 시이다. 문학의 여러 기능 중 하나는 이렇듯 자신의 감성뿐 아니라 의견, 사상 등을 보다 명확하고 세련되게 표현하기 위한 훈련도 포함되어 있으며, 거꾸로 문학작품을 많이 읽음으로써 감수성과 사상, 그리고 표현력이 향상되기도 하는 것이다.

②의 시의 경우, 시인은 다섯 살 때 맛본 (   ), 어렴풋하게 상기된 그 느낌을 포착하기 위해 저렇듯 많은 문장을 공들여 늘어놓았다. 시인이 느끼기에 그것을 단지 (   )라고 하기에는 부족한 것이다. '아침'이란 단어는 하나이지만, 소풍가는 날의 아침과 실연한 다음 날의 아침과 대취한 다음 날 아침이 저마다 다르듯, 한 개인이 겪는 나날은 단 한순간도 동일하지 않다. 플라톤이 예술을 '이데아→실재→모방'의 단계로 놓고 평가절하했지만, 이는 오히려 예술의 위의(威儀)에 대한 반증이기도 하다. 즉, '책상'이라는 말은 모든 실재하는 책상의 차이들을 제거한 '추상적 이데아'이다. 그러나 예술은 이 추상적 이데아에 의해 제거된 본래의 개별적인 모습을 '화가, 시인'이라는 또 개별적인 관점(perspective)를 통해 되살려내고 굴절시킨다. 즉, 예술을 통해 모든 개인과 또 개인 안에 들어있는 복잡한 감정과 사상은 형상을 얻게 되는 것이다. ③의 시, 서정주의 「내리는 눈발 속에서」의 반복되는 (   ) (   ) (   )는 모두 동일한 음운으로 구성된다. 화자는 내리는 눈발을 맞으며, 눈이 (   ) (   ) (   )라고 소리내며 내린다고 상상하고 있다. 각자 생각하는, 세상에서 가장 아름다운 소리, 혹은 가장 아름다운 말을 넣어보고 돌아가며 말해보자.

4) 세계를 개진(開陳)하는 눈: 김홍도의 〈씨름〉

아래 그림을 보고 조별로 나눠 다음에 관해 토론한 후 답을 작성해 보자.

① 그림 감상에도 순서가 있다. 동양화는 어떤 순서로 감상해야 할까?

② 위 그림은 어떤 구도로 이루어져 있나? (가령 사각 구도, 삼각 구도, 원형 구도 등등)

③ 사람은 모두 몇 명이며 그들은 각각 어떤 표정을 짓고 있나?

④ 사람들의 신분에 대해 추측해보자.

⑤ 누가 이겼을까?

⑥ 진 사람은 어느 쪽으로 넘어질까?

⑦ 위의 씨름이 이루어지는 장소와 때에 대해 추측해보자.

⑧ 틀리게 그린 곳을 찾아보자.

⑨ 엿장수는 왜 가운데 서있나?

좋은 작품에는 많은 얘기가 들어 있다. 뿐 아니라 세상과 사물에는 촘촘히, 겹겹으로 많은 이야기들이 숨어 있다. 그러나 그 풍요로운 세계를 발견하고 말할 수 있는 자는 흔치 않다. 아는 것만큼 보인다는 말이 있지만, 이보다 더 중요한 것은 '대상'과 '화제'에 오래 머무는 것이다. 찬찬히 보면, 알지 못했던 것을 발견하게 된다. 글쓰기의 에로스는 절대적인 시간을 요구한다.

2장

쓰기의 기본기

1. 어휘 쓰기

글쓰기의 기본은 글에 필요한 어휘를 선택하여 조화롭게 엮는 것이다. 따라서 글을 잘 쓰려면 풍부한 어휘 지식을 갖추고 있어야 한다. 그런데 어휘에 대한 지식이 풍부하다는 것은 어떤 의미일까?

어휘에 대한 지식이 풍부해지기 위해서는 일단 많은 수의 어휘를 알고 있어야 한다. 그러나 알고 있는 어휘의 수가 많다고 해서 반드시 글을 잘 쓰는 것은 아니다. 글을 잘 쓰기 위해서는 글의 흐름에 가장 적절한 어휘를 선택할 수 있는 능력을 길러야 한다. 하나의 단어가 문맥에 따라 어떻게 의미를 확장할 수 있는지를 아는 것은 어휘 지식의 중요한 요소이다. 평범한 어휘라도 적절한 곳에 쓰일 때 독자에게 신선한 느낌을 줄 수 있는 것이다. 그런데 잘 쓴 글은 정확하게 쓴 글이기도 하다. 정확하게 글을 쓰려면 어휘의 의미를 정확히 아는 것에 더하여 어휘의 문법적 기능을 정확하게 알아야 한다. 그래야 글을 쓸 때 어휘를 적재적소에 부려 쓸 수 있는 것이다.

그렇다면 이러한 어휘 지식을 풍부하게 하기 위해서는 어떻게 해야 하는가? 특별한 방법은 없다. 많이 읽고 많이 쓰는 것이 필수적이지만, 이에 못지않게 중요한 것이 국어사전을 찾아보는 습관을 들이는 것이다. 아무리 천재라도 수많은 어휘를 완벽하게 아는 것은 불가능한 일이기 때문에 항상 국어사전을 가까이 하면서 어휘를 완벽하게 부려 쓸 수 있도록 해야 한다.

이백과 두보처럼 일기가성(一氣呵成: 문장을 단숨에 지어냄)의 솜씨로 지어낸 글을 흠모하는 사람이라면, 사전을 뒤지면서 어휘와 어법을 따지는 일을 답답하게 생각할 수도 있을 것이다. 그러나 이백과 두보를 따라 배우고자 하는 사람이라도 한 가지 잊지 말아야 할 것이 있다. 이백과 두보의 글은 자신의 뜻을 가장 적절한 어휘로 가장 정확하게 표현한 글이었기에 독자들을 한순간에 휘어잡을 수 있었다는 사실이다. 글자 하나도 허투루 쓰지 않고, 단어 하나하나가 글 안에서 한 치의 어긋남도 없이 조화롭게 짜였기에, 시인의 마음이 독자의 마음으로 매끄럽게 이어졌던 것이다. 그렇다면 이백과 두보가 붓을 들자마자 그러한 글을 단숨에 지어냈다는 말이 사실일까? 진실을 아는 데는 퇴고(推敲)라는 말에 얽힌 옛이야기가 도움이 될 것이다.

당(唐)나라의 시인 가도(賈島)가 나귀를 타고 가다 시 한 수가 떠올랐다. 그것은 "조숙지변수 승퇴월하문(鳥宿池邊樹僧推月下門: 새는 연못 가 나무에 자고 중은 달 아래 문을 민다)"라는 것이었는데, 달 아래 문을 민다보다는 두드린다[敲]고 하는 것이 어떨까 하고 골똘히 생각하다 그만 고위관리인 한유(韓愈)의 행차 길을 침범하였다. 한유 앞으로 끌려간 그가 사실대로 이야기하자 한유는 노여운 기색도 없이 한참 생각하더니 "역시 민다는 퇴(推)보다는 두드린다는 고(敲)가 좋겠군" 하며 가도와 행차를 나란히 하였다.

1) 어휘를 정확하게 사용하기

앞에서 어휘 지식을 늘리는 데는 국어사전을 찾아보는 습관을 들여야 한다는 점을 강조하였다. 여러분이 아는지 모르겠지만 국어사전에는 정말 많은 정보가 들어 있다. 사전에서 단어를 찾아보면 대개 발음, 활용, 품사, 문형, 뜻풀이, 예문 등의 순서로 단어의 정보가 기록되어 있다. 한 예를 보자.

알-맞다 [알 : 맏따] 알맞아, 알맞으니 〈형〉「…에/에게, -기에,…으로」 일정한 기준, 조건, 정도 따위에 넘치거나 모자라지 아니한 데가 있다. // 학생 신분에 알맞은 옷차림 / 키에 알맞게 의자 높이를 조절하다 / 빈칸에 알맞은 말을 넣으시오. 〈유〉 걸맞다, 어울리다, 적절하다 〈반〉 부적당하다.

글을 쓰는 사람은 이러한 정보를 활용하여 내가 이 단어를 정확히 썼는지 그렇지 않은지를 판단할 수 있다. 국어사전에 기술된 정보만으로도 '알맞는 말'이라고 쓰면 안 되고 '알맞은 말'이라고 써야 한다는 사실, 이 단어 앞에는 '-에, -에게, -기에, -으로'가 와야 한다는 사실 등을 알 수 있다. 이처럼 사전은 한 단어의 사용역을 자세히 보여줌으로써 어휘를 정확하게 사용할 수 있는 지침을 제시한다.

(가) *이 자리를 빌어 감사의 말씀을 전합니다.

(나) *올해는 예년보다 늦게 김장을 담궜다.

(다) *그런 말은 삼가해 주셨으면 합니다.

위의 예에서 밑줄 친 부분은 잘못된 표현이다. 그런데 이처럼 오류가 발생한 이유를 따져 보면 대부분의 경우 단어의 기본형을 정확히 몰랐거나 그 단어의 의미를 정확히 몰랐기 때문에 잘못을 저질렀다.

첫 번째 문장의 오류는 '借, 貸'의 의미로는 '빌리다'가, '乞, 祝'의 의미로는 '빌다'가 쓰인다는 사실을 구분하지 못했기 때문에 발생한 것이다. 그렇다면 위의 문장은 "이 자리를 빌려 감사의 말씀을 전합니다."로 바꿔야 할 것이다.

두 번째 문장과 세 번째 문장의 오류는 단어의 기본형이 '담구다, 삼가하다'가 아니라 '담그다, 삼가다'인 사실을 몰랐기 때문에 발생한 것이다. 여기에서 우리가 짚고 넘어가야 할 사실은 이러한 오류들은 사전을 한 번만 찾아 확인했더라면 충분히 막을 수 있었다는 것이다.

그런데 한자어를 쓸 때는 국어사전의 도움이 더 절실하다. 한자어의 경우 그 의미를 정확히 몰라 실수를 하는 빈도가 훨씬 높기 때문이다.

염두 念頭 [염 : 두] 〈명〉 1. 생각의 맨 처음. //그를 소리쳐 불러 볼 염두가 나지 않았다. 2. 마음의 속. //염두 밖의 일 / 염두에 없다 / 염두에 두다. 〈유〉 가슴속, 마음속, 심중, 의중

국어사전에 기술된 원어 정보 즉 한자를 통해 의미를 유추할 수도 있고, 뜻풀이를 통해 '염두'가 '생각의 위치'를 가리키는 것임을 알 수 있다. 이러한 정보를 통해 우리는 '그러한 사실을 염두해 두고'와 같은 표현이 왜 틀렸는지 알 수 있을 뿐만 아니라, "무슨 말을 해야 할지 염두가 열리지 않았다."와 같은 표현도 가능함을 이해할 수 있을 것이다. 한자어에 대한 이해가 부족함은 다음과 같은 표현이 많은 데에서도 알 수 있다.

(가) *돌이켜 회고해 보면 지난 일 년은 참으로 다사다난했습니다.

(나) *나는 치열한 경쟁을 뚫고 소위 이른바 일류 회사에 입사하였다.

(다) *이번에는 미국이 먼저 선제공격에 나섰다.

위의 예는 의미가 중복된 표현인데, 이는 한자어의 정확한 의미를 모르기 때문에 발생한 것이다. 국어사전을 찾아보면서 한자어의 의미뿐만 아니라 그 한자를 직접 확인하는 활동을 반복하다 보면 한자 실력과 어휘 실력을 동시에 향상시키는 효과를 얻을 것이다.

앞에서 글쓰기의 기본은 글에 필요한 어휘를 선택하여 조화롭게 엮는 것이라고 한 바 있다. 어휘 문제와 관련하여 볼 때, 이 말은 문장을 구성하는 어휘들 간에 어울리는 어휘와 어울리지 않는 어휘가 있어 어휘의 선택을 제한하는 현상을 설명하고 있다. 어휘의 의미를 정확하게 파악하는 것은 곧 어휘의 의미적 선택 관계를 아는 것과 연결된다. 이러한 의미적 선택 관계는 국어사전을 통해 알 수 있다.

별-로 別- 〈부〉 (부정을 뜻하는 말과 함께 쓰여) 이렇다 하게 따로. 또는 그다지 다르게. // 별로 기분이 내키지 않는다 / 할 말이 별로 없다 / 그의 병세는 예전에 비해 별로 나아진 것이 없었다.

위에서 "(부정을 뜻하는 말과 함께 쓰여)"란 설명은 '별로'라는 단어의 선택 관계를 보여주는 것이다. 특히 위의 선택 관계는 문장에서 성분이 호응하는 것과도 연결되는 문제이기 때문에 더욱 중요하다. '전혀', '도무지', '결코' 등과 같은 어휘의 의미를 파악하는 데 있어서도 이러한 호응 관계를 알아야 한다. 이들은 부정적인 말과 함께 쓰인다는 점에서 공통적이다. 이러한 의미적 선택 관계는 수식어와 피수식어, 서술어와 목적어 등의 관계에서도 나타난다.

(가) *그의 발언은 정가에 뜨거운 파장을 불러일으켰다.

(나) 이 소설은 전쟁문학의 걸작으로 국외에서도 뜨거운 반향을 불러일으켰다

위의 예에서 '파장'과 '반향'은 '어떤 일에 대한 반응'의 의미를 공유하고 있으며, '불러일으키

다'라는 서술어와 호응한다는 점에서 유사하다. 그러나 앞의 수식어 '뜨거운'이 '반향'과 잘 어울리는 데 비해, '파장'은 '뜨거운'과 어울리지 않는다. 이는 '파장'이 '충격적인 일이 미치는 영향'이라는 부정적 의미를 지니고 있기 때문이다. 이런 점은 '좋은'이라는 수식어가 '반향'과는 어울리지만 '파장'과는 어울리지 않는 데에서도 확인할 수 있다.

    (가) 그는 외국에서 이름을 떨쳤다.
    (나) 경기가 나빠지면서 갈수록 적자가 늘어날 가능성이 높다.

위의 문장을 보면, '떨치다'와 '이름'이 의미적으로 잘 어울리고, '늘다'와 '적자' 그리고 '가능성'과 '높다'도 의미적으로 잘 어울린다. 그런데 이러한 의미적 호응 관계를 잘 파악하지 못할 경우, "그는 외국에서 유명세를 떨쳤다."나 "갈수록 적자가 더 나빠졌다." 혹은 "늘어날 가능성이 많다."와 같은 표현을 사용할 수도 있다.

글쓰기 이론과 실제

2) 의미가 비슷한 어휘를 구별하여 사용하기

앞서 '알맞다'의 국어사전의 풀이를 소개하였다. 그런데 이 풀이 내용 중 가장 마지막에 있는 정보가 관련어 정보이다. 관련어는 유의어와 반의어 등을 보여주는 것인데, 이중 유의어에 대한 정보는 더 유의해 볼 필요가 있다.

'알맞다'의 유의어로 제시된 어휘는 '걸맞다, 어울리다, 적절하다' 등이었는데, 해당 문맥에 더 적절한 어휘를 선택하기 위해서는 이들 유의어 간의 의미를 비교해 볼 필요가 있다. 가령 '알맞다'와 '걸맞다' 중 어느 하나를 선택하려는 이들은 두 어휘의 의미와 용법을 살펴보면서 두 어휘를 구별해 봐야 한다.

'알맞다'는 '일정한 기준, 조건, 정도 따위에 넘치거나 모자라지 아니한 데가 있다.'라는 뜻이고, '걸맞다'는 '두 편을 견주어 볼 때 서로 어울릴 만큼 비슷하다.'라는 뜻이다. 문맥에 따라서는 '걸맞다'와 '알맞다'를 함께 쓸 수 있는 경우도 있고, 둘 중 하나가 의미상 더 적합할 수도 있을 것이다.

위의 뜻풀이에 기댄다면 "나는 어느 면으로 보나 그녀에게 (걸맞은/알맞은) 신랑감이 못 됐다."에서는 (　) 안에 있는 어휘 중 어떤 것을 선택하는 게 좋을까?

국어사전을 가까이 하면서 이처럼 비슷하지만 다르게 쓰이는 어휘를 구별해 보면 어휘의 의미와 용법을 더 정확하게 파악할 수 있을 것이다. 더 나아가 이 어휘들의 차이를 설명하는 설명문을 간단하게 쓰다보면 글을 쓰는 훈련도 겸할 수 있을 것이다.

행여나 / 혹시나

혼돈 / 혼동

원용 / 인용

위의 어휘들을 순서대로 비교해 설명하면서 그 의미 차이를 살펴보면 다음과 같다.

첫 번째 어휘 쌍을 보자. 국어사전의 풀이를 보면, '행여나'는 '어쩌다가 혹시'의 뜻으로, '혹시나'는 '그럴 리는 없지만 만약에'와 '어쩌다가 우연히' 등의 뜻으로 풀이되어 있다. 이를 보면 두 어휘가 유사한 의미를 가지고 있다고 할 수 있다. "치료에 행여 도움이 될까 하여 이 약을 보냅니다."와 "치료에 혹시 도움이 될까 하여 이 약을 보냅니다."가 같은 의미로 쓰이는 것은 이 때문이다.

그러나 "혹시나 내가 잠이 들거든 바로 깨워라."를 "행여나 내가 잠이 들거든 바로 깨워라."로 바꾸거나, "혹시나 무슨 사고라도 생겼는지 걱정이 되었다."를 "행여나 무슨 사고라도 생겼는지 걱정이 되었다."로 바꾸면 어색한 문장이 된다. 이는 '행여나'의 어원 때문이다. '행여나'의 행(幸)에 '행복, 다행, 바라다' 등의 의미가 있음을 고려해 보면 왜 이렇게 쓰이는지 알 수 있을 것이다.

두 번째와 세 번째 어휘 쌍은 국어사전에 제시된 뜻풀이만으로도 어휘의 용법을 구별해 볼 수 있을 것이다. '혼돈'은 '마구 뒤섞여 있어 갈피를 잡을 수 없음. 또는 그런 상태'를 뜻하고, '혼동'은 '사람이 무언가에 대해 잘못 판단하여 헷갈려 하는 상태'를 뜻한다. 예를 들어 보면, '혼돈'은 "외래문화의 무분별한 수입은 가치관의 혼돈을 초래하였다."와 같이 쓰이고, '혼동'은 "잠이 다 깨지 않았는지 그는 현실과 꿈 사이에서 혼동을 일으켰다."와 같이 쓰인다.

'원용'은 '자기의 주장이나 학설을 세우기 위하여 문헌이나 관례 따위를 끌어다 쓰는 것'을 뜻하고, '인용'은 '남의 말이나 글을 자신의 말이나 글 속에 끌어 쓰는 것'을 뜻한다. 즉 '인용'은 남의 말이나 글을 직접적으로 옮겨 쓴다는 점에서 '원용'과 구분된다. 예를 들어 보면, 인용은 "자기소개서의 서두에 루소의 말을 인용했다."와 같이 쓰이고, 원용은 "그는 블랑쇼의 사물의 구원이라는 개념을 원용해 시인들의 특성에 대해 이야기했다."와 같이 쓰인다.

이처럼 어휘의 의미를 구분해서 사용하는 활동은 자연스럽게 어휘 실력을 높여 줄 것이다. 그런데 자신이 평소에 사용하는 어휘를 의도적으로 바꿔보는 활동을 해보는 것도 어휘 실력을 키우는 데 큰 도움이 된다.

(가) 내가 그 사람에게는 녹록하게 보였나 보다.

(나) 약속해 놓고 이제 와서 딴죽을 치면 어떻게 하니?

(다) 그대들의 독서의 범위가 너무도 협애하고 독서력이 몹시 빈약한 것만은 교실에서 매일같이 실지로 경험하는 바이다.

(라) 대통령 눈에 들면 언제든 장관에 발탁될 상황에서 국회의원들이 잔혹한 '공권력'을 어떻게 두남두며 언구럭 부릴까도 미루어 짐작할 수 있다.

위의 예문에서 사용한 어휘들은 우리가 일상적으로 사용하는 어휘는 아니다. 이를 좀 더 일상적인 어휘로 바꾼다면, '녹록하다'는 '만만하다'로, '딴죽을 치다'는 '다른 말을 하다'로, '협애하다'는 '좁다'로, '두남두다'는 '두둔하다'로, '언구럭 부리다'는 '엄살 부리다'로 바꿀 수 있다. 그러나 이러한 어휘를 적절하게 사용한다면 특별한 표현 효과를 얻을 수 있기 때문에, 글을 잘 쓰기 위해서는 비슷한 의미를 지닌 여러 어휘를 익혀 두어야 한다.

1) 아래 제시된 어휘의 의미를 비교해 보자.

① '조성하다'와 '조장하다'

② '곤욕스럽다'와 '곤혹스럽다'

③ '구별하다'와 '구분하다'

④ '교환하다'과 '교체하다'

⑤ '주요하다'와 '중요하다'

2) 밑줄 친 단어의 쓰임과 관련하여 문장의 문제점을 지적하고, 이를 바른 문장으로 바꿔 써 보자.

① 그는 일체 술을 마시지 않는다.

② 경제 위기에 닥친 우리나라는 그때부터 소비 구조가 달라졌다.

③ 그는 항상 서류함의 자물쇠를 <u>잠궈</u> 놓았다.

④ 문가에서 <u>인기척</u> 소리가 났다.

⑤ 늦어도 다음 달 말까지는 예방 접종을 <u>맞도록</u> 당부했다.

3) 다음 글에서 생소한 단어를 찾아 의미를 파악해 보고, 이를 자신이 알고 있는 단어로 바꿔보면서 표현의 차이점에 대해 이야기해 보자.

　그 틀사진은 주민등록증에 붙어 있던 흑백 증명사진을 부랴사랴 확대하여 마련한지라 전체적으로 우중충한 기분을 줄 뿐 아니라 윤곽마저 희미하게 어룽거려 마치 급조된 몽타주 속의 인물을 연상시켰다. 조붓한 공간 속에 갇혀 겅성드뭇한 대머리를 인 채 움펑 꺼져 대꾼한 눈자위로 방안을 내려다보고 있는 아버지는 무엇에 놀랐는지 잔뜩 겁에 질린 표정이었다. 어깨까지 한껏 곱송그리고 있어 방금 열병을 앓고 난 이 같았다. (김소진, '쥐잡기', 경향신문)

2. 문장 쓰기

문장은 일정한 법칙에 따라 구성되기 때문에 글쓰기를 할 때는 구성 법칙에 맞게 문장을 쓰는 훈련을 해야 한다. 좋은 글이라고 평가 받는 글들은 모두 문법에 맞는 바른 문장으로 이루어졌다는 사실을 주목할 필요가 있다.

바른 문장을 쓰려면 우선 주어, 목적어, 보어, 서술어와 같은 필수성분을 갖추어 순서에 맞게 그리고 상호 호응 관계에 맞게 문장을 구성하는 훈련을 해야 한다. 그리고 부사어나 관형어와 같은 수식어를 그에 적절한 서술어, 주어, 목적어 등에 잘 연결해야 한다. 일반적으로 단순문을 쓸 때는 필수성분을 갖추지 않거나 성분 간 호응 관계를 지키지 않는 일이 거의 일어나지 않는다. 그러나 복합문을 쓸 때는 이런 일들이 자주 발생하여 소통이 잘 이루어지지 않는 경우가 생길 수 있다.

아래에서는 필수성분을 갖추지 않은 예, 성분 간 호응이 잘 이루어지지 않은 예 등을 중심으로 바른 문장을 쓰는 방법을 설명할 것이다.

1) 필수성분을 갖춰 문장 쓰기

실제 글을 쓰거나 읽을 때는 문장의 필수성분이 빠졌는지 알지 못하는 경우가 많다. 이는 자신도 모르는 사이에 앞뒤 맥락을 통해 빠진 성분을 유추했기 때문이다. 그러나 필요한 성분이 빠져서 무엇을 이야기하는지 모호해지는 경우도 있기 때문에 글을 쓸 때는 항상 문장 성분을 제대로 갖추었는지 점검할 필요가 있다.

(가) *절약은 물자를 아껴 쓰는 것이지 필요함에도 불구하고 쓰지 않는 것이 아니다.

(나) *문학은 다양한 삶의 모습을 보여주는 예술로 문학을 즐길 예술적 본능을 지니고 있다.

(다) *환경 평가가 끝나지 않아, 공사가 언제부터 시작되고 언제 개통될지는 불투명하다.

위의 문장들은 주어가 빠져 의미 전달이 쉽게 되지 않는다. 첫 번째 문장은 '필요하다'의 주어가 누락되어 있다. 이 문장은 "절약은 물자를 아껴 쓰는 것이지 <u>물자가</u> 필요함에도 불구하고 쓰지 않는 것이 아니다."와 같이 바꿔야 한다.

두 번째 문장은 '예술적 본능을 지니다'의 주어가 누락되어 있다. 이 문장은 "문학은 다양한 삶의 모습을 보여주는 예술로 <u>인간은</u> 문학을 즐길 예술적 본능을 지니고 있다."로 바꿔야 한다.

세 번째 문장은 '개통되다'의 주어가 누락되어 있다. 이 문장은 상황에 맞는 적절한 주어를 넣어 "환경 평가가 끝나지 않아, 공사가 언제부터 시작되고 <u>터널이</u> 언제 개통될지는 불투명하다."와 같이 바꿔야 한다.

(가) *국산품과 수입품의 가격이 비슷하고 질적으로 차이가 없다면 가급적 애용하도록 하자.

(나) *학생들이 방황하기 쉬운 때일수록 학교는 도덕 교육을 강화해야 하며, 교육을 통해 바른 길로 인도해야 한다.

위의 문장에는 목적어가 빠져 있다. 글쓴이가 목적어를 빠뜨리는 경우는 대부분 목적어로 쓰일 대상이 문장 내에서 다른 성분으로 쓰일 때이다.

첫 번째 문장은 '애용하다'의 목적어가 누락되어 있는데, 문맥상 '애용하다'의 목적어는 앞에 언급된 '국산품'과 '수입품' 중 하나가 되어야 할 것이다. 따라서 이 문장은 "국산품과 수입품의 가격이 비슷하고 질적으로 차이가 없다면 가급적 <u>국산품을</u> 애용하도록 하자."와 같이 바꿔야 한다.

두 번째 문장은 '인도하다'의 목적어가 누락되어 있는데, 문맥상 '인도하다'의 목적어는 앞에 언급된 '학생들'이 되어야 할 것이다. 따라서 이 문장은 "학생들이 방황하기 쉬운 때일수록 학교는 도덕 교육을 강화해야 하며, 교육을 통해 <u>학생들을</u> 바른 길로 인도해야 한다."와 같이 바꿔야 한다.

*가진 사람들은 사회 약자들을 보살피는 노력이 필요하다.

위의 문장은 언뜻 보면 문제가 없다. 그러나 수식어를 빼고 문장의 골격만 보면 문제가 드러난다. 즉 수식어 '사회 약자들을 보살피는'을 빼면 "가진 사람들은 노력이 필요하다"와 같은 어색한 문장이 남는다. 왜 어색한 문장이 되었을까? 주어 '가진 사람들'과 호응하는 서술어가 분명치 않기 때문이다.

서술어가 사용된다면, 이 문장은 "가진 사람들은 노력할 필요가 있다."나 "가진 사람들은 노력해야 한다."와 같이 바뀔 것이다. 따라서 위에 제시한 문장은 "가진 사람들은 사회 약자들을 보살피기 위해 노력할 필요가 있다."나 "가진 사람들은 사회 약자들을 보살피기 위해 노력해야 한다."와 같이 바꾸는 게 좋다.

*신문을 보다 우연히 도청에서 8급 지방 공무원 채용 공고를 보게 되었고 이에 응시하여 합격하였다.

위의 예문은 여러 가지 문제가 복합적으로 발생한 문장이다. 첫째 전체 문장의 주어 '나'가 누락되었다. 그리고 내포문의 주어가 되어야 할 '도청에서'가 장소를 나타내는 부사어처럼 쓰였다. 또한 '도청에서'가 내포문의 주어라면 이 내포문의 서술어가 누락되었다. 따라서 이 문장은 "나는 신문을 보다 우연히 도청에서 8급 공무원을 <u>채용한다는</u> 공고를 보게 되었고, 이에 응시하여 합격하였다."와 같이 바꿔야 한다.

2) 문장 성분이 잘 호응할 수 있도록 쓰기

문장에서 주어와 서술어, 목적어와 서술어, 수식어와 피수식어가 잘 호응하지 않으면 자연스럽지 않거나 비문법적인 문장이 된다. 의미적인 호응은 어휘 부분에서 설명하였으므로 이곳에서는 문법적인 측면에서 설명을 할 것이다.

*지금은 비록 대학교 1학년생이고 아는 것도 부족합니다.

어휘 부분에서 '별로, 결코, 전혀, 도무지' 등이 부정적인 말과 함께 쓰인다는 설명을 한 적이 있다. 이처럼 특정한 말이 특정한 의미를 지닌 말을 요구하는 것은 문장 성분 간의 호응 관계로도 설명할 수 있다. 위의 문장에 쓰인 '비록'은 '-ㄹ지라도', '-지마는' 등과 같은 어미가 붙는 용언과 함께 쓰인다는 제약이 있다. 그렇다면 위의 문장을 바르게 하기 위해서는 "지금은 비록 대학교 1학년생이고 아는 것도 부족하지만 …."과 같이 바꾸거나 '비록'을 삭제해야 할 것이다.

그런데 위와 같은 경우는 특별한 기능을 하는 어휘의 의미를 정확히 안다면 피할 수 있는 오류이다. 실제 글쓰기에서는 주어와 서술어, 목적어와 서술어 등이 제대로 호응하지 않아 문제가 발생한다.

글쓰기 이론과 실제

(가) *내 꿈은 소설가가 되어 박경리의 토지와 같은 불멸의 작품을 남기려 한다.
(나) *국민 여러분의 건강과 쾌적한 여행 환경을 조성하기 위하여 최선의 노력을 다하겠습니다.
(다) *건강한 몸을 유지하기 위해선 적당한 운동과 식습관을 개선해야 한다.

첫 번째 문장은 주어 '내 꿈'과 서술어 '남기려 한다'가 호응하지 않아 문제가 발생한 경우이다. 만약 주어가 '나'였다면 아무 문제가 없었을 것이다. 그러나 주어가 '내 꿈'이기 때문에 서술부도 이에 호응할 수 있는 '… 하는 것이다.'가 되어야 한다. 따라서 이 문장은 "내 꿈은 소설가가 되어 박경리의 토지와 같은 불멸의 작품을 남기는 것이다."와 같이 바꿔야 한다.

두 번째와 세 번째 문장을 보면 한 문장 안에 성격이 다른 목적어가 두 개 나왔지만 서술어는 하나뿐이다. 이처럼 서술어가 목적어와 완전하게 호응하지 못할 때에는 목적어에 맞는 서술어를 각각 써야 한다.

두 번째 문장에서 서술어 '조성하다'는 목적어 '국민 여러분의 건강'과 호응할 수 없기 때문에, '국민 여러분의 건강'에 호응할 수 있는 서술어 '지키다'를 추가해야 한다. 따라서 이 문장은 "국민 여러분의 건강을 지키고 쾌적한 여행 환경을 조성하기 위하여 최선의 노력을 다하겠습니다."와 같이 바꿔야 한다.

세 번째 문장에서 서술어 '개선하다'는 목적어 '적당한 운동'과 호응할 수 없기 때문에, '적당한 운동'에 호응할 수 있는 서술어 '하다'를 추가해야 한다. 따라서 이 문장은 "건강한 몸을 유지하기 위해선 적당한 운동을 하고, 식습관을 개선해야 한다."와 같이 바꿔야 한다.

3) 문장 쓰기에서 유의해야 할 사항들

위에서는 필수성분을 갖춰 문장을 쓰는 것과 문장 성분 간 호응에 유의하여 문장을 쓰는 것에 대해 설명하였다. 이외에도 문장 쓰기에서 유의해야 할 사항은 많다. 다음 예들을 보면서 문장 쓰기에서 유의해야 할 점이 무엇인지 생각해 보자.

*전 해상에 바람이 강하게 불고 높은 파도가 예상되니 항해하는 선박은 주의하십시오.

대등 접속어가 쓰이면 접속어 앞뒤의 표현이 대등하게 연결될 수 있어야 한다. 그러나 문장을 쓸 때 이러한 점을 고려하지 못해 어색한 문장을 쓰는 경우가 많다. 위의 문장에서 '바람이 강하게 불다'는 '높은 파도가 예상되다'와 대응하는 것이 아니라 '높은 파도'와 대응되는 표현이다. '예상되는 것'이 '강한 바람'과 '높은 파도'이기 때문이다. 따라서 이 '바람이 강하게 불다'와 '높은 파도'의 형식을 맞출 필요가 있다. 이에 따라 문장을 바꾸면 다음 두 가지 형식으로 바꿀 수 있을 것이다.

(가) 전 해상에 강한 바람과 높은 파도가 예상되니 항해하는 선박은 주의하십시오.
(나) 전 해상에 바람이 강하게 불고 파도가 높이 일 것으로 예상되니 항해하는 선박은 주의하십시오.

이처럼 접속어로 연결된 성분들의 쓰임을 점검할 때에는 무엇보다도 접속어의 성격에 따라 각 성분의 형식과 내용을 점검해야 한다. 특히 '-과, 및, -고, -이나' 등 대등한 접속을 의미하는 접속어를 쓸 때는 이렇게 연결된 성분들이 하나의 서술어를 공유할 수 있는 것인지 아닌지도 점검해야 한다.

> (가) *요즘 우리도 어려움이 많다. 일손을 구하지 못해 콤바인을 빌려 쓰고 <u>있으며</u> 콤바인 사용료도 많이 올랐다.
>
> (나) *목요일부터 연휴이기 때문에 서류 제출은 5일<u>까지</u> 마감한다.

위의 예문은 조사와 어미를 잘못 쓴 예이다. 첫 번째 문장은 "일손을 구하지 못해 콤바인을 빌려 쓰고 <u>있는데</u> 콤바인 사용료도 많이 올랐다."와 같이 바꿔야 한다. '콤바인 사용료가 많이 올랐다'는 사실은 '콤바인을 빌려 쓴다'는 상황에서 의미가 있기 때문이다.

두 번째 문장은 "목요일부터 연휴이기 때문에 서류 제출은 5일에 마감한다."나 "목요일부터 연휴이기 때문에 서류 제출은 5일까지이다."와 같이 써야 한다. 조사 '-까지'는 앞말이 주어진 범위의 끝임을 나타내는 말이다. 따라서 '마감하다'라는 서술어와 호응하기 어렵기 때문이다.

> (가) 내가 좋아하는 김 선생님의 수업은 언제나 즐겁다.
>
> (나) 약속 시간이 지났는데, 온다고 한 사람들이 다 오지 않았다.

위의 문장들은 중의적인 문장 즉 의미가 두 가지 이상으로 해석될 수 있는 문장이다. 첫 번째 문장은 '내가 좋아하는'이 '김 선생님'을 수식할 수도 있고, '김 선생님의 수업'을 수식할 수도 있는 구조이다. "내가 좋아하는 김 선생님께서 하시는 수업은 언제나 즐겁다."로 쓴다면 단일한 의미로 해석될 수 있을 것이다.

두 번째 문장은 '-지 않다'가 '다'를 부정할 수도 있고, '오다'를 부정할 수도 있는 구조이다. "온다고 한 사람들이 아무도 오지 않았다."로 쓴다면 단일한 의미로 해석될 수 있을 것이다.

그런데 문장이 혼란스러워지는 가장 큰 이유는 한 문장 안에 정리되지 않은 생각을 무작정 쓸어 담기 때문이다. 아래 제시한 예는 정리되지 않는 생각을 한 문장에 담아 놓음으로써 불명료하게 된 문장이다.

고등학교에 입학하면서 미술부에 들어갔는데, 미술에 대한 애정이 생기기 시작해서 미술을 선택했고, 그것에 대해 아무 후회도 없고 너무너무 미술을 사랑한다.

위의 문장을 보면 글쓴이는 하나의 문장 안에 여러 생각들을 두서없이 드러내고 있다. 글쓴이가 조금 더 생각을 정리한 후 글을 썼다면 이러한 문장을 쓰지는 않았을 것이다. 글쓴이의 생각을 짧은 문장으로 정리해 보면 다음과 같이 5문장으로 정리할 수 있을 것이다.

'나는 고등학교에 입학한 후 미술부에 들어갔다.', '미술부 활동을 하면서 미술에 대한 애정이 생겼다.', '이 때문에 대학 진학 시 미술을 전공으로 선택했다.', '나는 그 선택을 후회하지 않는다.', '나는 지금 미술을 사랑한다.' 글쓴이의 생각이 이런 것이라면 이를 조합하여 다음과 같이 논리적인 문장을 쓸 수 있을 것이다.

"나는 고등학교에 입학한 후 미술부에 들어갔는데, 미술부 활동을 하면서 미술에 대한 애정이 생겼다. 그래서 대학 진학 시 미술을 전공으로 선택했다. 나는 그 선택을 조금도 후회하지 않으며, 여전히 미술을 사랑하고 있다."

문장이 복합문이면서 길이가 길어지면 실수를 범할 가능성이 높아지는 것은 사실이다. 그러나 모든 문장을 단순문으로 짧게 쓰는 게 항상 좋은 것은 아니다. 단순문으로 문장을 쓰면 문장의 흐름이 끊겨 부자연스러워질 수 있다. 중요한 것은 짧고 긴 것이 아니라 논리적으로 명료하게 쓰는 것이다.

연습문제 2

1) 다음 문장의 문제점을 지적하고 올바른 문장으로 바꿔 보자.

① 사용 중에 궁금한 점이나 기능이 제대로 발휘되지 않을 때 많은 도움이 될 것입니다.

_____

_____

② 상류층 사람들은 지나친 소비와 낭비로 상대적인 빈곤감을 더욱더 느끼게 한다.

_____

_____

③ 내가 신을 믿게 된 것은 인간이 불완전한 존재라는 사실을 인식하고 생활해 왔다.

_____

_____

④ 책의 내용을 간략하게 소개해 보자면, '작은 티베트'라고 불리는 라다크는 서부 히말라야 고원
　의 황량하지만 아름다운 고장입니다.

_____

_____

_____

⑤ 인터뷰를 하는 동안 나는 내심 표현은 안 했지만 고개를 갸우뚱거렸다.

_____

_____

57

2장 쓰기의 기본기

2) 다음 글에 사용된 문장의 문제점을 지적해 보고 이를 고쳐 보자.

　가산점 제도는 수많은 여성들의 공직 진출에의 희망에 걸림돌이 되고 있으며, 공무원 채용 시험의 경쟁률이 매우 치열하고 합격선도 평균 80점을 훨씬 상회하고 있으며, 그 결과 불과 영점 몇 점 차이로 당락이 좌우되고 있는 현실에서 각 과목별 득점에 각 과목별 만점의 5퍼센트 또는 3퍼센트를 가산함으로써 합격 여부에 결정적 영향을 미쳐 가산점을 받지 못하는 사람들을 6급 이하의 공무원 채용에 있어서 실질적으로 거의 배제하는 것과 마찬가지의 결과를 초래하고 있고, 제대 군인에 대한 이러한 혜택을 몇 번이고 아무런 제한 없이 부여함으로써 한 사람의 제대 군인을 위하여 몇 사람의 비(非) 제대 군인의 기회가 박탈당할 수 있게 하는 등 차별 취급을 통하여 달성하려는 입법 목적의 비중에 비하여 차별로 인한 불평등의 효과가 극심하므로 가산점 제도는 차별 취급의 비례성을 상실하고 있다.

▶▶▷ '헌법 재판소 판결문'(1999. 12. 23) 중에서

3. 단락 쓰기

1) 단락의 원리

우리는 지금껏 '애국가'를 수도 없이 불러 왔다. 그런데 그 가사가 의미하는 바에 대해 생각해 본 사람은 많지 않다. 아래에 제시된 가사를 단락의 원리에 기초하여 분석해 보기로 하자.

(가) [1]동해 물과 백두산이 마르고 닳도록 하느님이 보우하사 우리나라 만세. [2]남산 위에 저 소나무 철갑을 두른 듯 바람 서리 불변함은 우리 기상일세. [3]가을 하늘 공활한데 높고 구름 없이 밝은 달은 우리 가슴 일편단심일세. [4]이 기상과 이 맘으로 충성을 다하여 괴로우나 즐거우나 우리나라 사랑하세.

4절 첫 부분의 '이'와 '-과'에 주목해 보자. '이 기상과 이 맘'이라고 할 때, 어떠한 기상인지, 어떠한 맘인지를 알기 위해서는 우선 3절을 주의 깊게 살펴보아야 한다. 다행히 3절에 '맘[心]'이 나타나 있다. 그러면 어떤 마음인가. 그것은 다름 아닌 변치 않는 마음이다. 3절에 기상에 대한 언급이 없으므로 우리는 2절을 다시 살펴보아야 한다. 2절을 보니 드디어 '기상'이라는 단어가 보인다. 이 또한 변치 않는 기상이다. 이로써 '애국가'는 결국 2절과 3절이 병렬관계에 있음을 알게 된다. 여기서 우리는 그냥 지나쳐 버릴 수 있는 '이'와 '-과'를 통해서 '애국가' 가사가 어떻게 구성되어 있는지 그 일면을 엿볼 수 있었다. 조금만 생각이 이어진다면 '애국가'는 내용상 두 단락으로 구성되어 있음을 알게 된다. 단락을 '1절', '2·3·4절'로 나눌 수 있는데 그 또한 4절에 있는 병렬장치 '-과'가 큰 역할을 한 것이다. 내용상의 첫 단락은 '우리나라의 무궁함' 둘째 단락은 '그것을 위한 우리의 할 일'이라고 볼 수 있겠다. 이렇게 볼 때 애국가는 자연스러운 흐름을 갖추고 있다고 보아야 한다.

여기서 단락의 원리, 세 가지 통일성, 긴밀성, 완결성을 이끌어낼 수 있다. 내용상 '우리나라의 무궁함', '그것을 위한 우리의 할 일' 두 부분으로 나뉜다는 것이 바로 통일성의 관점이다. 통일성은 화제가 달라지면 단락이 새로이 구성되어야 함을 말하는 것이다. 앞에서 애국가는 자연스러운 흐름을 보여준다고 하였다. 그 자연스러운 흐름이 바로 긴밀성인 것이다. 긴밀성을 추구하는 요소로는 여러 가지가 있는데 특히 4절의 '이'와 '-과'에 대해 주목해 볼 수 있다. 또한 애국가는 완결성도 갖추었다고 볼 수 있다. 전체적으로 주제문인 첫 문장이 그 이하의 문장들에서 제대로 뒷받침되고 있기 때문이다.

다만 3절 자체는 긴밀성에 문제가 있다. 작사가는 '가을'에 떠올릴 수 있는 소재로 두 가지 즉, '하늘'과 '달'을 떠올렸다. 그러나 이 '하늘'과 '달'이 긴밀하게 연결되지 못하고 있다. 그것은 바로 '높고 구름 없이'가 꾸며 주는 말이 제시되지 않은 채 갑자기 '밝은 달'로 이어졌기 때문이다.

단락의 원리 세 가지는 전체 글에서도 적용되어야 한다. 전체의 주장이 다른 길로 빠져서는 안 된다. 이것이 통일성과 관계된다. 단락 간의 연결이 자연스럽지 못하고, 특정 단락이 그 순서에 문제가 있다면 그것은 바로 긴밀성의 관점으로 접근해야 한다. 주장이 있다면 그것을 뒷받침하는 근거가 확보되어야 그 글이 비로소 가치를 지니게 된다. 이것이 바로 완결성의 관점이다.

아래에서 통일성, 긴밀성, 완결성을 보다 구체적으로 검토해 보기로 하자.

(1) 통일성

통일성이란 한 단락의 화제는 반드시 하나이어야 한다는 원리이다. 한 단락으로 보이는 글이 화제가 둘이라면 그것은 통일성에 위배된다. 그러한 경우 그 글은 두 단락으로 구분되어야 한다. 화제는 한 문장으로 명시되는 것이 일반적이지만 그렇지 않은 경우가 있다는 것도 알아 두자.

통일성을 제대로 이해하기 위해, 어렵지 않은 내용의 글을 아래에 제시하기로 한다. 제시된 글 (나)는 어려서부터 많이 접해본 감상문이다.

(나) ¹세종대왕은 어려서부터 남달리 책읽기를 아주 좋아했다. ²밤을 새어가면서 책을 읽는 날이 꽤 많았다고 한다. ³그래서 나중에 여러 분야에 업적을 남기게 되었던 것 같다. ⁴그 중에서도 한글을 만들게 된 것은 무척 고마운 일이다. ⁵나도 지금부터라도 책을 열심히 읽어 세종대왕만큼 훌륭한 일을 하고 싶다.

⁶앞으로는 부모님께서 사 주신 책을 부지런히 읽고 (…중략…) 생각해 봐야겠다.

(다) ¹최근 의사들은 웃음이 인체에 미치는 효과를 연구하기 시작했다. ²사람들이 코믹영화를 시청하는 동안 의사들은 그들의 심장박동과 혈압, 호흡, 근육을 검사했다. ³웃음은 운동과 비슷한 효과가 있는 것으로 밝혀졌다. ⁴웃음은 혈압, 심장박동수, 호흡수를 증가시킨다. 또한 얼굴과 배와 심지어 발의 근육까지도 움직인다. ⁵근력 향상을 위해서는 꾸준한 운동이 무엇보다 중요하다. ⁶또 다른 실험을 통해 웃음이 인체의 통증을 감소시킬 수 있음이 밝혀졌다. ⁷학생들에게 서로 다른 라디오 프로그램을 청취하게 하면서 통증을 유발시켰다. ⁸가장 오랫동안 통증을 참아낸 그룹은 개그 프로그램을 청취한 피험자들이었다. ⁹그 이유는 웃음이 뇌 속 엔돌핀 분비를 돕기 때문이다. ¹⁰바로 이 엔돌핀이 스트레스와 통증을 줄여주는 기능을 한다.

먼저 제시문 (나)에서 통일성을 검토해 보자. 4번 문장까지는 세종대왕의 업적에 대한 서술이며 5번 문장부터는 각오에 대한 언급이다. 5번, 6번 문장이 같은 화제임에도 단락이 나누어져 있으니 그것이 문제이다. 이런 경우 4번 문장까지를 한 단락으로 하고, 5번, 6번 문장을 묶어 다른 단락으로 구성해야 한다.

제시문 (다)는 화제 '웃음이 인체에 미치는 효과'에 관해 설명하는 글이다. 그런데 10개의 문장 중 단 하나의 문장이 '웃음과 인체의 상관관계'에 어울리지 않는다. 그것이 바로 5번 문장이다. '운동이 인체에 미치는 영향'이라면 다른 단락에서 구체화되어야 하며 그런 의도가 아니라면 5번 문장은 삭제되어야 한다.

62

글쓰기 이론과 실제

다음에 제시된 각각의 글에 제목을 붙여보자(예: 프로그램 '1박 2일'의 시청률, 프로야구 4강 후보 등),
아울러 통일성 측면에서 문제점이 있다면 50자 내외로 그 이유를 써보자.

① ¹초콜릿을 좋아하시는 분들에게 희소식입니다. ²독일의 한 연구에 따르면, 다크초콜릿이 혈압
을 낮추는 효과가 있다고 합니다. ³다크초콜릿이나 적포도주에서 발견되는 폴리페놀이 이 기능을
하는 것으로 보입니다. ⁴반면 화이트초콜릿은 이 성분을 함유하고 있지 않아서 이 같은 부수적 효
과가 없다고 합니다. ⁵앞으로 화이트초콜릿에 대한 연구도 철저히 이루어져야 할 것입니다.

② ¹등잔은 토기 제작 기술과 기름 짜는 기술이 발달하면서 만들어 썼다고 한다. ²물론, 아득한
옛날 굴집에 살 때에는 화톳불을 지피거나 '툰지'라고 하는 노에 불을 피워 뜰 안을 밝히기도 했다.
³그러던 것이 삼국 시대에 들어오면서 우리 조상들은 깨기름을 이용해서 등잔불을 밝혔다. ⁴등잔에
는 방안을 밝히는 내등(內燈), 천지신명에게 바치는 신등(神燈), 대문 밖에 달던 장명등(長明燈), 부
처님께 바치는 법등(法燈), 밤늦게 희미하게 깜박이는 잔등(殘燈), 처마 밑에 달던 헌등(軒燈), 외딴
곳에 달던 고등(孤燈), 그림을 비추며 돌아가게 되어 있는 영등(影燈) 등이 있다.

글쓰기 이론과 실제

(2) 긴밀성

긴밀성은 단락을 이루는 요소, 즉 문장과 문장, 어구와 어구 등이 자연스러운 흐름으로 연결되어야 한다는 원리이다. 긴밀성을 고려하지 않으면 그 단락의 화제는 명확히 드러날 수 없게 된다. 아래 글을 통해 긴밀성에 대해 이해하도록 하자.

> (라) [1]대학생들은 4년 동안 수많은 리포트를 작성하게 되고 그 리포트는 학점으로 어느 정도 직결된다고 할 수 있다. [2]그런데도 리포트를 어떻게 작성해야 하는지 잘 모르는 학생들이 있다. [3]이런 점에서 볼 때 '글쓰기'는 그 어떤 강의와도 비견될 수 없는 긴요한 강의라 하겠다. [4]리포트를 작성하는 훈련이 바로 '글쓰기' 강의에서 이루어지기 때문이다.
>
> [5]필자는 '글쓰기' 과목을 효과적으로 지도하기 위해 글쓰기에서 가장 큰 문제점으로 대두되고 있는 병렬구조에 초점을 맞추려 한다. [6]필자가 병렬구조에 주안점을 두는 이유는 병렬구조의 이해가 논리적 사고 곧 논리의 정연함과도 연관되기 때문이다.

위에서 2번 문장의 '그런데도', 3번 문장의 '이런' 등이 앞뒤 문장을 자연스럽게 연결시켜주는 긴밀성 장치이다. 6번 문장의 '병렬구조에 주안점을 두-' 또한, 반복을 통해 긴밀성 확보에 기여하고 있다. 위 글에서 몇몇 연결어가 없다고 가정해 보면 글쓰기에서 긴밀성 장치가 얼마나 중요한가를 쉽게 알 수 있을 것이다.

사실 위 글은 두 문단으로 구분되어 있는데 두 문단 간의 긴밀성에는 다소 문제가 있다. 6번 문장 앞에 두 단락을 연결해 주는 긴밀성 장치가 제시된다면 더 좋은 글이 될 것이다.

글쓰기 이론과 실제

아래에서 긴밀성을 확보하는 표현을 모두 찾아보자.

[1]풍속화는 인간의 생활상을 적나라하게 표현해야 하므로 무엇보다 먼저 사실성을 중시하지 않을 수 없다. [2]또한 인간 생활의 여러 단면들을 사실적으로 다루어야 하므로 자연히 많든 적든 기록적 성격을 지니게 된다. [3]그러므로 이 사실성과 넓은 의미에 있어서의 기록성은 풍속화의 일차적인 요건이며 생명이라고 할 수 있다. [4]즉, 이 두 가지 중에서 어느 한 가지만 결여되어도 진실된 풍속화라고 보기 어렵다. [5]또한 풍속을 추상적으로 표현한다거나 화자가 현대의 풍속을 외면하고 조선시대의 풍속을 상상해서 그린다면 그러한 그림들도 풍속화로서의 생명력을 지닐 수가 없게 된다. [6]그러므로 풍속화는 사실성, 기록성과 함께 시대성이 언제나 중요함을 알 수 있다.

다음 글에서는 긴밀성이 확보되지 않은 경우가 있다. 그것을 찾고 그 이유를 50자 내외로 써보자.

[1]시금치는 영양분이 많은 음식입니다. [2]베타카로틴을 비롯하여 여러 항산화제를 다량 함유하고 있기 때문에 시금치는 강력한 항암효과가 있다는 것이 입증되었습니다. [3]시금치는 또한 엽산의 훌륭한 공급원입니다. [4]시금치 1온스에는 하루 엽산 필요량의 약 25%가 함유되어 있습니다. [5]시금치는 노인들에게 생기는 노화와 관련된 안과 질환을 예방해 줍니다. [6]시금치는 날로 먹거나 씻어서 흔들어 말린 후 냄비에 물을 붓지 않고 살짝 익혀 먹는 것이 가장 좋습니다.

(3) 완결성

한 단락에는 주제문과 그것을 뒷받침하는 문장이 있어야 한다. 그래서 한 단락은 최소 두 개 이상의 문장들로 구성되는 것이 원칙이다. 첫 문장을 주제문으로 하는 다음 글을 통해 완결성에 대해 이해해 보기로 하자.

> (마) [1]한국인은 혈연뿐 아니라 언어·종교·풍속·예술에 있어서도 일찍부터 중국과 다른 고유성을 지녀왔으며, 조선조에 한글까지 창제됨으로써 문화공동체로서의 자기 개성을 뚜렷하게 정립할 수가 있었다. [2]우리의 언어가 중국어와는 다른 알타이어계라는 것은 다 아는 사실이고, 삼신(환인·환웅·단군) 숭배로 대표되는 우리의 고유 신앙은 고조선의 건국 이념이 된 이래로 오늘에 이르기까지도 면면히 그 생명이 이어져 내려오고 있다. [3]고대의 선교(仙敎), 조선의 신교(神敎)가 그 흐름이며, 일제 시대 민족주의 운동의 선구를 이루었던 대종교(大倧敎)가 바로 민족 고유 신앙의 현대적 중흥이며, 개천절 행사가 바로 여기에서 연원된 것이다.

1번 문장에서 중국과 다른 고유성이 언어, 종교, 풍속, 예술 네 가지 면에서 드러난다고 하였다. 그런데 그 뒷받침문장에서 그 네 가지 모두가 언급되지 않은 것이 문제이다. 언어, 종교에 대한 언급은 있으나 풍속, 예술에 대한 언급이 없다. 그러므로 위 글은 완결성에 어긋난다고 하여야 한다.

다음 글도 엄격히 따지자면 완결성에 어긋난다고 할 수 있다.

> (바) [1]우리의 생활은, 크게 보면 날마다 똑같은 일이 되풀이되는 것입니다. [2]밥 먹고 잠자는 것이 그렇고, 학교의 시간표도 일주일 단위로 되풀이 됩니다. [3]그러니까 어제와 오늘이 별다를 리 없고 내일도 비슷할 수밖에 없습니다. [4]그래서 일기에다가, "아침 먹고 학교에 가서 공부하고, 집에 와서 숙제하고 잠을 잤다."라고 쓰고는, 다음 날부터는 날짜와 요일만 바꾸어 쓰고, 내용은 "오늘도 어제와 같음."이라고 썼다는 웃지 못할 이야기도 있습니다.
>
> ▶▶▷ 장종태, 『동시·일기·편지글 쓰기의 길잡이』, 서울시사월드, 2001

위 글 (바)에서는 1번 문장이 주제문, 2번 문장이 뒷받침문장이다. 그런데 그 두 문장은 논리적으로 옳지 않다. 주제문인 1번 문장에 포함되지 않는 표현이 2번 문장에 보이기 때문이다. 1번 문장에는 '날마다 반복'이라는 표현이 보이는데 2번 문장에는 '일주일'이라는 표현이 보인다. 결과적으로 위 글은 뒷받침문장을 제대로 제시하지 못한 경우라 할 수 있겠다.

아래의 글이 어떤 점에서 완결성에 어긋나는지 각각 50자 내외로 작성해 보자.

① [1]아이들이 미술, 음악, 문학 등 예술 분야에 직접 참여하거나 감상하는 것은 그들의 정서계발에 많은 도움을 준다. [2]문학작품을 읽으면 아이들은 간접체험을 얻을 수 있을 뿐만 아니라 감정이 풍부해질 수 있고, 문학작품을 창작함으로써 아이들은 표현력을 기를 수 있다. [3]아름다운 음악을 아이들에게 들려주면 아이들은 차분한 마음을 가질 수 있고 악기를 직접 연주함으로써 아이들의 잠재된 표현 욕구를 충족시켜 줄 수 있다. [4]아이들에게 연극과 영화를 접하게 함으로써 상상력을 키워줄 수 있으며 아름다운 꿈을 간직하게 할 수 있다.

② [1]내용이 충실하고 진실한 글만이 좋은 글이 될 수 있다. [2]충실한 내용은 해박한 지식과 깊은 사고에서 온다. [3]어떤 대상이나 주제에 대해 아무런 정보나 느낌을 가지고 있지 않다면 글쓰기 자체가 불가능하다. [4]따라서 글이 잘 써지지 않는다면 그 주제에 대해 더 많은 생각을 하거나 더 많은 정보를 얻어야 한다. [5]쓰고자 하는 내용에 대해서 정확하고 상세하게 알고 있어야 좋은 글을 쓸 수 있다는 것이다.

이상에서 배운 단락의 원리를 염두에 두고 아래 문장을 첫 문장으로 하여 단락을 완성해 보자.

1. ○○○이 한국 축구 최고의 공격수이다.

2. 담배와 술 중에서 무엇이 몸에 더 해로울까?

3. 대중매체의 보도 어느 정도 믿어야 하는가?

4. 연예대상을 도맡아 수상하고 있는 유재석과 강호동은 그 나름대로의 개성을 지니고 있다.

5. 명절이 예전 같지 않다.

6. A학점을 받으려면 많은 노력이 있어야 한다.

7. 정보화 사회 우리를 두렵게 한다/들뜨게 한다.

8. 인터넷 강의는 권장될 만하다.

9. 여자와 남자는 친구가 될 수 있다/없다.

10. 골프는 더 이상 고급 스포츠가 아니다.

11. 졸업 후 취업을 하기 위해 우리는 엄청난 노력을 해야 한다.

12. 최근에는 오디션 프로그램이 활성화되고 있다.

13. 새로운 방식의 정치 참여가 젊은이들에게 호응을 받고 있다.

14. 한 가정 내에서 통신비 지출이 과도한 수준에 이르렀다.

글쓰기 이론과 실제

2) 단락의 전개

단락과 단락은 일반적으로 병렬관계와 종속관계에 의거하여 전개된다. 다음 글을 통해 단락의 전개에 대해 살펴보기로 하자.

단락 간의 병렬은 문장 간의 병렬을 좀 더 확대시켜 이해하면 된다. 병렬이 되는 문장도 찾아내고 병렬이 되는 단락도 찾아내면 된다.

(사) [1]전통 문화는 근대화의 과정에서 해체되는 것인가, 아니면 급격한 사회 변동의 과정에서도 유지될 수 있는 것인가? [2]전통 문화의 연속성과 재창조는 왜 필요하며, 어떻게 이루어지는가? [3]외래 문화의 토착화(土着化), 한국화(韓國化)는 사회 변동과 문화 변화의 과정에서 무엇을 의미하는가?

[4]이상과 같은 의문들은 오늘날 한국 사회에서 논란의 대상이 되고 있으며, 입장에 따라 상당한 견해 차이도 드러내고 있다. [5]전통의 유지와 변화에 대한 견해 차이는 오늘날 한국 사회에서 단순하게 보수주의와 진보주의의 차이로 이해될 성질의 것이 아니다.

[6]한국 사회의 근대화는 이미 한 세기의 역사를 가지고 있으며, 앞으로도 계속되어야 할 광범하고 심대(深大)한 사회 구조적 변동이다. [7]그렇기 때문에, 보수주의적 성향을 가진 사람들도 전통 문화의 변질을 어느 정도 수긍하지 않을 수 없는가 하면, 사회 변동의 강력한 추진 세력 또한 문화적 전통의 확립을 주장하지 않을 수 없다.

[8]또, 한국 사회에서 전통 문화의 변화에 관한 논의는 단순히 외래 문화이냐 전통 문화이냐의 양자 택일적인 문제가 될 수 없다는 것도 명백하다. [9]근대화는 전통 문화의 연속성과 변화를 다 같이 필요로 하며, 외래 문화의 수용과 그 토착화 등을 다 같이 요구하는 것이기 때문이다. [10]그러므로 전통을 계승하고 외래 문화를 수용할 때에 무엇을 취하고 무엇을 버릴 것이냐 하는 문제도 단순히 문화의 보편성(普遍性)과 특수성(特殊性)이라고 하는 기준에서만 다룰 수 없다.

[11]근대화라고 하는 사회 구조적 변동이 문화 변화를 결정지을 것이기 때문에, 전통 문화의 변화 문제를 사회 변동의 시각에서 다루어 보는 분석이 매우 중요하리라고 생각한다. 〈국어 상(6차교육과정)〉

위 글을 이해하기 위해서는 우선적으로 8번 문장에 집중해야 한다. 문장 8에서는 '또'라는 병렬장치가 보인다. 그렇다면 1에서 7번까지의 문장 중에, 8번 문장과 병렬이 되는 문장이 있어야 할 것이며 나아가 그 문장으로 시작하는 단락과 병렬이 되는 단락도 위 어딘가에 배치되어야 할 것이다. 8번 문장은 '외래문화냐 전통문화냐의 문제가 될 수 없음'을 단정적으로 언급하는 추상적 진술이다. 이를 구체화한 문장이 그 다음 두 문장이다. 우리는 8번 문장과 병렬이 되는 문장을 찾고 있으므로 8번 문장과 진술의 성격이 동일한 문장을 찾아야 한다. 그것은 바로 5번 문장이다. 바로 '보수주의와 진보주의의 차이로 이해될 수 없음'을 단정적으로 언급하는 추상적 진술이다. 그 구체화된 문장이 바로 6번, 7번 문장이다. 그렇다면 4번 문장을 보도록 하자. 4번 문장은 '견해차'가 있음을 제시하는 추상적 진술이다. 그것을 구체화한 문장이 바로 '두 견해차'를 각각 제시하고 있는 5번 문장과 8번 문장이 되는 것이다. 그렇다면 8번 문장으로 시작하는 단락과 병렬이 되는 단락은 어느 단락인가. 그것은 바로 5번, 6번, 7번 문장을 묶은 단락이라고 보아야 할 것이다. 우리는 이상에서 병렬장치 하나를 통해 단락 구성은 물론 글 전체도 문제 삼을 수 있음을 알 수 있었다.

단락 간의 종속 관계는 첫 번째 단락과 두 번째 단락 사이에서 잘 드러난다. 첫 번째 단락에는 몇 가지 질문이 등장하는데 이어지는 단락의 첫 표현이 바로 '이상과 같은 의문'이라는 긴밀성 장치이다. 이를 통해 두 단락의 의미 관계를 알 수 있다. 또한 다섯 째 단락은 그 이전 두 관점을 논리적으로 부정한 후 새로운 관점으로 접근하고자 한다. 그런 면에서 단락 간 종속 관계로 이해할 수 있겠다.

아래에서도 병렬관계와 종속관계에 의해서 글이 전개됨을 알 수 있다. 제시문은 이효석의 소설 '산'이다.

(아) 돌을 집어던지면 깨금알같이 오도독 깨어질 듯한 맑은 하늘, 물고기 등같이 푸르다. 높게 뜬 조각구름 떼가 해변에 뿌려진 조개껍질같이 유난스럽게도 한편에 옹졸봉졸 몰려들 있다. 높은 산등이라 하늘이 가까우련만 마을에서 볼 때와 일반으로 멀다. 구만 리일까 십만 리일까. 골짜기에서의 생각으로는 산기슭에만 오르면 만져질 듯하던 것이 산허리에 나서면 단번에 구만 리를 내빼는

가을 하늘.

　산 속의 아침나절은 졸고 있는 짐승같이 막막은 하나 숨결이 은근하다. 휘엿한 산등은 누워 있는 황소의 등어리요, 바람결도 없는데, 쉴새없이 파르르 나부끼는 사시나무 잎새는 산의 숨소리다. 첫눈에 띄는 하아얗게 분장한 자작나무는 산 속의 일색. 아무리 단장한 대야 사람의 살결이 그렇게 흴 수 있을까. 수북 들어선 나무는 마을의 인총보다도 많고 사람의 성보다도 종자가 흔하다. 고요하게 무럭무럭 걱정 없이 잘들 자란다. 산오리나무, 물오리나무, 가락나무, 참나무, 졸참나무, 박달나무, 사스레나무, 떡갈나무, 무치나무, 물가리나무, 싸리나무, 고로쇠나무. 골짜기에는 신나무, 아그배나무, 갈매나무, 개옻나무, 엄나무. 산등에 간간이 섞여 어느 때나 푸르고 향기로운 소나무, 잣나무, 전나무, 노간주나무─걱정 없이 무럭무럭 잘들 자라는─산속은 고요하나 웅성한 아름다운 세상이다. 과실같이 싱싱한 기운과 향기, 나무 향기, 흙 냄새, 하늘 향기, 마을에서는 찾아볼 수 없는 향기다.

　낙엽 속에 파묻혀 앉아 깨금을 알뜰히 바수는 중실은, 이제 새삼스럽게 <u>그 향기를 생각하고 나무를 살피고 하늘을 바라보는 것</u>이 아니었다. 그런 것은 한데 합쳐 몸에 함빡 젖어들어 전신을 가지고 모르는 결에 그것을 느낄 뿐이다. 산과 몸이 빈틈없이 한데 얼린 것이다.

셋째 단락의 첫 문장에서 향기, 나무, 하늘 이 세 가지가 병렬을 이루고 있다. 그렇다면 우리는 이와 관련된 세 단락이 위 부분에서 병렬을 이룰 것이라 생각할 수 있다. 첫 번째 단락과 두 번째 단락을 살펴볼 때 배열 순서는 맞지 않지만 하늘, 나무, 향기가 모두 제시되어 있다는 것을 알 수 있다. 첫 단락이 바로 '하늘'에 대한 서술이며, 두 번째 단락이 바로 나무, 향기에 관한 서술이다. 소설이 아니라면 이러한 단락 구성이 문제점으로 지적될 수 있겠다.

위 글에서도 종속관계는 잘 드러난다. 바로 마지막 단락의 둘째 문장이 그것을 잘 보여준다. 향기, 나무, 하늘, 이 모든 것이 몸과 어우러져 있음을 알 수 있다. 앞 부분에서의 병렬관계를 포함하여 포괄적으로 진술하고 있는 셈이다. 결국 이 글은 병렬로 구성된 앞 두 단락이 셋째 단락에 자연스럽게 이어지고 있는 구조를 보여주고 있는 셈이다.

다음은 ○○전자의 가습기 사용 설명서이다. (1) 병렬관계와 종속관계에 대해 검토하고, 특히 병렬관계에 의거하여 몇 가지 문제점을 지적해 보자. (띄어쓰기는 원본 그대로임)

1. 전원버튼을 누르세요.

▶ 자동적으로 분무량은 "강" 시간조절은 "연속", 희망습도는 "55%"에 선택되고 해당 램프가 켜지며 3초 후 현재습도 표시로 전환됩니다. (이때, 현재습도가 희망습도 55%보다 높거나 같으면 10초동안만 분무가 되며 희망습도 램프가 2분간 깜박거립니다.)

2. 분무량버튼을 누르세요.

▶ "강", "약", "취침" 중 원하는 기능을 선택하세요.

▶ 취침기능 선택시 시간조절은 "연속" 희망습도는 "55%", 따뜻한가습은 "ON"으로 선택되며 분무는 초기 15분동작, 3분정지, 10분동작으로 됩니다.

(이때 분무량은 약으로 분무됩니다)

3. 희망습도버튼으로 원하는 습도를 선택하세요.

▶ 현재습도가 희망습도보다 높거나 같으면 자동으로 분무가 중단되고 현재습도가 희망습도보다 낮아지면 다시 분무가 시작되어 일정한 습도를 유지시켜 줍니다.

▶ 희망습도 조절버튼을 한번씩 누를 때마다

55→60→65→70→75→80→40→45→50순으로 변환 표시됩니다.

▶ 희망습도를 80%로 설정시 현재습도에 관계없이 분무는 연속으로 작동합니다.

4. 시간조절버튼으로 원하는 운전시간을 선택하세요.

▶ 시간조절버튼을 한번씩 누를 때마다 연속→2시간→4시간 순으로 변환 표시됩니다.

▶ 연속은 시간에 관계없이 계속 동작합니다.

▶ 4시간 설정시, 운전시간 경과에 따라 남는 시간대의 램프가 켜집니다.

▶ 설정시간이 지나면 모든 기능은 정지됩니다.

5. 따뜻한가습조절버튼으로 원하는 기능을 선택하세요.

▶ 따뜻한가습을 원할 때 선택하세요.

▶ 따뜻한가습을 한번씩 누를때마다 따뜻한가습⚘→찬가습 순으로 변환 표시됩니다.

  (찬가습시 램프가 꺼집니다.)

▶ 따뜻한가습 선택시 약 10~15분 가량 경과후에 습기가 따뜻하게 분출됩니다.

  (습기온도는 약 40℃~45℃ 가량됩니다.)

우리는 지금까지 단락 구성에 대해 살펴보았다. 종합적으로 정리한다는 측면에서 다음 글을 분석해 보자. 글을 이해하기 쉽게 단락을 새로 나누고 또 새로 나눈 단락에 대해서도 잘못된 점이 있다면 평가해 보자.

[1]인간은 습지를 간척하고 도로와 철로를 건설하기 위하여 산을 뚫으면서 지구 표면을 변경시켰다. [2]인류 역사상 인간은 자신의 생활 방식을 개선하기 위하여 자연환경을 변화시켜 왔다. [3]삼림지대와 초원을 농지로 바꾸고 관개나 수력발전을 위하여 강을 막아 호수와 저수지를 만들었다. [4]인간은 기계로써 지상의 많은 자연을 개조하였다. [5]오늘날, 공기와 물의 오염은 지구를 점점 병들게 하고 있다. [6]도시의 공기는 점점 오염되고 있다. [7]매일 자동차에서 수천 톤의 배기가스가 쏟아져 나온다. [8]공장에서 뿜어내는 연기는 산업지역과 도시 근교의 공기를 오염시킨다. [9]바다는 기름으로 계속 오염되고 있으며 그 때문에 엄청나게 많은 해초와 물고기와 새들이 죽어가고 있다. [10]그로 인하여 바다의 생태 균형이 파괴되고 있다. [11]산업 폐기물 때문에 이미 많은 강이 생명을 잃었다. [12]자연 보호자들은 인간이 지상에 살아남으려면 이제 과학기술의 발전을 제한할 필요가 있다고 생각한다.

80

글쓰기 이론과 실제

4. 어문규정의 이해

　표준어를 규정에 맞추어 쓰는 것이 맞춤법이라 생각하면 된다. '그랴', '그려', '그래' 중 하나를 선택해야 하는 상황은 사투리와 표준어의 문제이며 '그래'와 '그레'가 헷갈리는 상황이라면 그것은 맞춤법의 문제이다.

　한글 맞춤법은 "표준어를 소리대로 적되, 어법에 맞도록 함을 원칙으로 한다."라 되어 있다. 각 어구에 대한 설명이 구체적으로 제시되어야 하지만 여기에서는 혼동하기 쉬운 몇몇을 간단하게 소개하고자 한다. 그에 앞서 우리가 규정을 얼마나 많이 알고 있는지 확인해 보기로 하자.

글쓰기 이론과 실제

※ 다음 중 틀린 것을 골라라.

1. 위층 윗쪽 뒤쪽 뒤편 아래층 뒤통수 뒤꿈치

2. 뒷면 뒷간 기찻간 뒷뜰 뒤켠

3. 웃어른 웃국 웃사람 웃돈

4. 짓궂다 꺾꽂이 떡볶이 깍두기 아지랑이 냄비 풋내기 못찾겠다

5. 충원율 취업률 확률 이자율 불문율 붕괴율 정답율 참가율 승률 법률 열렬한

6. 어쨌든 하여튼 여하튼 아무튼 어떠튼

7. 저버리다 쳐들다 처먹다 뒤처진 쳐들어오다 처져서 등져도 쳐박아도

※ 다음 중 알맞은 형태를 골라라.

8. (서슴치 서슴지) 않고 그 일을 했다.

9. 잡담을 (삼가 삼가해)   (주십시오 주십시요)

10. (생각건대 생각컨대)   (회상건대 회상컨대)

11. 그 사람에게 그 내용을 (요약도록 요약토록) 하자. (운행도록, 운행토록)

12. (익숙지 익숙치) 않은 일.   (용납지 용납치) 말자.

    깨끗이 그 일을 마무리하라고 했는데 (깨끗지 깨끗치) 않구나.   그 일은 (적당지 적당치) 않다.

13. 훗날 (바람 바램)이 있다면

14. 너무 (가까와 가까워)

15. (뿌리채 뿌리째)   (송두리채 송두리째)   (통채로 통째로)

16. (뒤쳐진 뒤처진) 놈

17. (설레는 설레이는 설래는 설래이는)   (설레임 설렘 설래임 설램)

18. (금세 금새) 얼굴이 붉어졌다.   (요새 요세) 기업의 구조 조정이 한창이야.

19. 괴발개발 (씌어진 쓰여진 쓰인) 것

20. 식욕을 (돋구다 돋우다)   화를 (돋구다 돋우다)   목청을 (돋구다 돋우다)

21. 김치를 (담가라 담아라 담궈라)   문을 (잠가라 잠궈라)

22. 바다로 (쌓인 싸인) 섬

23. (내노라는 내로라는) 언어학자들이 서울에 모였다.

24. 국수 (먹을게 먹을께).   그 일을 (할걸 할껄) 잘못했다.

25. 내가 너에게 (질소냐 질쏘냐)?

26. 얼굴을 (쳐들든지 쳐들던지 처들든지 처들던지) 말든지 모르겠다.

27. (웬일인지 왠일인지) 께름칙하다.   (웬지 왠지) 께름칙하다.

28. 얼굴이 (하얘졌다 하예졌다 하에졌다 하애졌다)

29. (초점 촛점)을 맞추고

30. (댓가 대가)를 (치루어야 치뤄야 치러야) 한다.   이번에 (치른 치룬) 시험은 내가 1등이야.

31. 이가 아프면 (칫과 치과)에 가거라.   (칫솔 치솔)이 낡았다.

32. 틀린 (갯수 개수)를 정확히 기입해라.

33. 시도한 (횟수 회수)

34. 큰 (숫자 수자)는 보이는데

35. (예, 아니오 예, 아니요)로 (답하시요 답하시오).

36. 안 (되야 돼야) 할 텐데.   10분도 안 (되서 돼서)   하면 (안 되 안 돼)

    불을 (쬐야 쫴야) 된다.   그녀를 (꾀서 꽤서) 이리로 데려와.

    다음 주에 (봬요 뵈요).

37. 그 놈이 그 일을 제대로 (할는지 할른지 할런지) 의문이다.

    거기에 가 (있든지 있던지) 마음대로 해라.

    (가려고 갈려고) 하면 (어디든지 어디던지) 갈 수 있다.

38. 오늘이 (몇일 며칠)이지.

39. 가기 전에 우리집에 한번 (들러라 들려라)   우리집에 (들른 들린) 후에 부산에 가거라.

40. 공부를 열심히 (하게끔 하겠끔) 노력하자.

41. (날으는 나는) 새　　　　　　　(거치른 거친) 들판

42. 목적에 (알맞는 알맞은) 일을 골라라.　곱지 (않은 않는) 시선.

43. 푸른 색을 (띤다 띈다).

44. 그 사람이 그 일을 (한대요 한데요).　　빨리 (떠나랬어요 떠나렜어요).

　　호동이가 다음 주에 야유회 (가재요, 가제요).

45. 매우 크게 (만듦 만듬)

46. (오뚝이 오뚜기)

47. (아니예요 아니에요)

48. (학생으로서, 학생으로써)

49. (새삼스래 새삼스레)

50. 이것은 (약이오 약이요), 저것은 독이다.

51. (눈 덮힌, 눈 덮인)

52. (돐, 돌)

53. (해질녘 해질녁)　　　　　　　(동녘 동녁)

54. 제가 하고 싶은 말이 (그거예요 그게에요).

55. 전망이 (밝다라는 밝다는) 것은　　(가능한 가능한 한) 빨리 걷자.

※ 다음 중 알맞은 것을 골라라(띄어쓰기).

56. (안해 안 해)　　　　　　　(안돼 안 돼)

57. (지금으로부터 지금으로 부터)　　(넘어뜨리기는커녕 넘어트리기는 커녕)

　　(서울까지는커녕 서울까지는 커녕)　(서울에서는커녕 서울에서는 커녕)

　　(여기에서처럼만 여기에서 처럼만)　(주먹으로조차도 주먹으로 조차도)

　　(서울에서마저도 서울에서 마저도)　(무엇을 읽을 것인가부터 무엇을 읽을 것인가 부터)

　　(했다기보다는 했다기 보다는)　　(그렇게까지는 그렇게 까지는)

내가 (한만큼 한 만큼) 내가 사랑하는 사람은 (너밖에 너 밖에) 없다.

그가 (하는대로 하는 대로) 해라. 너는 (너대로 너 대로) 가거라.

이기기 (위해서이다 위해서 이다). (이밖에 이 밖에) 또 무슨 공부를 해야 합니까.

58. (버려진지 버려진 지) 오래 되었다. (서구화된지 서구화된 지) 50년이 지났다.

비가 (오는지 오는 지) 나가보자. 비가 (올지도 올 지도) 모르겠다.

그 일을 누가 (지시했는지 지시했는 지) 알 수 없다.

59. 그가 (말했는데 말했는 데) 왜 또 말하니? 기술 개발을 (하는데 하는 데) 도움이 된다.

60. 비가 (올듯하다 올 듯하다). 비가 (온듯하다 온 듯하다).

비가 (오는듯하다 오는 듯하다). 비가 (올듯말듯 올 듯 말 듯 올듯 말듯)

비가 (오듯이 오 듯이) 구렁이 담 (넘어가듯이 넘어가 듯이).

햇갈리는 문제가 한둘이 아니라서 좋은 성적을 기대하기 어려울 수 있다. 영어에 비해 국어에 투자하는 시간이 점점 줄어든 때문인지 우리는 유독 어문규정에 약하다. 체계적으로 배울 기회가 없었다고 보는 편이 합당할 것이다.

아래에서 중요 사항들을 몇 가지 점검해 보기로 한다. 특히 규칙을 알면 많은 단어에 적용될 수 있는 것만을 다루어 보기로 한다.

① 윗층/위층

사이시옷은 제1요소(앞 말)와 제2요소(뒤 말)가 연결된 글자 그대로의 발음이 실제 발음과 다른 경우에 한하여 적는다. '피+멍(→피멍)', '피+기(→핏기)'를 대비해 보면 그 차이가 확연히 드러난다. 후자에서 '+' 기호를 빼고 선행의 '피'와 후행의 '기'를 자연스럽게 연결시킨 '피기'로 발음하면 한국인이 아닌 것으로 오해 받을 수 있다. 아래 예들을 살펴보자.

내+물, 뒤+면, 위+사람 ; <u>위+층, 뒤+편, 뒤+뜰</u>
냇물, 뒷면, 윗사람,　　　위층, 뒤편, 뒤뜰

앞 세 단어를 '내물', '뒤면', '위사람'이라 발음하는 한국인은 드물다. 반면, 줄 친 부분의 앞 말과 뒤 말을 연결시킨 위층, 뒤편, 뒤뜰 등은 자연스러운 발음, 아니 훌륭한 발음이다. 그러니 사이시옷을 쓸 필요가 없다. 그래도 이해가 되지 않는다면 기계적으로 외우면 된다. 뒤 말이 강한 발음으로 시작하면 앞 말에는 사이시옷을 쓸 수 없다고 말이다. ㅈ, ㅉ, ㅊ 중 강한 발음 두 개를 찾는다면 당연히 ㅉ(된소리)과 ㅊ(거센소리)일 것이다. ㅂ에 비해 ㅃ, ㅍ도 강한 발음이며 ㄷ에 비해 ㄸ, ㅌ도 강한 발음이다.

그런데 '개수(個數)', '초점(焦點)'과 같은 한자어에는 사이시옷을 쓰지 않는 것이 원칙이다. 다만 그 예외 6가지(첫 글자: 회·수·세·차·고·퇴)가 있다는 것은 귀가 따갑도록 들었을 것이다. 이들 중, '회'와 '수'로 시작하는 '횟수(回數)'와 '숫자(數字)'는 외워두어야 '개수(個數)'와 헷갈리지 않는다. 이 세 단어에는 모두 '수(數)'가 포함되어 있어서 혼란이 야기된다.

② 갈껄/갈걸, 갈께/갈게

네 어형 '갈까/갈가', '갈쏘냐/갈소냐', '갈껄/갈걸', '갈께/갈게' 중에서 물음표를 붙일 수 있는 것을 둘 골라 보자. 네 가지 중 물음표(의문문을 만드는 부호)를 붙일 수 있는 것만 소리대로 적으면 된다. 물음표를 붙일 수 있는 것이 '갈까?'와 '갈쏘냐?'이므로 '갈가', '갈소냐'로 써서는 안 된다. '가니?', '가냐?'의 경우는 물음표를 붙일 수 있더라도, 발음 측면을 고려할 때, '가니', '가냐' 외에 달리 적을 방법이 없다. '갈걸'과 '갈게'는 물음표를 붙일 수 없기에 소리대로 쓰지 않는다. 즉 '갈걸', '갈게'로 쓰고 '갈껄', '갈께'라고 발음하면 된다는 뜻이다.

③ 처먹다/쳐먹다

다음 말들 중 무엇이 맞는지 판단하는 것은 쉽지 않다.

(탕을) 처먹다/쳐먹다

(차를) 처박다/쳐박다

(신의를) 저버리다/져버리다

옳은 표현을 가려내려면 첫 글자 '처/쳐', '저/져'가 '치-' 또는 '지-'와 관련이 있는지 생각해 보면 된다. '쳐' 또는 '져'로 쓸 때에는 반드시 '치-', '지-'와 관련되는 경우라야 한다. 설렁탕에 후추를 쳐서 먹는 것은 '쳐 먹는 것이고', 며칠 굶은 사람이 설렁탕을 허겁지겁 먹는 것은 '처먹는' 것이다. 전자는 '후추를 치고', '후추를 치니'처럼 '치-'와 관련시킬 수 있다. '공을 치고', '공을 쳐서', '시합에 지고', '시합에 져서' 등을 생각해 보면 그 이유를 알 수 있다. '쳐들어가다'를 '처들어가다'로 쓰지 않는 이유는 '진지를 치고, 진지를 쳐서' 등과 같은 말이 성립되기 때문이다. 머리를 '처박고'를 '쳐박고'로 적지 않는 이유는 '머리를 치고', '머리를 쳐서'라는 말이 '처박고'의 의미와 관계없기 때문이다. '뒤처진'을 '뒤쳐진'으로 쓸 수 없는 이유 또한 '뒤치-'와의 관련성으로 검토할 수 있다. '치-'와 마찬가지로 '지-', '찌-'도 동일한 유형으로 생각하면 된다. '신의를 저버리다'의 '저'를 '져'로 쓸 수 없는 이유도 '신의를 지-'는 것과 관계없기 때문이다.

④ 주십시오/주십시요

음식점에 가면 다음과 같은 유형의 표기를 쉽게 접할 수 있다. 어떤 것이 옳은지 헷갈릴 수 있으나 의외로 쉽게 해결될 수 있다.

주십시오/주십시요

어서 오십시오/어서 오십시요

일반적으로 '-요'를 제외한 앞 말은 단독으로 쓰일 수 있다. '어디요', '영수는요', '뭘요' 등에서 '-요'를 뺀 '어디', '영수는', '뭘' 등은 단독으로도 말이 된다. 한편, '주십시' 자체는 말이 되지 않으므로 '-요'를 덧붙일 수 없다. 반면 '안녕하세요'에서 '-요'를 뺀 '안녕하세'는 말이 되지 않으므로 사실 '안녕하세요'는 틀린 표현이라 해야 할 것이다. 그러나, 실제는 그렇지 않다. '안녕하셔요'를 보자. '안녕하셔'가 말이 되므로 '안녕하셔요'는 옳은 표현이다. 바로 '안녕하셔요'가 원칙이고, 서울 사람들이 굉장히 자주 쓰는 말 '안녕하세요'는 허용된 말이다. 서울 사람들이 두루 쓰게 되면 그것이 위력을 발휘할 수도 있다.

⑤ 취업률/취업율, 충원률/충원율

아래에 적힌 말들이 옳은 표기인지 생각해 보자.

취업률, 충원률, 정답률, 불문률, 이율, 선율, 선열, 선동열

'이율(利率)'과 '선율(旋律)'을 예로 들어보자. 두 단어를 옥편에 제시된 한자 본음으로 표기하면 '이률', '선률'이 된다. 그런데 '이률'로 적고 '이율'로 발음하라고 하면 합리적이라 할 수 없다. 바로 우리 한국인의 현실음을 고려한 조치라 이해하면 된다. '旋律'을 '선률'로 적게 되면 '설률'로 읽을 수밖에 없다. 같은 환경 즉 'ㄴ-ㄹ'이 연속된 '신라', '인류'를 생각해 보면 알 수 있다. '신나의 통일', '인뉴의 기원'이라고 발음한다면 외국인으로 오해되기 십상이다. 이상은 "한자 '列', '烈', '律', '率', '劣'처럼 앞 글자의 받침이 없거나 그 받침이 'ㄴ'이면 '렬', '률' 등으로 적지 않고 '열', '율' 등으로 적어야 한다"는 규정과 관계된다. '선동열/선동렬'에서는 '열/렬'의 앞 받침이 'ㄴ'이 아니므로 '선동렬'로 적어야 한다.

⑥ 간대요/간데요, 가재요/가제요

'간대요/간데요', '가재요/가제요'가 헷갈리는 이유는 당연하다. 'ㅐ'와 'ㅔ'의 발음이 구분되지 않기 때문이다. 두 발음이 구분되지 않기 때문에 이와 관련된 표기는 다 외워야 하는 어려움이 있다. '(영덕/울진) 대게', '대개(大槪)' 또한 외우고 있어야 제대로 적을 수 있다. 그나마 '간대요/간데요', '가재요/가제요'의 구분은 외우지 않아도 된다. '간다 해요', '가자 해요'에서 '해'가 중요하다. 이런 경우 '해'의 'ㅐ'를 반영하여 '간대요', '가재요'로 쓰면 된다. '어쨌든' 또한 '어찌했든'을 생각하면 '어쩻', '어쩻', '어쩼' 등으로 쓸 이유가 없겠다.

이를 확장하여 '예쁘대요'와 '예쁘데요'에 적용해 보자. 첫 번째 뜻은 '예쁘다고 해요'라는 뜻으로 이해하면 된다. '해'와 '대'에서 문자 'ㅐ'가 공통으로 제시되어 있다는 것이 중요하다. 그렇다면 '예쁘데요'는 무슨 뜻인가? 이는 자신이 직접 경험한 것과 관련시켜서 '예쁘더군요'로 이해하면 된다. 여기에서는 '더'와 '데'에서 문자 'ㅓ'를 공통으로 확인할 수 있다.

⑦ 공책이에요/공책이예요, 노트에요/노트예요

대중매체의 자막표기에서도 위 표기는 제대로 잡히지 않고 있다. 특히 교육방송인 EBS가 더 문제이다. 프로그램마다 하나 이상 틀린 것이 확인된다.

명사가 자음으로 끝난 것인지 모음으로 끝난 것인지를 파악하는 것이 중요하다. '공책'은 자음(ㄱ)으로 끝난 것이며, '노트'는 모음(ㅡ)으로 끝난 것이다. 자음과 모음의 차이만 확인하면 된다. 자음으로 끝나면 무조건 뒤에 '-이에요', '-이어요', '-이었다'를 붙이고, 모음으로 끝난 경우는 무조건 '-예요', '-여요', '-였다'를 붙이면 된다. 전자 '-이에요', '-이어요', '-이었다'에서는 문자상 'ㅣ'를 추출할 수 있고, 후자 '-예요', '-여요', '-였다'에서는 'ㅕ'를 추출할 수 있다. '연예인이에요, 연예인이어요, 연예인이었다 ; 가수예요, 가수여요, 가수였다'로 쓰면 된다는 것이다.

⑧ 되서/돼서, 찔다/꽸다, 뵈요/봬요

'되+어서'가 결합할 때 '되서'로 적어서는 안 된다. '어'를 이유 없이 탈락시킬 수 없기 때문이다. 조금 더 신중을 기해 '돼서'로 표기하면 좋겠다. '되+었다'의 경우 또한 마찬가지이다. '어'를 이유 없이 삭제하여 '됬다'로 적을 수 없다. '쬐+어서', '쬐+어야', '쬐+어도', '쬐+어요', '쬐+었다'에서도 동일하게 적용될 수 있다. '쬐서', '쬐야', '쬐도', '쬐요', '쬣다' 등으로 적는 일은 없어야겠다. 이들 동사의 공통점은 바로 어간이 'ㅚ'로 끝난다는 것이다. "선생님, 다음 주에 뵈요"의 마지막 단어 '뵈요'는 '봬요'로 써야 한다. 어간 '뵈-'에 '-어요'가 결합되었기 때문이다.

⑨ 용납치/용납지, 생각컨대/생각건대

'폭발'과 '폭팔'의 발음이 헷갈리는 경우가 있다. 그런 경우라면 '용납지/용납치'의 발음도 헷갈리게 된다. 이러한 현상이 큰 문제를 야기하는 경우가 있다.

'하지', '하도록', '하건대' 등에서의 '하'는 줄여서 쓸 수 있는데, '하' 앞 명사의 받침이 무엇이냐에 따라 크게 차이가 난다. 받침이 'ㅁ', 'ㄴ', 'ㅇ', 'ㄹ'인 경우(자판의 왼손 글쇠) 우리의 발음대로 그대로 쓰면 되지만, 받침이 'ㅂ', 'ㄷ(ㅅ)', 'ㄱ'로 끝나는 경우는 주의해서 줄여 써야 한다. 우리의 일반적인 발음은 '용납치', '생각컨대' 등이지만 '용납찌', '생각껀대'로 발음하고 '용납지', '생각건대' 등으로 써야 한다.

신음하지 → 신음치   용납하지 → 용납치× 용납지

단순하지 → 단순치   산뜻하지 → 산뜻치× 산뜻지

감당하지 → 감당치   요약하지 → 요약치× 요약지

발달하지 → 발달치

필요하지 → 필요치

보도하지 → 보도치

가하다부하다 → 가타부타

cf. 생각하건대 → 생각컨대×, 생각건대

요약하도록 → 요약토록×, 요약도록

야속하다고 → 야속타고×, 야속다고

이를 확대 적용해 보자. '삼가하지'를 줄여 쓴 '삼가치'는 한국인들에게서 들을 수 없다. '삼가치'가 틀린 표현이므로 '삼가하지'도 틀린 것으로 간주하면 된다. '서슴치'라는 발화도 한국인에게서 쉽게 접할 수 있다. 그런데 '서슴하지'가 줄어서 '서슴치'가 되었다고 하면 '서슴치'도 틀린 말이 된다. 왜냐하면 '서슴하지'라는 말이 없기 때문이다.

⑩ 띄어쓰기

조사, 어미는 앞 말에 붙여 써야 한다. 이것이 띄어쓰기의 대원칙이다. 문제는 무엇이 조사이고 무엇이 어미인지 모른다는 것이다. 전공자가 아니라면 다음과 같은 방식을 추천하고 싶다.

"ㄴ, ㄹ 받침 다음에서 띄어서 적자. 그러면 90% 옳다."

오는 듯, 올 듯, 온 듯 ; 오는 대로, 올 대로, 온 대로 ; 오는 만큼, 온 만큼, 올 만큼 ; 온 거야, 올 거야, 오는 거야 ; 올 수 있다, 올 뿐, 올 만하다, 올 테지, ……

한편, '대한민국에서처럼도'와 '지금으로부터'는 모두 조사가 연이어 등장하는 구조이다. 모두 붙여 쓰면 된다. ㄴ, ㄹ 받침 다음에서 띄어 쓰면 90% 옳다는 것을 여기에서도 적용할 수 있다. '산부터', '물부터' 등도 띄어 쓰지 않는다. '온 만큼'의 '온'과 달리 '산부터'의 'ㄴ'은 원래 명사 그 자체에 'ㄴ'이 포함되어 있는 것이다.

ㄴ, ㄹ 뒤에서 무조건 띄어 쓰는 것은 경계해야 한다. '갈망정'을 예로 들어보자. 사전을 찾아서 '갈망정'의 어간 '가-'를 제외한 나머지 부분 'ㄹ망정'이 사전 표제어로 있다면 그때는 붙여 쓰면 된다. 포털사이트 국어사전 검색창을 띄워 놓고 '○○○'을 입력해 보면 그 뜻풀이가 뜨는 경우가 있다. 그런 경우 검색창에 입력한 형태 그대로 쓰면 된다. 즉, 검색창에 'ㄹ망정'을 입력할 때 그 풀이가 뜨게 된다. 'ㄹ망정'으로 써야지 'ㄹ 망정'으로 쓸 수 없다는 뜻이다. 이런 점이 바로 위에서 말한 90%의 정체이다. 어떤 이는 10%에 관심을 가질 만하다. 그러나 전공자가 아니라면 그 정도까지 신경 쓰지 않아도 되겠다.

다만 다음 세 가지는 자주 쓰이는 것이므로 기억해 둘 필요가 있다.

첫째, 기간을 나타내는 '지'와 그렇지 않은 '지'를 구별해야 한다. '한국에 온 지 10년이 지났다', '워낙 버려진 지 오래 되었다', '이 약을 먹은 지 1년이 지났다' 등에서의 '지'는 모두 기간을 나타낸다. '어디로 올라가는지 알 수 없다', '비가 오려는지 하늘이 시커멓다'에서의 '지'와 대비해 보고 그 차이를 확인하기 바란다.

둘째, '곳' 또는 '것'의 의미를 가진 '데'와 그렇지 않은 '데'를 구별해야 한다. 아래의 예를 보기로 하자. 전자에 비해 후자의 유형은 앞뒤의 의미가 상반되는 것이 특징이다.

그런 데 가지 마라(용돈을 아끼는 데 만전을 기하자)
그런데 왜 F학점이지(용돈을 아꼈는데 벌써 돈이 바닥났다)

셋째, '외(外)'의 의미를 가진 '밖'과 그렇지 않은 '밖'이 있다. 전자의 경우는 띄어 쓴다. 아래 예를 대비해 보기 바란다.

그 밖에 논의할 사항 ; 사과가 이것밖에 없니? 사랑할밖에 다른 도리가 없다.

앞에서 우리는 ㄴ, ㄹ 받침 다음에서 띄어 쓰면 90% 옳다고 했는데 그 기능적인 측면을 영어와 대비해 보면서 ㄴ, ㄹ 받침의 중요성을 강조해 두고 싶다.

the man who is standing by the tree
나무 옆에 서 있는 남자

위에서 관계대명사 who는 '서 있는'의 '-는'과 대략 일치한다. 영어 문법에서 관계대명사가 중요하듯 국어 문법에서 '-ㄴ/는', '-ㄹ'이 매우 중요하다. '-ㄴ/는', '-ㄹ' 뒤에 오는 말은 명사일 확률이 매우 높다. 그래서 앞 말과 띄어 쓰게 되는 것이다.

마지막으로 강조하고 싶은 띄어쓰기 항목이 있다. '-하다(도외시하더라도)'는 명사 뒤에 붙여 써야 한다. '-시키다(납득시키더라도)', '-되다(추방되더라도)' 등도 마찬가지이다. 그 밖에 '-어지다'도 붙여 쓰면 된다. 대학생의 글에서 특히 '-하다'를 붙이지 않은 경우를 쉽게 확인할 수 있는데 1학년 때 이것만이라도 습관을 잘 들일 필요가 있다. '도외시 할지라도', '도외시 한다고'는 모두 틀린 표기이다.

다음에 적힌 항목들이 여러분의 표기의식을 바로잡아 줄 수 있으니 참고하기 바란다. 간단하게나마 이해를 돕기 위해 중간중간에 참고할 만한 사항을 적어 넣기로 한다.

1. 사이시옷: 윗면O, 위면×, 뒤뜰O, 뒷뜰×, 뒤편O, 뒷편×, 위층O, 윗층×, 개수O, 갯수×, 초점O, 촛점×, 횟수O, 숫자O

2. 준말 관련

   2.1. 간대요(←간다 해요), 가재요(←가자 해요)

   2.2. 사람이에요, 나무예요(←나무이에요)

      공책이에요, 노트예요(←노트이에요)

   2.3. 가지 않고(←가지 아니하고)/안 가고(←아니 가고)

   2.4. 왠지(←왜인지)

      그 나머지: 웬일인지, 웬만큼, 웬만하면, 웬 사람, 웬 말이냐

   2.5. 어쨌든(어찌 했든)

      cf. 아무튼, 하여튼, 어떻든; 얽히고설킨, 오뚝이, 일찍이

   2.6. 돼야(←되어야), 돼서(←되어서)

      쬐도(←쬐어도), 봬도(←뵈어도), 쇘습니다(←쇠었-), 아뢌다(←아뢰었-)

      cf. 외-, 되-, 쬐-, 뵈-, 쇠-, 쐬-, 죄-, 꾀-, 아뢰-, 사뢰-(공통점: 기본형에 'ㅚ')

   2.7. 금세(←금시에), 요새(←요사이)

   2.8. 요약지/간단치

    - '하-' 앞의 받침이 'ㅂ', 'ㄷ(ㅅ)', 'ㄱ'으로 끝나는 경우

      익숙지←익숙하지 산뜻지←산뜻하지 용납지←용납하지

      생각도록←생각하도록 생각건대←생각하건대

    - 그 외의 경우

      간단치←간단하지 발달치←발달하지 신음치←신음하지 감당치←감당하지 중요치←

      중요하지

가타부타←가하다부하다

2.9. 뒤처진, 처먹고, 처박고, 처들고(밑천이), 쳐내고, 쳐들고(고개를)

3. 어미관련

3.1. 문제를 풂에 있어 주의할 것은

3.2. 할까, 할쏘냐, 할꼬, 할걸, 할게, 할지라도

3.3. 갈는지(갈런지×), 가는지, 갔는지 ; 가든지 말든지(가던지 말던지×)

3.4. 하게끔

3.5. 하려무나

3.6. 하리만치

3.7. 주십시요×, 주십시오, 주셔요(허용: 주세요)

4. 기본형 관련

4.1. 잠그다(잠금장치, 잠굼장치×), 담그다(?담금질, 담굼질×), 돋우다(발돋움, 발돋굼×): 잠가O, 잠궈×, 담가O, 담궈×, 돋우고O, 돋구고×

4.2. 하얘(하양-), 허예(허영-), 누레(누렁-), 노래(노랑-), 뽀얘(뽀얗-), 뿌예(뿌옇-), 꺼메(꺼멓-), 까매(까맣-)

4.3. 들르다, 치르다: 삼촌 댁에 들른 후, 들러라, 들려라× ; (시험을) 치르고, 치러서, 치뤄서×

4.4. 삼가해라×, 삼가라O(삼가다) ; 서슴치×, 서슴지O(서슴다)

5. 기타

밝다라는×, 밝다는O, 설렘O, 설레임×, 안절부절못했다O, 안절부절하고×, 주책없다O, 주책이다×, 우레O, 우뢰×, 내로라는O, 내노라는×, 에미×, 애기×, 바램×, 사램×, 나무램×, 주십시요×, 되여×, 아니예요×, 쓰여진×, 씌어진×, 거친O, 거치른×, 나는O, 날으는×, 정든O, 정들은×, 리포트O, 레포트×, 파일O, 화일×, 알맞은O, 알맞는×, 걸맞은O, 걸맞는×, 곱지 않은O, 곱지 않는×, 먹지 않는O, 둘러싸인O/쌓인O, 희로애락O, 희노애락×, 대로O, 대노×, 덮힌×, 덮인O, 잡힌O, 충원율O, 충원률×, 취업율×, 취업률O, 확율×, 확률O

다음은 대중가요 '빙고' 가사를 옮겨 놓은 것이다. 밑줄친 부분 중, 규정에 맞지 않는 것을 둘 골라 보자.

터질 것만 같은 행복한 기분으로

틀에 박힌 관념 다 버리고 이제 또

맨주먹 정신 다시 또 시작하면

나 이루리라 다 나 바라는 대로

지금 내가 있는 이 땅이 너무 좋아

이민 따위 생각 한적도 없었고요

금 같은 시간 아끼고 또 아끼며

나 비상하리라 나 바라는 대로

산속에도 저 바닷속에도

이렇게 행복할 순 없을 거야 랄랄랄라

구름 타고 세상을 날아도

지금처럼 좋을 수는 없을꺼야 울랄랄라

모든 게 마음먹기 달렸어

어떤 게 행복한 삶인가요

사는 게 힘이 들다 하지만

쉽게만 살아가면 재미없어 빙고

피할 수 없다면 즐겨 봐요

힘들다 불평하지만 말고

사는 게 고생이라 하지만

쉽게만 살아가면 재미없어 빙고

거룩한 인생 고귀한 삶을 살며

부끄럼 없는 투명한 마음으로

이내 삶이 끝날 그 마지막 순간에

나 웃어보리라 나 바라는 대로 빙고

2장 쓰기의 기본기

참고: '어머나'를 어문규정에 맞게 적기

노래 가사	바른 표기 및 해설
어머나 어머나 이러지 마세요 여자의 마음은 갈대랍니다	
안 돼요	'안'은 무조건 띔, 예 '안 가', '안 돼', '안 먹어' 등, '되어요'의 준말은 '돼요'
왜 이래요 묻지 말아요 더 이상 내게 원하시면 안 돼요 오늘 처음 만난 당신이지만	마요0, '-요'를 뺀 나머지 말은 단독으로 쓸 수 있어야 합니다. '묻지 말아'가 아니라 '묻지 마'가 옳은 표현이니 '말아요'라고 하면 안 되죠.
내 사랑인걸요	이게 어렵죠, '좋은걸 어떡해'라는 가요가 있습니다. 'ㄴ걸'로 사전 검색을 해 보면 가사의 뜻과 상통하는 예문이 보입니다. 화자가 좋다는 느낌을 남에게 전달할 때, 혹은 그러한 느낌으로 독백을 할 때, 가능한 표현이겠죠. 하지만 '딱딱한 걸 먹자'라고 할 때는 띕니다(여기에서는 '딱딱한 사물'을 뜻합니다. '딱딱한걸 어쩌나'와 같은 문맥에서는 붙여 씁니다).
헤어지면 남이 되어	
모른 척하겠지만	'척'은 '듯', '체'와 같이 사전에 당당히 등재되어 있는 말입니다. 그리고 그 앞이 'ㄴ'으로 끝난다는 것을 알 수 있습니다. 그래서 일단 '모른 척'까지는 문제가 없습니다. '도외시하다', '되새김질하다'에서의 '-하다'는 명사 뒤에서 모두 붙여 쓰게 됩니다(모른척 하겠지만×, 모른 척 하겠지만×). '도외시하다', '되새김질하다'를 띄고 싶다면 '조용하다', '깨끗하다'는 어떨지 생각해 보세요.
좋아해요 사랑해요	
거짓말처럼	'-처럼'은 앞 말에 무조건 붙여 씁니다. 예: 전라북도에서처럼, 되새김질처럼
당신을 사랑해요 소설 속의 영화 속의	여기에서는 '영화 속의 주인공'을 말하는 것이죠. '영화 속에 있다'는 식으로 서술어와 바로 호응이 되는 것이 아니죠. '영화 속에 아니지만'은 말이 안 되죠. '학교의 나무'와 '학교에 나무×', '학교에 있는 나무', '학교에 나무가 있다', '학교에 가는 사람', '학교의 있는 사람×' 등의 예를 잘 살펴보면 '-에'와 '-의'의 차이가 드러납니다.
멋진 주인공은 아니지만 괜찮아요 말해 봐요	'말해 봐요': 원칙은 띄는 것이지만 붙여 쓰는 것도 허용합니다.
당신 위해서라면	'-라면'도 '-처럼'과 같이 앞 말에 무조건 붙여 씁니다. '맛있는 라면'이란 뜻은 아니지요.
다 줄게요	어미는 물음표를 붙일 때만 소리 나는 대로 쓰지요. 그 외는 모두 붙이고요. 예: 할쏘냐?, 할까?, 할꼬?

3장

글쓰기의 절차

현대인은 직장에서는 물론 일상생활에서도 수많은 글을 쓰며 살아간다. 상품을 홍보하고 상품의 기능을 설명하는 글을 쓰거나, 특정 주제에 대해 보고서를 써야 하는 경우가 있는가 하면 어떤 사회적 문제에 대해 자신의 견해를 주장하는 칼럼을 써야 할 수도 있다. 또한 여행, 영화 관람, 독서 후 그에 대한 감상을 써서 블로그나 카페에 올릴 수도 있다. 현대인에게 글쓰기 능력은 자신의 삶을 풍요롭게 만들기 위한, 그리고 무엇보다도 일터를 포함한 여러 사회적 공간에서 자신의 삶을 인정받기 위한 필수적인 능력이 되었다. 어떻게 해야 좋은 글을 쓸 수 있을까? 물론 글쓰기의 왕도란 존재치 않는다. 그러나 좋은 글을 쓰기 위해서는 아래에 제시된 것처럼 일반적으로 거쳐야 하는 과정이 있다. 이를 고민하고 여러 차례 연습한다면 현재보다 더 좋은 글을 쓸 수 있을 것이다.

| 계획하기
•상황맥락 분석하기
•주제 정하기 | → | 내용 생성하기
•글감 만들기 | → | 내용 조직하기
•개요 작성하기 | → | 내용 표현하기
•서술하기 | → | 고쳐 쓰기 |

어떤 이유로 글을 써야 한다고 가정해보자. 어떻게 시작해야 할까? 글을 곧바로 쓰기 전에 이런 저런 준비 작업을 할 필요가 있다. 준비 작업 없이 글을 쓰면 주제에서 벗어난 글을 쓰거나, 자료 부족으로 글쓰기를 중간에 포기하게 되는 경우가 종종 발생하기 때문이다. 논리적으로 생각할 때, ①글의 목적, 독자, 매체 등 상황맥락을 고려하면서 ②가주제와 참주제를 정한 후, ③ 자료를 찾고 글감을 만들며, ④중심내용과 글감을 조직하여 개요를 작성해야 한다. ①과 ②가 계획하기 단계라면, ③은 글 쓸 내용을 생성하는 단계이고, ④는 내용 조직하기 단계라 할 수 있다. '논리적으로 생각할 때'라고 표현한 이유는 이 과정들이 단선적이지 않고 상호 영향을 미치기 때문이다. 글감을 마련한 후에도 독자의 성격을 고려하여 좀 더 쉽거나 좀 더 깊이 있는 내용의 글감을 다시 찾아야 할 수도 있고, 글의 논리적 흐름에 따라 개요를 작성하다 보면 애초의 주제와는 다른 정반대의 주제를 설정하게 되는 경우도 흔히 있는 것이다.

1. 상황맥락 분석하기

글쓰기는 일정한 상황 맥락 속에서 이루어진다. 어떤 매체에 실리는가, 누가 읽는가, 어떤 목적으로 쓰는가 등에 따라 글의 내용과 형식이 달라질 수밖에 없다. 특히 글쓰기의 목적과 예상 독자는 글쓰기 과정에 중요한 영향을 미치는 요소이다.

글은 구체적인 상황에 따라 그 목적이 매우 다양할 수 있지만 크게 보아 정보 전달을 위한 글, 설득(논리적 주장)을 위한 글, 친교 및 정서 표현을 위한 글로 나뉜다. 각각의 경우 초점을 맞추어야 할 사항이 달라진다. 정보 전달을 위한 글쓰기인 경우 '객관성'이 주요한 준거점이라면 설득(논리적 주장)을 위한 글쓰기의 경우 '타당성'이, 친교 및 정서 표현을 위한 글쓰기의 경우 '진정성'이 좋은 글쓰기를 위해 기준으로 삼아야 할 사항이다.

글의 목적을 고려하는 것에 비할 때 독자를 고려하는 일은 상대적으로 더 어렵다. 많은 경우 글 쓰는 사람에게 독자는 그 구체적인 모습을 확인할 수 있는 구체적 독자라기보다는 추상적으로 설정하는 가상 독자일 수밖에 없기 때문이다. 그럼에도 예상되는 가상 독자를 설정하고 그 특성을 분석하여 가능한 한 구체적인 상을 그린 후 그 가상의 독자와 머릿속에서 대화를 나누면서 글쓰기를 한다면 훨씬 좋은 글을 쓸 수 있다. 다음 글은 수학의 일상적 유용성을 설파하는 책의 서문이다. 다음 글을 읽으면서 글쓴이가 어떤 목적으로 글을 썼는지, 어떤 독자들을 예상 독자로 설정했는지 파악해 보자.

수학과 담소를 나누며 친해지길……

수학과 관련된 일을 하면서 듣게 되는 가장 흔한 질문은 그 어려운 수학을 배워서 도대체 어디에 써먹느냐는 것이다. 중고등학교를 거치면서 복잡한 수식과 기호로 이루어진 난해한 수학을 배웠지만, 수학과 직접적으로 관련된 전공을 제외하고는 고등학교 졸업과 동시에 수학에 대한 레테의 강(망각의 강)을 건넜다는 푸념을 많이 들었다. 수학을 공부한 그 많은 시간에 차라리 다른 지식을 섭렵했더라면 훨씬 더 풍요로운 삶을 영위할 수 있을 것이라는 지론을 펴는 사람도 있었다.

이러한 수학 무용론을 제기하는 사람들에게 수학의 가치를 어떻게 설명해야 할지 궁색하기만 했다. 수학은 모든 과학의 기초가 되기 때문에 한 국가의 과학 수준은 수학 수준을 넘지 못한다는 '수학 국부론'을 이야기하기도 했다. 또 수학은 그 자체로도 중요하지만 수학 학습을 통해 길러진 사고 능력은 다른 분야의 학습에서도 소용될 수 있다는 수학의 '정신 도야적 가치'를 부각시켜 보기도 했다. 그렇지만 가장 설득력 있고 효과적인 방법은 수학이 얼마큼 쓸모 있는 학문인지, 또 우리가 미처 생각하지 못한 분야에서 얼마나 유용하게 활용되는지 예를 드는 것이었다.

그러한 취지 아래 생활 속에서 찾아볼 수 있는 수학에 대한 글을 일간 신문에 연재하기 시작했다. 일반 독자를 대상으로 하다 보니 내용상 수학적 엄밀성을 유지하기보다는 부담 없이 쉽게 이해될 수 있는 방향으로 글을 쓰게 되었다. 심오하고 우아한 수학을 끌어내려 일상화하다보니 대중에게 수학을 소개하는 것이 아니라 수학을 희화하는 것이 아닐까 하는 자괴감이 들기도 했다. 그러한 걱정 속에서도 글을 계속 연재할 수 있었던 것은 수학을 곡해하는 일이 발생하더라도 일반 독자에게 수학을 전파하는 것이 더 중요하다는 생각 때문이었다.

그 동안 일간 신문이라는 제약 때문에 담고 싶은 내용을 간단하게 축약해서 제시해야 하는 경우가 많았고, 그러한 아쉬움은 연재된 글을 보완하여 책으로 출판하자는 생각으로 이어졌다. 이 책이 중·고등학생은 물론 일반 대중과 수학을 연결시키는 가교의 역할을 할 수 있기를 바란다.

책의 내용은 가능한 한 평이하게 기술하려 했으나, 경우에 따라서는 수학적으로 심도 있는 내용이 나오기도 한다. 그런 부분은 〈심층〉으로 표시를 해 두었으니, 이 내용이 부담스러운 독자는 건너뛰어도 전체적인 이해에는 지장이 없을 것이다.

▶▶▶ 박경미, 『수학 비타민』, 중앙M&B, 2003

글쓰기 이론과 실제

글쓴이는 수학 무용론에 맞서 수학 유용론을 펼치면서, 수학을 대중에게 전파하기 위해 이 책을 썼다. 글을 쓰게 된 주된 목적은 수학을 전파하는 '정보전달'이지만 그 외에 수학 유용론을 '설득'하는 것도 또 하나의 목적으로 삼고 있는 책이다. 그리고 글쓴이는 이러한 목적을 성취하기 위해서 '수학 국부론', '수학의 정신 도야적 가치'를 이론적으로 그리고 추상적으로 제시하기보다는 실생활에서 얼마나 수학이 유용하게 활용되는지, 그 예들을 다양하게 제시하고자 했음을 알 수 있다.

예상 독자는? 수학에 흥미를 잃을 법한 중·고등학생들은 물론 수학 공부에 들인 시간을 아까워 하면서 수학에 대한 "망각의 강"을 건넌 일반 대중을 독자로 설정했다.

예상 독자를 분석할 때는 ①독자의 지적 수준, ②주제에 대한 독자의 태도, ③독자의 요구 혹은 관심 등의 항목을 설정하여 분석할 필요가 있다. 이 글에서 설정하고 있는 예상 독자는 ①최소한 소수가 무엇인지 정도는 알고 있는 독자이다. 그리고 ②수학적 지식에 대해 식상해하거나 흥미를 잃고 있는 독자이며 ③수학적 지식을 명확히 알고 싶어 하는 수험생이라기보다는 가벼운 흥밋거리를 찾는 데 관심이 있는 독자이다. 글쓴이는 이와 같은 분석을 바탕으로 당연히 "수학적 엄밀성보다는 부담 없이 쉽게 이해할 수 있는 방향으로" 글을 쓰는 전략을 세웠다.

어떤 매체에 싣는 글을 썼는가? 처음에는 일간 신문에 썼지만 보완하여 책으로 출판하게 되

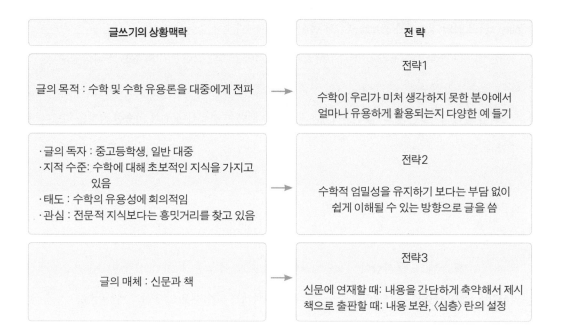

글쓰기의 상황맥락	전략
글의 목적 : 수학 및 수학 유용론을 대중에게 전파	**전략1** 수학이 우리가 미처 생각하지 못한 분야에서 얼마나 유용하게 활용되는지 다양한 예 들기
·글의 독자 : 중고등학생, 일반 대중 ·지적 수준: 수학에 대해 초보적인 지식을 가지고 있음 ·태도 : 수학의 유용성에 회의적임 ·관심 : 전문적 지식보다는 흥밋거리를 찾고 있음	**전략2** 수학적 엄밀성을 유지하기 보다는 부담 없이 쉽게 이해될 수 있는 방향으로 글을 씀
글의 매체 : 신문과 책	**전략3** 신문에 연재할 때: 내용을 간단하게 축약해서 제시 책으로 출판할 때: 내용 보완, 〈심층〉란의 설정

었다. 매체 상의 특성으로 인해 처음의 글은 "내용을 간단하게 축약해서 제시"하였는 데 반해, 이제 책으로 쓰게 되었으니 내용을 좀 더 보완하고, 아예 〈심층〉이라는 란을 따로 설정하기까지 하였다고 한다.

이처럼 한 편의 글은 독자, 목적, 매체 등의 상황 맥락을 분석하는 데서 시작된다. 분석 결과에 따라 다른 전략들을 세우고 그 전략들에 입각하여 글을 쓰는 것이다. 그로 인해 분석 결과 및 이에 입각한 전략 설정에 따라 어휘 선택부터 글의 내용에 이르기까지 전반적인 글쓰기 양상이 달라질 수밖에 없다. 그러면 이제 이 글쓴이가 앞의 전략에 입각해 쓴 글 한 편을 읽어 보자.

스포츠 스타들의 등 번호

안정환은 19번

최희섭 19번, 안정환 19번, 마이클 조던 23번, 박찬호 61번.

이 번호들의 공통점은 바로 '소수'라는 점이다. 유명한 스포츠 선수들의 등번호는 소수인 경우가 많다.

소수는 영어로 prime number라고 하는데, prime에는 '중요한'이라는 뜻이 있기 때문에 prime player라고 하면 경기에서 중요한 역할을 하는 선수가 된다.

모든 자연수는 4=2×2, 6=2×3, 8=2×2×2, 9=3×3, 10=2×5와 같이 소수의 곱으로 나타낼 수 있다. 즉 소수는 자연수를 만드는 기본적인 재료가 된다.

스타급 플레이어들은 팀의 경기를 이끄는 원동력이 된다는 점에서 소수와 비슷한 성질을 지닌다고 할 수 있다.

소주의 판매 전략

소주 1병을 소주잔에 찰랑거리게 따르면 7잔이 나온다. 그러니 소주 1병을 두 사람이 나누면 3잔씩 마시고 1잔이 남고, 세 사람이 나누면 2잔씩 마시고 1잔이 남는다. 또 네 사람이 나누면 2잔씩 마시기에 1잔이 부족하다. 이는 7이 소수, 즉 1과 자신밖에는 약수가 없는 수이기 때문이다.

만일 한 병에서 8잔이 나오게 했다면 둘이나 넷이 마실 때 4잔 혹은 2잔씩 공평하게 마실 수 있다. 그런데도 굳이 7잔이 되게 한 것은 조금 남거나 조금 부족한 술로 인해 소주를 더 시키게 하려는 전략이 없지 않을 것이다.

메르센 소수

소수에 대한 연구는 아주 일찍부터 이루어졌다. 기원전의 수학자 유클리드는 이미 소수가 무한히 많다는 것을 증명하여 소수의 개수에 대한 궁금증을 해결했다. 소수는 무한히 많으므로 제일 큰 소수란 것이 존재하지 않는다는 것을 알면서도 사람들은 더욱 큰 소수, 새로운 소수를 찾으려는 노력을 계속해 왔다.

프랑스의 수학자 메르센(Mersenne)은 자신의 이름을 딴 '메르센 소수'라는 것을 만들었다. 2의 거듭제곱에서 1을 뺀 것이 소수일 때 이를 메르센 소수라고 한다. 제일 작은 첫 번째 메르센 소수는 $2^2-1=3$ 이고, 두 번째 메르센 소수는 $2^3-1=7$이다.

1963년에 미국 일리노이 대학에서는 23번째 메르센 소수를 발견했는데 이를 기념하기 위하여 '$2^{11213}-1$은 소수이다'라고 새긴 우편 스탬프를 찍기도 했다. 1997년에 발견된 36번째의 메르센 소수는 89만 5932자리의 수로, 출력하면 450쪽이나 된다. 또 1998년, 1999년에 각각 37번째와 38번째의 메르센 소수를 발견했으며, 2001년 12월에는 405만 3946자리의 39번째 메르센 소수를 발견했다.

암호를 만드는 데 사용되는 소수

수학자들은 왜 이렇게 큰 소수를 찾는 일에 관심을 쏟는 것일까?

소수를 찾는 것 자체가 수학적 의미를 지니기도 하지만, 오늘날 소수는 암호학에서 중요한 역할을 한다. 아주 큰 두 소수를 곱하여 합성수를 만들고, 그 합성수가 어떤 두 수의 곱인지 알아야 암호를 풀 수 있게 하는 것이다.

실제 풀리지 않는 암호는 존재하기 어렵기 때문에, 잘 만들어진 암호란 해독하는 데 시간이 오래 걸리는 것을 의미한다. 주어진 수가 어떤 두 소수의 곱인지 알아내기 위해서는 수퍼 컴퓨터를 돌려도 아주 오랜 시간이 걸린다. 따라서 소수를 이용한 암호는 정보가 노출되기까지의 시간을 효과적으로 지연시킬 수 있다.

나바호 인디언의 암호

2차 세계 대전 때 번번이 일본에게 암호를 해독당한 미국은 기괴한 나바호 인디언의 언어로 암호를 만든 뒤 기밀을 유지할 수 있었다. 당시 암호병으로 나바호 인디언들이 활약했음은 물론이며, 그 공로로 나바호 인디언들은 현재 가장 넓은 인디언 보호구역 안에 살고 있다.

현대의 수학자들은 금융거래, 신용 카드 사용, 사이버 쇼핑 등이 안전하게 이루어지도록 풀리지 않는 암호를 만들어내는 데 한 몫을 하고 있다. 이처럼 알게 모르게 우리의 삶에 기여하는 수학자들에게 마음속으로라도 갈채를 보내보면 어떨까?

▶▶▷ 박경미, 『수학 비타민』, 중앙M&B, 2003

이 글은 처음('안정환은 19번', '소주의 판매전략')–중간('메르센 소수', '암호를 만드는 데 사용되는 소수')–끝('나바호 인디언의 암호')의 전형적인 구조를 갖고 있는 글이다. 우선 처음 부분에서 소수에 대한 독자의 관심을 유도하고, 중간 부분에서 소수에 대한 수학적 지식과 암호학에서 소수가 갖는 의미를 제시하였으며, 끝 부분에서 수학자를 나바호 인디언에 비유하면서 그 사회적 공헌을 인정하자는 주장을 펼치고 있다.

그리고 이 글은 각각의 부분에서 앞서 제시한 전략을 매우 효과적으로 구사하고 있다. 글쓴이는 아마도 이 글을 읽는 독자가 수학에 대해 흥미를 되찾고, 수학적 지식을 갖게 되며, 나아가 수학의 유용성을 긍정하게 되기를 바랐을 것이다. 이와 같은 기대는 효과적인 상황 맥락 분석과 전략 수립 그리고 그에 따른 글쓰기로 인해 충분히 성취된 것으로 볼 수 있다.

연습문제 1

1) 「스포츠 스타들의 등번호」에서 사용된 '전략1'과 '전략2'의 구체적인 모습을 찾아보자.

	「스포츠 스타들의 등 번호」
'전략 1'의 모습	
'전략 2'의 모습	

2) 다음 글을 읽고 글쓴이가 설정한 예상 독자의 상을 그려보고 그것이 글쓰기에 어떻게 작용했을지 서술해 보자.

레옹 베르트에게

　이 책을 어른에게 바친 데 대해 어린이들에게 용서를 빈다. 그럴 만한 중대한 이유가 내게 있다. 이 어른은 이 세상에서 나와 가장 친한 친구인 것이다. 또 다른 이유도 있는데 그것은 이 어른이 모든 걸, 어린이를 위한 책까지도 모두 이해한다는 점이다. 세 번째 이유는 이 어른이 프랑스에서 살고 있는데 이곳에서 굶주리고 추위에 떨고 있다는 것이다. 그는 위로받아야 할 처지에 있다. 이 모든 이유들이 그래도 부족하다면 예전의, 어린 시절의 그에게 이 책을 바치기로 하겠다. 어른들은 누구나 다 처음엔 어린아이였다. (그러나 그것을 기억하는 어른은 그다지 많지 않다.) 따라서 내 헌사를 이렇게 고쳐 쓰련다.

어린 소년이었을 때의 레옹 베르트에게

▶▶▷ 생텍쥐페리, 『어린 왕자』, 문예출판사, 1998

2. 주제 정하기

주제란 글을 통해 글 쓰는 사람이 말하고자 하는 중심 생각을 가리키며, 글쓰기 과정이란 결국 이 중심 생각을 설득력 있게 표현하는 과정을 가리킨다. 당연히 처음 설정한 주제가 명확하지 못하다면 글쓰기 과정 역시 좌충우돌할 수밖에 없다. 그럼에도 대부분의 학생은 '주제 설정? 주제는 정해져 있는 것 아닌가?'라고 생각하며 그 중요성을 놓치기 쉽다. 이제까지 대부분의 글쓰기 경험이 과제물이나 시험에서 이미 제시된 주제에 대해 글을 쓰는 것이었기 때문이다. 그러나 주제를 스스로 설정해야 하는 경우도 많으며, 과제물이나 시험에서처럼 주제가 주어지는 경우에도 그 주제를 자신만의 관점에서 재해석하고 구체화하는 작업이 필요하다.

예를 들어 대학 신문에 주제 상관없이 한 편의 칼럼이나 수필을 실어야 하는 경우와 「근대사의 이해」라는 교양과목을 수강하다가 '5·16 쿠데타의 성공 원인'라는 주제로 리포트를 써야 하는 경우를 생각해 보자. 전자의 경우는 스스로 주제를 설정해야 한다. 두 번째의 경우는 주제가 정해져 있는가? 글쓰기의 막연한 대상, 즉 가주제는 정해져 있지만 참주제는 정해져 있지 않다. 참주제란 글 쓰는 이의 가치평가나 주장까지 포함하고 있는 주제를 말하는데, '5·16 쿠데타의 성공원인'에는 아직까지 가주제와 관련된 판단, 주장이 담겨져 있지 않기 때문이다. 학자들이 다양하게 주장하는 여러 원인 중 어떤 것이 더 옳다거나 중요한 성공 원인이었는지 등에 대한 글 쓰는 사람의 판단이 포함되어 있지 않은 것이다.

오늘날의 생각과는 달리 당시의 상황을 고려하면 5·16 쿠데타는 성공하기보다는 실패할 이유가 더 많았던 쿠데타였다고 한다. 그럼에도 불구하고 성공하였던 만큼 이에 대한 여러 주장들이 제시되고 있다. 가주제와 관련된 이와 같은 배경 지식은 물론이고 좀 더 구체적인 지식들, 즉 성공 원인에 대한 다양한 주장들을 알고 있고, 이에 대한 나름의 판단을 내릴 수 있을 때 구체적이고 명확한 참주제를 설정할 수 있을 것이다. 따라서 전문적인 능력을 요구하는 주제의 경우, 주제를 설정한다고 하여 이리 저리 생각만 하는 것으로는 부족하며 필수적으로 이런 저런 자료를 찾고 읽어 가면서 생각을 가다듬는 과정을 거쳐야 한다.

주제를 설정할 때 지켜야 할 원칙

·자신이 흥미와 관심을 갖고 있는 것을 주제로 설정한다.

·자신이 가장 잘 알고 있는 것을 주제로 설정한다.

·가주제는 가능한 한 관련 범위를 축소시킨다.

·참주제는 가능한 한 명확한 주장을 담고 있어야 한다.

일반적으로 주제 설정하기는 '가주제 설정 → 가주제의 범위 좁히기 → 주장을 포함하는 참주제 설정하기'의 과정을 거친다. 대학신문에 실을 칼럼의 경우 우선 가주제부터 설정하고 그것의 범위를 좀 더 좁혀 나가야 한다. 한 예로 '대학생의 여가 생활'이라는 가주제를 설정했다고 하자. 이것만으로는 부족하다. 다음과 같은 과정을 거쳐 가주제의 범위를 좀 더 축소시켜야 한다. 다양한 설정이 가능할 터인데, '대학생의 여가 생활이 빈곤한 이유'는 그 한 예가 될 수 있다.

주제 설정 단계	대학 신문에 실을 칼럼
1단계 : 가주제 설정	'대학생의 여가 생활'
2단계 : 가주제의 범위 좁히기	· 대학생 여가 생활의 빈곤함 · 대학생 여가 생활의 종류들 → 대학생 여가 생활의 빈곤함 · 대학생 여가 생활의 조건들
3단계 : 가주제의 범위 좁히기	· 대학생의 여가생활이 빈곤한 이유 · 대학생의 빈곤한 여가생활의 여러 양상들 → 대학생의 여가생활이 빈곤한 이유

「근대사의 이해」 시간에 제출할 리포트의 경우 이미 비교적 좁은 범위의 가주제가 설정되어 있다. 따라서 이 경우에는 가주제와 관련하여 어떤 주장을 펼칠 것인가를 결정해야 한다. 여러 원인들을 떠올리고 어느 것이 더 중요한지 판단한 후, 그 이유 혹은 자기 나름의 주장을 포함하는 참주제를 설정하여 최종적으로 그것을 하나의 문장, 즉 주제문으로 표현할 수 있어야 한다. 그 결과 작성된, 5·16 쿠데타의 성공원인에 대한 참주제문은 각자의 판단에 따라 다를 수 있을 터인데, '5·16 쿠데타가 성공할 수 있었던 가장 중요한 원인은 군부 엘리트에 대해 케네디

정부가 호의적으로 평가하였고 그로 인해 쿠데타를 묵인하였기 때문이다'도 그 한 답이 될 수 있을 것이다.

주제 설정 단계	'5·16 쿠데타의 성공 원인'에 대한 리포트
4단계 : 참주제 설정하기	① 장면 정부의 무능력으로 인한 사회적 혼란 　　비판적 판단 : 장면 정권은 61년 3월 위기설을 극복하고 안정되어 가고 있었음. ② 장면, 윤보선, 군지도자 등의 기회주의적 태도 　　비판적 판단 : 장면과 당시 1군사령관은 쿠데타 진압에 대한 적극적 의지를 표현 　　　　　　　하고 있었음. ③ 군부 엘리트에 대한 케네디 정부의 호의적 판단 　　긍정적 판단 : 최근 공개된 미국외교문서에 따르면 케네디의 브레인들이 군부 엘 　　　　　　　리트를 경제개발의 주도 세력으로서 호의적으로 평가하고 있었음. '5·16 쿠데타의 주요 성공 원인 : 군부 엘리트에 대한 케네디 정부의 호의적 평가와 쿠데타 묵인'

1) 다음 글의 가주제와 참주제를 찾아보자.

현대 사회에서 의복이라는 상품이 지닌 가치는 단순히 실용성이 아니다. 그것은 유행에 맞는 옷을 입음으로써 남의 인정을 받을 수 있다는 데 있다. 따라서 의복에 대한 욕구는 단순한 물질적 욕구 이상의 정신적 욕구이다. 옷에 대한 정신적 욕구는 우리 사회에서 이미 확립되어 있는 관습을 준수하려는 욕구이거나, 또는 한 계층이 갖고 있을 것으로 간주되는 취미의 기준에 자신의 생활수준을 맞추려는 욕구이다. 우리는 자기가 속한 사회 계층의 수준에 걸맞는 복장을 갖추지 못할 때 심한 열등감에 휩싸인다. 그러므로 의복에 대한 욕구를 단순히 지불능력 과시의 성향으로 생각하는 것은 조금 잘못이다.

▶▶▷ 박정자, 「유행의 문법 : 팬티가 드러나는 청바지는 젊음의 반항이 아니다」, 『로빈슨 크루소의 사치』, 기파랑, 2006

가주제	
참주제	
주제문	

2) 예시된 가주제 혹은 평소에 흥미를 갖고 있던 문제에 대하여 가주제와 참주제를 설정하고 그것을 주제 문으로 표현해 보자.

가주제	참주제	주제문
인터넷 문화		
청년실업		
세계화와 민족주의		
인구 노령화 현상		

3. 글감 만들기

주제문이 설정되면 본격적으로, 그 주제를 전개하는 데 필요한 글감 찾기 및 글감 만들기, 즉 내용 생성하기에 들어가야 한다. 물론 이는 논리적인 차원에서 설정된 순서일 뿐이다. 학술적인 글 및 전문적인 칼럼과 같이 높은 전문성이 요구되는 글의 경우 기존의 지식과 경험만으로는 주제를 설정할 수 없기에 이런 저런 자료를 찾고 읽어봐야 한다. 이 경우 주제를 설정하는 작업은 내용을 생성하는 작업과 동시적일 수밖에 없고, 주제와 글감 모두 상호작용하면서 수정을 거치게 된다.

글감이 많을수록 실제 집필 과정으로 들어갔을 때 손쉽고 풍부하게 글을 구성하고 표현할 수 있다. 따라서 브레인스토밍, 자유롭게 쓰기, 대화하기, 토론하기, 자료 찾기와 읽기 등 글감을 마련하는 다양한 방법을 알고 적절하게 사용할 필요가 있다.

(가) 브레인 스토밍 혹은 자유롭게 쓰기

· 주제와 관련하여 떠오르는 내용들을 단어 혹은 문장 형태로 자유롭게 메모한다. 이후 관련 있는 내용들끼리 모으고 불필요한 내용들을 버리는 범주화 작업을 통해 글감들을 만든다.
· 비교적 가볍고 일상적인 주제 혹은 자신의 경험 내용이 주요 글감이 될 수 있는 주제에 사용하면 효과적이다.

(나) 대화하기 혹은 토론하기

· 토론하기는 견해 차이를 분명히 할 수 있고 반박의 과정에서 생각하지도 못한 논거를 찾아내거나 자신의 주장을 정교화 할 수 있기 때문에 주로 의견이 갈리기 쉬운 논쟁적인 주제에 사용하면 효과적이다.
· 대화하기는 보편적인 주제나 시사적인 주제에 효과적이다.

(다) 자료 찾기와 읽기

·본격적인 글쓰기 작업에서 가장 중요시해야 할 방법으로서 특히 학술적, 전문적 주제의 글
  감을 마련할 때 효과적이다.

·책, 논문, 신문 기사, 인터넷 검색 등을 통해 가능한 한 다양한 자료를 찾고 읽는다. 자연스
  럽게 주제, 글감, 글의 개요가 정리되는 경우가 많기 때문이다.

·모든 자료를 정독하겠다는 생각을 버리고 자료의 중요성에 따라 '훑어 읽기'와 '찾아 읽기'
  방법을 통해 효율성을 높인다.

·주요 내용을 메모할 때 자료의 출처를 명기해 두어야 한다. 집필 과정에서 출처를 밝히거나
  해당 자료를 다시 확인해 보아야할 경우가 많기 때문이다.

'일상의 행복'이라는 주제로 짧은 에세이를 써야 하는 경우와 '국민들의 독서실태'라는 주제
로 리포트를 작성해야 하는 경우를 가정해 보자. 첫 번째의 경우 '브레인스토밍' 혹은 '자유롭
게 쓰기' 방법에 따라 일상생활에서 행복했던 기억을 자유롭게 기록해보면 자연스럽게 글감이
마련된다. 예를 들어 다음 글의 글쓴이는 아마도 버스와 관련된 행복했던 기억들을 떠올렸을
것이다.

행복

  버스를 타면 행복이 보인다. 버스를 기다리는 승객들이 장사진을 친 버스 정류소 앞에 정차한 콩나
물시루같이 복잡한 버스 속에서, 숱한 경쟁자를 물리치고 단 하나 남은 좌석을 차지하고 앉았는데,
그 좌석 옆에 오늘치 스포츠 신문 한 부가 딱 꽂혀 있을 때! 아, 몸이 떨리도록 행복하다. 그런데 어느
날은 행복이 아니라, 행복의 비의마저 보았다. 무슨 일이 있어서 내가 늘 이용하는 시내 한복판의 정
류장보다 훨씬 앞 정거장에서 막차를 타고 제일 뒷좌석에 앉았던 날이었다. 이윽고 버스는 막차를 타
기 위해 승객이 복다글거리는 예의 그 정류장에서 정차를 했는데, 바늘 하나 꽂을 틈없이 꾸역꾸역
버스에 올라탄 승객들의 그 환한 얼굴이라니! : "막차를 탄 사람은 자리에 연연해하지 않는다!"

▶▶▷ 장정일, 「행복」, 『생각 : 장정일 단상』, 행복한책읽기, 2005

이 글은 두 가지 경험을 글감으로 사용하고 있다. 하나는 만원 버스에서 운 좋게 자리를 잡았는데 마침 좌석 옆에서 스포츠 신문까지 발견했을 때의 경험이고, 다른 하나는 만원 버스일지라도 막차를 간신히 탈 수 있었던 승객들의 행복한 미소를 발견했을 때의 경험이다. 어쩌면 글쓴이는 연이어 너무나 행복한 경험을 하고, '아, 작은 일상에 행복이 있구나!'라는 깨달음 속에서 곧바로 글쓰기로 나아갔을지도 모른다. 그러나 만약 글 쓰는 시기를 놓치고 한참 시간이 지난 후에 에세이를 써야 할 상황에 처했다면 역으로 그 기억들을 떠올려 글감으로 만들면 되는 것이다.

리포트를 작성해야 하는 두 번째의 경우, 브레인스토밍이나 토론하기·대화하기 등의 방법은 글감을 마련하는 데 별 의미가 없다. 인터넷에서 리포트를 유료로 다운 받는 비정상적인 방법을 선택하지는 않는 양심적인 학생이라면 관련 자료를 찾고 읽는 방법이 최선이다.

모든 대학 도서관에 링크되어 있는 DBpia, KISS 등의 학회지 원문 검색 사이트에 들어가 무료로 관련 논문을 찾아 읽는다면 우리 국민들의 독서 실태에 대한 전반적인 지식을 얻을 수 있다. 그리고 문화체육관광부(http://www.mcst.go.kr) 사이트에서 게시되어 있는 보도자료 「'2009 국민독서실태조사' 결과 발표」와 이 자료에 첨부되어 있는 「'2009 국민독서실태조사' 결과 요약」, 「2009 국민독서실태조사」 등의 자료들을 읽어본다면 한결 쉽게 '국민들의 독서실태'라는 가주제를 구체화하여 참주제를 설정할 수 있고, 글을 쓸 때 필요한 여러 글감들을 만들어 낼 수 있을 것이다.

자료찾기에 유용한 사이트

한국언론재단 미디어 포탈 사이트 http://www.kinds.or.kr : 신문 기사 검색

한국교육학술정보원 학술연구정보서비스 http://www.riss.kr : 전국 대학 도서관 자료 및 학술 논문 검색

국사편찬위원회 한국역사정보통합시스템 http://www.koreanhistory.or.kr : 한국사 관련 자료 검색

글쓰기 이론과 실제

다음은 「'2009 국민 독서실태조사' 결과 요약」의 일부이다. 이 자료를 이용하여 '국민들의 독서실태'라는 가주제를 발전시켜 참주제를 설정해 보고 그 주제를 표현하는 데 사용할 수 있는 글감들을 마련해 보자.

① 독서량

• 성인의 연평균 독서량은 10.9권으로 '08년(11.9권) 보다 1권 감소

• 학생의 한 학기 독서량은 16권으로 '08년(14.0권)과 비교해 2권 증가

  - 초등학생 27.6권, 중학생 12.3권, 고등학생 8.1권으로 지난해에 비해 초·중·고생 모두 2권 정도씩 증가하였으며, 독서량은 '94년 이래 최고 수준 기록

  - 이는 학교도서관 이용률 증가('94년 46.2% → '09년 76.8%), '아침독서' 시행 증가 등 학교 독서환경의 점차적 개선에 의한 영향이 큰 것으로 추정

〈2009년 연간(학생은 한 학기) 독서량(전체)〉

(단위 : 권)

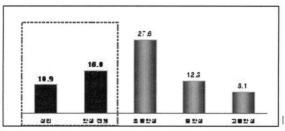

연간(한 학기) 독서량 : 지난 ... 포함한 성인/학생의 1인당 평균 독서량임.

〈연간(학생은 한 학기) 일반도서 독서량 변화 추이(전체)〉

(단위 : 권)

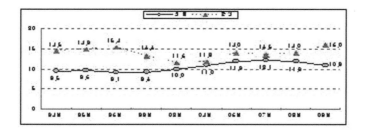

② 독서시간

〈매체별 접촉시간: 인쇄매체 접촉시간은 영상매체 및 정보오락매체에 비해 현저히 짧은 것으로 나타남〉

(단위 : 분)

매체 접촉시간		성인				학생			
		'08년		'09년		'08년		'09년	
		평일	주말	평일	주말	평일	주말	평일	주말
인쇄 매체	일반도서	29	30	28	29	41	48	45	50
	만화	3	4	3	5	19	23	23	27
	잡지	6	6	5	5	4	6	5	7
	신문	19	13	18	11	5	5	11	10
	소계	57	53	54	50	70	82	84	94
영상 매체	TV	103	138	104	146	88	144	89	144
	영화	9	28	16	37	12	23	13	25
	소계	112	166	120	183	100	168	102	169
음향 매체	라디오	20	13	21	12	12	11	9	9
	음악	26	22	30	24	60	67	65	71
	소계	46	35	51	36	72	79	74	80
정보 오락 매체	인터넷	59	56	67	65	46	68	51	74
	게임	15	20	16	21	48	75	48	78
	휴대폰/PDA	25	22	32	30	54	58	48	51
	소계	99	98	115	116	148	201	147	203

③ 여가 활용시 독서의 비중

초등학생(4순위)〉 중학생(6순위)〉 성인(7순위) 고등학생(8순위)

〈여가 활용 비중(전체)〉

(단위 : %)

순위	성인		순위	초등학생		순위	중학생		순위	고등학생	
1	TV	30.4	1	TV보기	27.5	1	TV	29.8	1	TV	27.5
2	인터넷	13.2	2	컴퓨터 게임하기	13.4	2	인터넷	14.9	2	인터넷	18.3
3	수면/휴식	11.5	3	인터넷	12.0	3	게임	14.2	3	음악듣기	11.5
4	모임/만남	5.8	4	책읽기	10.3	4	음악듣기	10.5	4	게임	10.1
5	집안일	4.6	5	음악듣기	8.9	5	휴대폰	6.1	5	영화보기	6.2
6	운동하기	4.4	6	운동하기	4.6	6	책읽기	4.8	6	휴대폰	5.1
7	책읽기	4.1	7	만화책 읽기	3.7	6	수면/휴식	4.8	7	수면/휴식	4.4
8	신문/잡지 읽기	3.5	8	휴대전화 이용	3.5	8	영화보기	2.9	8	책읽기	4.1
9	영화보기	3.4	9	수면/휴식	3.2	9	운동하기	2.0	9	운동하기	2.9
10	음악듣기	3.4	10	영화보기	2.2	10	만화책 읽기	1.7	10	만화책 읽기	1.2

④ 독서경향(분야별 도서 선호도)

-성 인 : 문학도서(41.3%), 실용·취미도서(23.2%), 교양도서(15.3%), 만화·무협지(6.4%)

-중고생 : 문학도서(43.4%), 만화·무협지(23.1%), 실용·취미도서(19%), 교양도서(13.5%)

-초등생 : 학습용만화(12.1%), 어린이소설(11%), 오락용만화(8.7%), 전래동화(8.7%), 국내 창작동
화(8.5%)

※작가(저자) 선호도 : 우리나라 성인들이 평소에 좋아하는 작가로는 국내작가는 공지영, 이문
열, 이외수, 박경리, 신경숙 순, 해외작가는 베르나르 베르베르, 톨스토이, 무라카미 하루키 순

⑤ 독서 진흥방안에 대한 의견(성인대상)

– 사회적인 독서 장려를 위해서는 정부와 지방자치단체가 '도서관 증설 및 장서량 확대' 측면에 역점을 두어야 한다는 의견이 전체의 29.4%로 가장 많았으며, '대중매체의 책 관련 정보제공 확대'(18.6%), '독서진흥을 위한 정부·지자체 예산 확대'(16.7%), '학교 독서교육 활성화'(14.1%)를 꼽음

– 현행 독서정책의 우선순위로는 학교·지역 등에서의 독서환경 조성과 독서 생활화를 위한 프로그램 지원을 꼽음

– 평소에 어떤 책을 읽어야 할지 '정보 부족을 느낀다'는 성인이 39.5%나 되고, 학생들은 학교와 선생님께 바라는 점으로 '좋은 책에 대한 소개·정보 제공'(33.6%)을 첫째로 꼽는 등 '좋은 책 정보'에 대한 요구가 큰 만큼 이에 대한 지원이 필요함

(문화체육관광부, 「'2009 국민독서실태조사' 결과 요약」, 문화체육관광부 보도자료, 2010.1.28)

글쓰기 이론과 실제

1) 매체별 접촉시간에 대한 표를 분석하여 '② 독서시간' 아래에 그 특성들을 서술해 보자.

2) 자료를 분석하여 자신이 쓸 글의 가주제와 참주제를 자유롭게 설정해 보자.

가주제	
참주제	

3) 2)에서 설정한 참주제로 글을 작성할 때 사용할 수 있는 글감을 자료(「'2009 국민 독서실태조사' 결과
요약」)에서 찾아 메모하고, 「2009 국민 독서실태조사」 전문이나 다른 자료를 찾아 글감을 보완해 보
자.

글감 메모

2절 '주제 정하기'의 연습문제 2-2)에서 작성한 주제문으로 글을 쓴다고 가정하고 여러 자료를 조사하여 글감을 만들어보자.

글감 메모

4. 개요 작성하기

개요란 주제가 설정된 후 글감이 마련되면 그에 따라 정리된 생각들을 구분하여 논리적으로 배열해 놓은 것으로, 본격적인 글을 쓰기 전에 주제와 관련하여 떠오르는 생각들 서로간의 관계를 보여준다. 개요를 작성하는 목적은 독자와 필자의 입장에 따라 서로 다르다. 필자의 입장에서 개요를 작성하는 목적은 자기 생각을 정리하여 예상되는 글 전체의 균형과 통일성 및 긴밀성을 확보하려는 데 있다. 한편 독자의 경우에는 자신이 읽은 글에 대한 핵심적 의미와 구조를 알아보거나 논지 전개상의 잘못된 점을 파악하는 데 그 목적이 있다.

사실 우리는 필자의 입장이 되어 개요를 작성하는 것에 비해 독자의 입장에서 타인의 글의 개요를 파악하는 작업에 더 익숙해있다고 볼 수 있다. 초등학교부터 고등학교에 이르기까지 국어 수업 가운데 읽기 과정에서 우리가 했던 활동들이 주로 유명인의 글을 읽고 단락별로 요지를 찾아낸 후 이를 연결해 글의 전체 줄거리를 정리하고 주제를 파악하는 과정이었다. 여기서 단락별로 정리된 요지를 각각 나열하면 바로 그것이 개요가 되는 것이다. 그런데 이렇게 오랜 기간에 걸쳐 독자의 입장에서 개요를 파악하는 활동을 해왔으면서도 막상 타인의 글 한 편을 앞에 두고 개요를 정리해보라고 하면 쉽게 느껴지지는 않는다. 이는 그동안의 국어 수업에서 타인의 글을 읽고 자발적으로 단락을 나누고 그에 대한 요지문을 만들기보다는 이른바 자습서 혹은 참고서라 불리는 책에 의존하여 기존 연구자들이 분석해놓은 개요를 대입하는 식으로 공부해 왔기 때문이다. 짧은 글이라도 다른 사람이 쓴 글을 읽고 나서 직접 제목과 주제문을 작성해보고 그에 따른 개요를 파악해보는 훈련을 몇 번만 해보면 독자의 입장에서 개요를 작성하는 작업은 의외로 쉽게 이루어지며, 이를 통해 글 전체의 줄거리를 쉽게 요약 정리할 수 있게 된다.

반면 필자의 입장에서 개요를 작성하는 일은 독자의 경우보다는 더 노력을 필요로 한다. 글쓰는 작업 자체가 무(無)에서 유(有)를 창조해내는 활동이므로 이는 당연한 것이지만, 특별히 개요는 주제에 따라 떠오르는 생각들을 관련되는 것끼리 묶고 그 묶음들 간의 위계 질서를 잡아나가야 하는 과정이기 때문에 상당한 논리력과 사고력을 필요로 한다. 단순히 '서론-본론-결론'의 3단 구성만으로 끝나는 것이 아니라 본론 안에서 몇 개의 하위 범주를 설정해 결론으로 나아갈 것이며, 그 하위 범주 별로 세부 항목에 대한 논의 전개는 어떠한 방식으로, 몇 가지의 논거나 예시를 들어가며 할 것인지에 대해 구체적인 고려를 하면서 개요를 짜야 한다.

이제부터는 본격적으로 필자의 입장에서 개요를 작성하는 요령과 실제에 대해 공부해보도록 한다. 필자의 입장에서 개요를 작성할 때는 다음과 같은 세 가지 단계를 거쳐 완성하는 것이 좋다.

첫째, 자신이 쓰고자 하는 내용들을 명사구 혹은 문장 형태로 정리한다. 간략한 요점만을 명사구 형태로 정리할 수도 있고, 하나의 완성된 문장으로 정리할 수도 있다. 전자를 화제식 개요 후자를 문장식 개요라고 한다. 이 두 가지 방식의 장단점을 살펴보면 화제식은 내용의 요점을 간명하게 제시할 수 있는 장점이 있지만 생각을 길게 나열할 수 없다. 반면 문장식은 구체적으로 생각을 풀어낼 수 있어 좋지만 한 개의 문장으로 끊어 생각의 중점을 잡아주는 화제식에 비해서는 역시 단락의 요지가 선명하게 파악되지 않는다는 단점이 있을 수 있다. 중요하게 기억해야 할 점은 이러한 두 방식의 차이을 고려하여 어느 쪽을 선택해도 상관은 없지만, 일단 어느 한 방식을 택하면 일관되게 그 방식으로만 개요를 작성해나가야 한다는 사실이다. 이 점이 이론적으로는 별로 어렵게 느껴지지 않지만 실제 개요를 작성하는 과정에서 의외로 학생들은 이 부분에서 상당히 실수를 많이 한다. 개요를 짜는 과정에서 그 내용적 위계에만 몰두한 나머지 형식적 조건을 잊어버리는 것이다. 그래서 글쓰는 과정에서 마지막에서 고쳐쓰기(퇴고)의 과정을 꼭 거쳐야 하듯이 개요 작성에 있어서도 마지막에 자신이 작성한 개요의 처음부터 끝까지를 소리내서 한 번 읽어볼 필요가 있다.

둘째, 자기가 쓰고자 한 내용의 묶음들을 서론-본론-결론에 들어갈 항목으로 분류하여 배치한 후, 다시 각 항목들을 내용상의 관계에 따라 위계화한다. 대개 서론에는 글에서 다룰 내용을 소개하는 성격의 항목들을 배치하고, 본론에는 핵심되는 주장이나 중심 내용과 이를 드러내기 위한 근거나 예시 항목들을 넣는다. 그리고 결론에는 글 전체를 요약, 강조하거나 결론적 주장에 해당하는 항목들을 배치한다. 이렇게 서론-본론-결론의 세 범주 안에 항목들이 배

글쓰기 이론과 실제

치된 후에는 각각의 범주별로 항목들을 위계화하는 과정으로 들어간다.

여기서 서론과 결론의 경우에는 글 전체에서 차지하는 분량이 많지 않고 그에 따라 배치된 항목의 수도 적은 것이 일반적이라, 항목들의 선후 관계만 주의해서 연결해주면 생각보다 쉽게 위계화가 지어진다. 그러나 본론의 경우는 서론과 결론에 비해 상대적으로 많은 분량을 차지하며 세부 항목의 숫자도 많아 위계화를 위해서는 글의 주제와 관련하여 논리적 사고를 충분히 발휘해야 한다. 먼저 필요하다면 단락을 일차원적으로 나열하는 데서 그칠 것이 아니라 상위 항목과 하위 항목으로 나누어 본론 안에 하위 범주를 만들 필요가 있다. 하위 범주는 글의 주제와 전체 길이, 그리고 항목의 수를 고려하여 몇 개를 만들든 필자의 재량이지만 일반적인 글에서는 두 개나 세 개 정도를 두는 것이 보통이며, 네 개 이상 넘어가게 되면 글의 구성이 복잡한 느낌을 주게 되어 오히려 역효과를 낼 수도 있으니 주의해야 한다. 하위 범주가 확정되면 각 범주마다 중심항목과 뒷받침 항목간의 관계와 배열을 정하고 시간상의 흐름이나 논리의 흐름에 따라 하위 범주 내의 항목들이나 그 배열을 확정지어야 한다.

셋째, 이상의 과정이 끝나면 마지막으로 검토의 과정을 거쳐 각 항목을 재배치할 필요가 있는지 살펴보아야 한다.

지금까지 개요 작성의 요령을 살펴보았으니 이제 개요 하나를 예로 들어 그 작성 과정을 실제로 체험해보도록 하자.

제목: 학부제의 폐해를 보완한 새로운 학과제 시스템의 모색

주제문: 학부제는 장점에 비해 단점이 많으며 특히 인문학의 경우에는 그 피해가 심각하므로, 기존의 학과제를 기본으로 하되 학부제의 장점을 학과제에 결합시킨 새로운 학제 시스템이 모색될 필요가 있다.

개요:

　　1. 학부제, 학과제의 개념과 시행 과정의 배경 검토

　　2. 학부제의 장점과 단점

(1) 교수: 학문 연구 측면에서

① 이공계 학문에서 학제간 연구의 증대 효과(장점)

② 전공 선택권의 강조로 인한 연구 분위기 위축(단점)

③ 대학교육에서 필수적인 인문학의 소멸 위기 증대(단점)

(2) 학생: 학습 활동 측면에서

① 다양한 전공 선택의 기회 확보와 교양 영역에 대한 충분한 지식 습득(장점)

② 전공 심화 영역에 대한 학습 기회 제한(단점)

③ 폐강 혹은 분반으로 인한 학습 분위기 위축 및 학사 행정 낭비(단점)

④ 소속감 결여로 인한 자퇴 및 휴학의 증가(단점)

3. 학과제를 기본으로 한 새로운 학제 시스템의 모색

(1) 학과제를 기본 학제로 해야 하는 이유

① 교수와 학생간의 교류 증진에 따른 학생의 학과에 대한 만족도 증가

② 전공에 대한 심도 깊은 연구에 따른 교수의 연구와 강의 능력 향상

③ 학과 만족도와 교수의 강의 능력 향상에 따른 학생의 학습 능력 향상

④ 학제간 연구를 위한 제도적 시스템 보완 가능

(2) 새로운 학제 시스템의 도입

① 학과제를 기본으로 하면서 학제간 연구가 가능한 시스템 개발

② 단과대학이나 기존의 학부 단위에 의거한 연구팀 구성과 지원

③ 학생의 복수전공이나 부전공 기회를 최대한 보장하는 보완책 제시

4. 이공계와 인문사회학, 의약학 계열의 각 특성에 맞는 학제와 연구 시스템 개발을 위한 선택적,

탄력적인 제도 정착에의 노력

위의 개요를 보면 앞에서 설명한 두 가지 방식 중 화제식을 선택한 것임을 쉽게 알 수 있다. 3 장이나 4장 부분에서 항목의 길이가 긴 내용이 많아 화제식으로 정리하기가 쉽지 않을 수 있었는데, 끝까지 문장식으로 돌리지 않고 화제식을 잘 지켜 나갔다. 1장은 서론, 4장은 결론에

해당하는데 한 개의 단락 정도로 서술하면 될 분량의 내용으로 간단하게 정리했다. 본론의 경우는 2장과 3장으로 나누고 하위 범주까지 설정함으로써 제법 긴 분량의 글쓰기를 위한 개요를 완성했다.

이러한 경우 글의 주제에 따라 2장과 3장의 경우는 대등한 내용으로 전개될 수도 있고 2장의 내용을 바탕으로 하여 3장으로 발전해가는 형태를 띨 수도 있는데, 이 개요는 후자의 사례라고 볼 수 있다. 만약 이 글의 주제가 '학부제의 폐해를 보완한 새로운 학과제 시스템의 모색'이 아니라 학부제와 학과제의 장단점을 비교하여 학과제를 선택하는 방향으로 정해졌다면, 아마 2장과 3장을 각각 학부제의 장단점과 학과제의 장단점을 살펴보는 방식으로 대등하게 전개한 후 4장에서 학과제를 선택하는 쪽으로 결론을 내리게끔 개요를 작성했을 것이다. 그런데 이 글은 학부제의 장단점을 살펴본 뒤 그 단점을 강조하는 방향으로 2장을 기술하고, 그 연장선으로 3장에서는 학과제를 기본으로 하되 학부제의 장점을 보충하는 새로운 학제 시스템에 대한 내용을 서술하고 있다. 이렇듯 이 개요에서는 2장과 3장이 대등한 연결이 아니라 2장의 내용을 통해 3장으로 발전해가는 형태를 띠고 있다.

또한 2장은 대학의 양 주체라고 할 수 있는 교수와 학생의 입장에서 하위 범주를 설정하여 학부제의 장단점을 살피는 방식으로 개요를 작성함으로써 어느 한 주체의 입장만 고려하는 게 아닌 공정한 시각을 견지했음을 보여주었고, 그러면서도 교수와 학생 입장에서 살펴본 학부제의 장, 단점에 있어 장점을 한 가지씩 보여주면서도 나머지는 단점을 제시하여 학부제에 대한 필자의 입장이 부정적임을 적절히 드러냈다. 또한 3장의 하위 범주는 학과제가 대학 학제의 기본이 되어야 하는 이유에 대해 충분히 항목을 나열한 후, 학부제의 장점을 학과제에 보충하는 형태로 새로운 학제 시스템 마련을 하기 위한 구체적인 방법을 모색하는 내용으로 항목을 싸고 있어 필자가 학부제에 대한 부정적 입장만을 강조하는 것이 아니라 대학 발전을 위한 새로운 학제 시스템에 대한 대안을 진정으로 모색하고 있음을 여실히 나타내었다. 지금까지의 분석에서 살펴본 바에 의거하면 위의 개요는 서론과 결론이 간명하게 제 기능을 하고, 2장과 3장의 연결 과정과 하위 범주의 설정이 매우 짜임새 있어 필자의 주장이 적절히 반영된 설득력 있는 개요라고 볼 수 있겠다.

다음 글을 읽고 개요를 작성해 보자.

영어강의도 사회문제다

십수 년 전에 우리 사회에 잠시 풍파를 일으켰던 영어공용화론은 이제 잠잠해졌지만 그 생명이 완전히 끊어진 것은 아니다. 숙였던 고개를 다시 들기 위해 늘 기회를 노리고 있을 뿐만 아니라, 어쩌면 사회적 의제가 되기 어려운 방식으로 벌써 상체를 들어올린 성싶다. 무엇보다도 대학에서 하는 영어강의를 염두에 두고 하는 말이다. 몇년 전부터, 내가 소속된 대학을 비롯하여 이름 있는 대학들이 앞다투어 영어강의의 비율을 높이고 있고, 학교 밖에서도 그 비율로 대학을 평가하려는 풍조가 나타났다. 나로서는 그 폐해가 적지 않다고 보며, 자칫하다간 벌써 위기를 겪고 있는 우리 인문학이 패망의 길로 몰릴 수도 있다고 생각한다. 그 조짐은 이미 나타났다.

영어강의가 대대적으로 시행되기 시작할 때, 그 내용이 부실할 것을 걱정하는 목소리가 많았지만 정작 중요한 문제는 다른 데 있다. 먼저 염려해야 할 것은 학문 활동과 우리말의 관계이다. 누구나 알다시피 인간의 지식과 생각은 그것이 어떤 것이건 결국은 말로 정리되고, 말을 통해 가장 효과적으로 전달된다. 게다가 말은 정리와 전달의 수단일 뿐만 아니라, 생각과 지식을 발견하고 만들어내는 발판이기도 하기에, 결국은 지식과 생각 그 자체라고까지 말할 수도 있다. 생각이 발전하고 지식이 쌓이면 말도 발전한다. 내 경우를 예로 든다면, 내 전공 분야에서 선배 교수들이 반세기 전에 쓴 책을 지금 읽으려 하면, 프랑스어나 영어로 된 책을 읽기보다 더 힘들 때가 종종 있다. 그것은 선배들의 능력이 부족해서라기보다는 당시의 우리말이 그들의 지식과 생각을 담거나 격려할 준비가 되어 있지 않은 데 더 큰 원인이 있다. 그 후 우리 사회는 지식에 대한 열정이 드높아 학문이 짧은 시간에 적잖은 발전을 이루었으며 우리말도 성장하는 쪽으로 크게 변화했다. 사회의 발전이 그에 힘입은 것은 말할 것도 없다. 이제 중요한 논문과 강의가 오직 외국어에 의지하게 된다면, 이 발전은 중단될 것이다. 아니 중단되기만 하는 것이 아니라 마침내는 조선시대처럼 언문의 위치로 떨어질 것이다.

한 집단이 오래 사용해온 언어, 이를테면 모국어는 그 언어 사용자들의 생활과 문화 전반에 걸쳐 측량할 수 없이 많은 경험을 축적하고 있다. 외국어에 의존하는 강의는 이 깊은 경험을 이용할 수 없다는 데도 문제가 있다. 학술활동은 연구행위와 교수행위로 나뉜다지만 강의도 연구행위의 중요한 부분이다. 강의하는 사람은 수업을 준비하면서 그 실마리만 붙잡았던 생각을 강의중에 학생들과 공동 주체가 되어 생각하는 가운데 그 생각을 정리하고 발전시켜 새로운 의견을 만들어낼 때가 많다. 이것은 누구나 지니고 있는 모국어적 직관의 덕택이다. 외국어 강의가 이 직관을 처음부터 포기하고 있다는 것은 그 강의가 주로 프레젠테이션의 형식으로 이루어진다는 것이 그 증거이기도 할 것이다.(물론 외국어 강의를 철저한 교안 준비의 한 방법으로 이용하는 교수가 없지 않다는 점도 밝혀 둔다.) 외국어 강의는 선생과 학생이 함께 자기 생각을 발전시키는 현장이 되기 어렵다.

어떤 부당한 일을 놓고 '그것은 평등의 원칙에 위배된다'고도, '누구는 인삼 뿌리 먹고 누구는 배추 뿌리 먹나'라고도 말할 수 있지만, 그 두 말의 구체적 효과가 다르고, 그 앞에서 우리 몸의 반응이 다르다. '인삼 뿌리'와 '배추 뿌리'가 학술활동의 도구로 사용되기는 어렵겠지만, 어떤 첨단의 사고도, 어떤 섬세한 말도 이 뿌리들에 이르지 못할 때, 학문은, 적어도 인문학은, 죽은 학문이 된다. 이 사태를 사회적 비극이라고 하지 않을 수 없다.

▶▶▷ 황현산, 「영어강의도 사회문제다」, 『한겨레』, 2010.1.8

개 요	
주 제	
주제문	
서 두	
본 문	
결 말	

글쓰기 이론과 실제

다음 주제 중 하나를 선택해 가능한 구체적으로 개요를 작성한 후 그 개요에 따라 초고를 써보자.

인터넷 문화, 청년 실업, 세계화와 민족주의, 학교 폭력, 인구 노령화 현상, 교육 평준화

개요	
주 제	
주제문	
서 두	
본 문	
결 말	

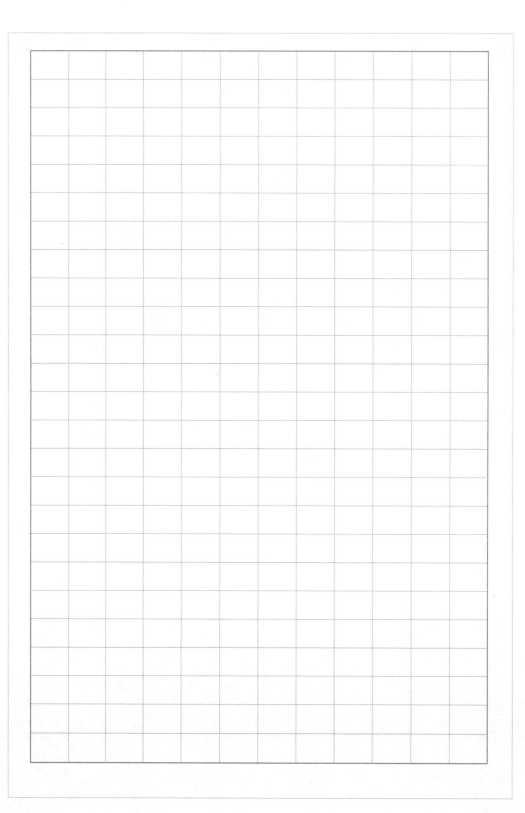

글쓰기의 실제

5. 서술하기

서술하기의 방법은 모두 네 가지로 나누는데, 묘사와 서사는 일반적으로 문학적인 글에 많이 쓰이며, 설명과 논증은 사실 관계를 논하는 비문학적인 글에서 자주 활용된다. 이 네 가지를 일컬어 '기술 방식'이라고도 하는데, 앞에서 언급한 특징의 차이에 의거하여 묘사와 서사를 함께 묶어 서술하고, 설명과 논증을 별도의 장에 따로 서술하는 경우도 있지만, 여기서는 각각의 기술 방식 하나 하나를 독립적으로 서술하는 방법을 택했다.

1) 묘사

묘사란 대상을 빛깔, 감촉, 소리, 냄새 등의 감각적 인상을 중심으로 서술하여 독자들이 그 대상을 감각적으로 체험하게 해 주는 기술 양식이다. 묘사는 설명적 묘사와 문학적 묘사로 대별된다. 설명적 묘사는 정보 전달의 한 방편으로 대상의 객관적 특성을 감각적으로 기술하며, 문학적 묘사는 문학적 체험을 목적으로 하여 대상의 객관적 특성뿐만 아니라 주관적 인상까지도 감각적으로 기술한다. 그러나 이는 편의 상 나눈 양 극단이고 실제적으로 설명적 묘사와 문학적 묘사 사이에 다양한 스펙트럼의 묘사적인 글이 있을 수 있다.

어떤 장면을 한 장의 사진을 보는 것처럼 묘사하는 글이 있다고 하자. 차라리 사진으로 찍어 보여주는 것이 나을 듯한 이러한 설명적 묘사의 글은 왜 필요한 것일까?

(가) 초승달이 밝게 떠 있었는데, 여느 때와 마찬가지로 달의 뾰족한 양쪽 끝이 동쪽으로 기울어져 있었다. 그런데 갑자기 위쪽 끝이 둘로 갈라지면서 그 한 복판에서 타든 듯한 횃불이 솟아올라 화염과 함께 작렬하는 석탄 덩이와 섬광을 흩뿌렸다.

▶▶▷ 칼 세이건, 『코스모스』, 사이언스북스, 2004

(가)는 1178년 6월 25일 영국의 수도사가 달과 작은 혜성이 충돌하는 것을 맨눈으로 보고 그 장면을 묘사한 역사적 기록이다. 목격자는 자신의 진술 내용이 진실임을 맹세하고 가능한 객관적으로 그 광경을 묘사하고 있다. 사진기 같은 장치가 없었던 시대에 설명적 묘사는 사실을 구체적이고 감각적으로 전달하는 중요한 수단이었음을 알 수 있다. 설명적 묘사가 아니라면 독자들은 대상을 단지 개념적으로만 이해할 수 있을 뿐 도대체 혜성과 달의 충돌 장면을 간접적으로나마 체험할 수 없을 것이기 때문이다.

다음 글은 문학적 묘사의 예이다.

(나) 안개는 어둠에서부터 몰려와서 약간 서글프게 도시와 밤거리와 행인들을 휘감고 있는 것 같았다. 전차가 파란 불꽃을 폭죽처럼 터뜨리며 지나갔다. 그 파란 불꽃을 보고 있자니까, 어느 한대 지방의 축제를 연상하게 되었다. 추운 나라의 사육제-나는 그런 상상만으로 감동했다.

▶▶▷ 박태순, 「서울의 방」, 『무너진 극장』, 정음사, 1972

글쓰기 이론과 실제

(나)는 주인공이 겨울 밤 달리는 차 속에서 바라본 거리의 광경을 묘사하고 있다. (나)는 전차 불꽃을 '폭죽'에 비유하는가 하면, 안개에서 받은 서글픈 인상, 전차의 불꽃을 보면서 떠오른 축제의 분위기를 기술하는 등 대상에서 받은 주관적 인상을 묘사하는 데 주력하고 있다. (나)의 주된 목적은 대상(겨울 거리)의 객관적 묘사가 아니다. (나)의 목적은 한편으로는 서글프면서도 다른 한편으로는 축제와 같은 몽환적인 인상과 분위기를 묘사하고 독자 역시 그것을 느끼게 만드는 것이다. 이 처럼 문학적 묘사의 주된 목적은 객관적 묘사와 더불어 고유한 주관적 인상을 제시함으로써 문학적 감동을 얻게 하는 데 있다.

설명적 묘사든 문학적 묘사든 좋은 글을 쓰기 위해서는 다음 몇 가지 점에 주의할 필요가 있다. 첫째, 대상을 섬세하게 관찰할 필요가 있다. (가)의 경우 섬세한 관찰이 없었다면 생동감 있는 묘사는 불가능했을 것이고, 단지 "갑자기 달의 위쪽이 폭발했다."는 정도로 묘사할 수밖에 없었을 것이다.

둘째, 관찰을 통해 얻은 감각적 자료를 생동감 있게 표현하기 위해 다양하고 참신한 표현 능력을 갖추어야 한다. 우선 다양한 어휘력을 갖추고 그 중에서 적절한 어휘를 찾아 쓰도록 노력해야 한다. 또한 적절한 비유를 사용하는 연습을 해야 한다. 비유를 사용할 때 주의할 점은 가능한 한 참신해야 한다는 점이다.

셋째, 공간적 배치나 시간적 흐름 혹은 대상의 특성에 따라 일정한 기준을 정하고 그에 따라 차례대로 묘사한다면 보다 전체적이고 종합적으로 묘사할 수 있다. (가)는 시간적 흐름에 따라 대상을 묘사한 경우이고 다음 글은 공간적 배치에 따라 대상을 묘사한 경우이다.

(다) 계곡물이 집 동쪽으로부터 와서 문과 담을 통해 뜰 아래를 따라 흘러간다. 위에는 외나무 다리가 있는데 외나무 다리 아래의 돌 위에는 저절로 웅덩이가 이루어져 이름하여 조담(槽潭)이라고 한다. 이것이 쏟아져서 작은 폭포가 되니 영롱함이 마치 가야금, 거문고 소리 같다. 조담 위에는 노송이 서려 있는데 마치 덮개가 기울어 못의 수면을 가로 지나가듯 하다. 조그만 폭포의 서쪽에는 작은 집이 있는데 완연히 그림으로 꾸민 배 모양이다. 이 남쪽에는 돌을 포개어 높여서 작은 정자를 지었으나 그 모습을 펼치면 우산 같다.

▶▶▷ 고경명, 「소쇄원술기」, 1573(유홍준, 『나의 문화유산답사기』, 창작과비평, 1993)

(다)는 소쇄원에 대한 묘사의 글이다. 소쇄원 전체를 가로지르고 있는 계곡물에 대해 묘사한 후 조담과 폭포를 중심으로 그 위, 서쪽, 남쪽 등의 순서대로 묘사하고 있는데 이러한 구조는 독자에게 소쇄원에 대한 한 폭의 전체적인 그림을 대하고 있는 듯한 느낌을 주는 효과를 낳는다.

넷째, 묘사하는 관찰자의 관점을 정하고 그것에 따라 기술하고, 지배적 인상을 포착하여 그것을 중심으로 기술해야 한다. 관찰자의 관점이라 할 때는 통상 관찰자의 공간적 위치(외면적 관점)와 대상을 대하는 태도·생각·감성(내면적 관점) 모두를 가리킨다.

(가)에서 관찰자는 한 지점에 고정(고정관점)되어 있다. 반면 다음 예문에서 관찰자는 버스를 타고 이동(이동관점)하고 있다.

(라) 버스는 무진 읍내로 들어서고 있었다. 기와지붕들도 양철지붕들도 초가지붕들도 유월의 강렬한 햇볕을 받고 모두 은빛으로 번쩍이고 있었다. 철공소에서 들리는 쇠망치 두드리는 소리가 잠깐 버스로 달려들었다가 물러났다. 어디선가 분뇨 냄새가 새어 들어왔고 병원 앞을 지날 때는 크레졸 냄새가 났고 어느 상점의 스피커에서는 느려 빠진 유행가가 흘러나왔다. 거리는 텅 비어 있었고 사람들은 처마 밑의 그늘에 쭈그리고 앉아 있었다. 어린아이들은 발가벗고 기우뚱거리며 그늘 속을 걸어 다니고 있었다. 읍의 포장된 광장도 거의 텅 비어 있었다. 햇볕만이 눈부시게 그 광장 위에서 끓고 있었고 그 눈부신 햇살 속에서, 정적 속에서 개 두 마리가 혀를 빼물고 교미를 하고 있었다.

▶▶▷ 김승옥, 「무진기행」, 『김승옥 소설전집1』, 문학동네, 2001

글쓰기 이론과 실제

(라)의 관찰자는 "철강소에서 들리는 쇠망치 두드리는 소리가 잠까 버스로 달려들었다가 물러났다."라는 표현에서 단적으로 드러나듯이 버스에 탄 채 이동하고 있고 이동하면서 자신의 눈에 비추인 거리의 광경을 차례대로 묘사하고 있다. 이러한 이동관점은 고정관점보다 생동감을 준다는 장점이 있다.

또한 (라)는 비록 (나)의 경우처럼 관찰자의 감정을 직접적으로 드러내지는 않지만 이동관점 속에서 포착한 지배적 인상을 매우 효과적으로 표현하고 있다. 분뇨냄새와 크레졸 냄새가 공존하는 소도시의 모습, '느려빠진 유행가'라는 표현, 힘없는 사람들의 모습, 텅 빈 거리, 교미하는 두 마리의 개 등등의 나열을 통해 매우 자연스럽게 권태·환멸의 인상을 표현하고 있는 것이다.

묘사할 때의 주의점에 유의하여 다음 묘사문을 고쳐보자.

　교문을 나선 제복의 두 처녀, 짧은 수병복 밑에 쭉 곧은 두 다리의 각선미, 참으로 씩씩하고 힘차

보인다. 지금 마악 운동을 하다 돌아옴인지 이마의 땀을 씻는다. 얼굴은 흥분하여 익은 능금 같고

무엇이 그리 즐거운지 웃음을 가득 담은 얼굴은 참으로 기쁘고 명랑해 보인다.

▶▶▷ 이태준, 『문장강화』, 창작과비평사, 1988

다음 중 하나를 선택하여 묘사문을 써보자.

원광대학 캠퍼스. 우리 집, 나의 애인, 나의 부모님, 인상적이었던 장소나 대상

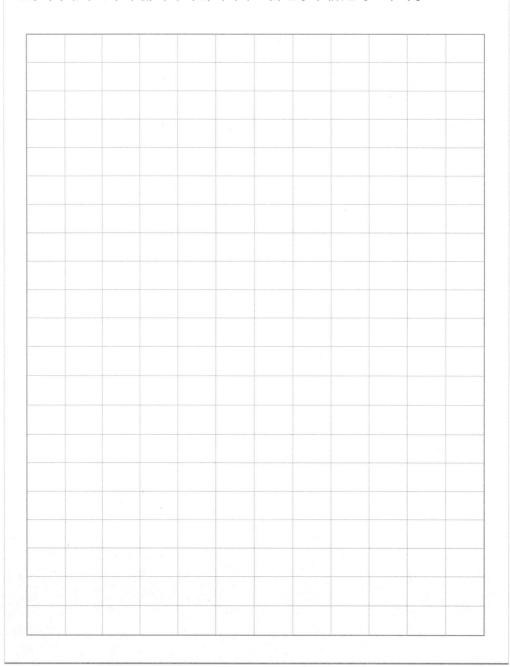

2) 서사

사사란 사건, 즉 어떤 인물이나 사물이 주체가 되어 행한 '행동'이나 그들에게 '발생한 일'의 진행 과정을 서술하는 기술양식이다. 서사는 정보 전달의 한 방편으로 사건의 진행과정을 객관적으로 기술하는 설명적 서사와 사건의 진행과정에 대한 관찰자의 감정, 윤리적 평가 등 주관적 판단을 제시하면서 문학적 감동을 노리는 문학적 서사로 양분되고 그 중간에 다양한 스펙트럼이 있을 수 있다. 또한 서사는 기사, 논증, 설득, 역사 기록, 자서전 등 다양한 글에서 이용되며, 문학적 서사는 문학만이 아니라 영화, 연극, 드라마 등 다양한 예술 장르의 기초가 된다.

다음은 신문기사, 논증적인 글, 소설 속에서 나타나는 서사의 예이다. 다음 글들에서 서사가 주는 효과가 무엇인지 주목하며 읽어 보자.

(가) 박지성(31)이 교체출전한 맨체스터 유나이티드(맨유)가 볼턴에게 완승을 거두며 선두 추격의 발판을 마련했다.

맨유는 15일(한국시간) 영국 맨체스터 올드트래포드서 열린 2011-2012 잉글랜드 프리미어리그(EPL) 21라운드 볼턴과의 홈 경기서 폴 스콜스, 대니 웰벡, 마이클 캐릭의 골에 힘입어 3-0으로 승리했다.

맨유는 경기 초반부터 볼턴을 강하게 압박하며 공세를 퍼부었다. 전반 2분 나니와 전반 4분 웰벡의 슈팅이 볼턴의 골키퍼 보그단에 막혀 무위로 돌아간데 이어 전반 21분 웨인 루니의 패널티킥도 막히며 고개를 떨궜다.

좀처럼 골이 터지지 않자 스콜스가 해결사로 나섰다. 전반 종료 직전 스콜스는 아크 왼쪽에서 루니의 패스를 받아 오른발 강슛으로 볼턴의 골 망을 갈랐다.

후반 들어서도 맨유의 공격은 멈추지 않았다. 후반 29분 루니의 패스를 받은 웰벡이 두번째 골을 터뜨렸고 후반 38분에는 마이클 캐릭이 아크 정면에서 왼발 슈팅으로 쇄기골을 뽑아내며 승부에 마침표를 찍었다.

▶▶▷ 황보현, 「박지성 시즌 8호골 터졌다」, 『아시아투데이』, 2012.1.15

(나) 웨스트 텍사스 앤드루스 고등학교에 다니는 1학년 캘리 스마트는 인기 있는 응원단원이다. 뇌성마비를 앓아서 휠체어를 타고 다녀야 했지만, 응원단원으로서 캘리의 열정은 꺾이지 않았다. 캘리는 2군 경기때 사이드라인 쪽에서 미식 축구 선수들과 관중을 열광케 했다. 하지만 시즌이 끝나면서 응원단에서 방출되는 신세가 되었다.

일부 응원단원과 학보모들의 촉구로, 학교 관계자는 캘리에게 응원을 준비하면서 다른 단원처럼 다리 일자로 뻗기와 공중회전을 비롯해 엄격한 체조훈련을 해야 한다고 말했다. 응원단장의 아버지는 캘리의 응원단 활동에 반대하는 의견을 이끌었다. 캘리의 안전이 우려된다는 이유였다. 그러나 캘리의 어머니는 캘리가 박수갈채를 받는 데 분노해서 반대한다고 생각했다.

캘리의 이야기는 두 가지 질문을 던진다. 하나는 공정성 질문이다. 캘리가 응원단원으로서 자격을 갖추려면 반드시 체조를 해야 하는가? 아니면 캘리의 장애를 생각할 때, 그것은 부당한 요구인가?

▶▶▷ 마이클 샌델, 『정의란 무엇인가』, 김영사, 2009

(다) 개천 둑에 이르렀다. 외나무 다리가 놓여 있는 그 시냇물이다. 진수는 슬그머니 걱정이 되었다. 물은 그렇게 깊은 것 같지 않지만, 밑바닥이 모래흙이어서 지팡이를 짚고 건너가기가 만만할 것 같지 않기 때문이다. 외나무 다리는 도저히 건너갈 재주가 없고…… 진수는 하는 수 없이 둑에 퍼지르고 앉아서 바짓가랑이를 걷어 올리기 시작했다.

만도는 잠시 멀뚱히 서서 아들의 하는 양을 내려다보고 있다가,

"진수야, 그만두고, 자아, 업자."

하는 것이었다.

"업고 건느면 일이 다 되는 거 아니가. 자아, 이거 받아라."

고등어 묶음을 진수 앞으로 내민다.

"……"

진수는 퍽 난처해하면서 못 이기는 듯이 그것을 받아 들었다.

▶▶▷ 하근찬, 「수난이대」, 하정일 엮음, 『하근찬 선집』, 현대문학, 2011

(가)를 읽다보면 축구 중계를 보는 것처럼 맨체스터와 볼튼 사이에 어떤 일이 벌어졌는가를 알게 되고, (나)를 읽다보면 캘리가 계속해서 응원단으로 남는 것이 옳은가, 방출되는 것이 옳은가를 질문하게 되며, (다)를 읽다보면 아버지와 아들의 행동에 코끝이 찡해져 온다. 왜 그러한가? (가)는 어떤 일이 벌어졌는가를 객관적으로 전달하기 위해, (나)는 윤리적 행위란 무엇인가를 증명하기 위해, (다)는 문학적 감동을 위해 서사가 사용되었고, 예문들이 그 각각의 목적을 효과적으로 달성하고 있기 때문이다. 요컨대 서사하면 문학을 떠올리곤 하는데, 사실상 다양한 종류의 글에서 사용되고 있는 것이며 그만큼 반드시 익혀야 할 필수적인 기술 방식이라 할 수 있다.

설명적 서사든 문학적 서사든 이처럼 좋은 글을 쓰기 위해서는 다음 몇 가지 점에 주의해야 한다. 첫째, 핵심적 사건 중심으로 기술해야 하며, 사건의 흐름을 눈에 보이듯이 그려내어 독자로 하여금 그 상황을 느낄 수 있게 하여야 한다. 이는 설명적 서사인 (가)의 경우 맨체스터 팀이 어떤 행위를 하였는가를 주요 사건 중심으로 일목요연하게 기술하고, "고개를 떨궜다." "좀처럼 골이 터지지 않자" "골 망을 갈랐다." 등 현장감 있게 표현함으로써 가능했다.

둘째, 시간적 선후 관계뿐만 아니라 인과관계 역시 고려해야 하며, 처음 중간 끝 혹은 기승전결의 이야기 구조를 갖추어야 한다. 서사가 되기 위해서는 최소한 두 가지 이상의 사건이 존재하고 그 사건들이 인과적으로 연결되어야 한다. 그리고 각각의 사건은 일정한 기복(처음(발단)-중간(전개-절정))을 거쳐 끝(결말)에 이름으로써 하나의 완결된 스토리를 형성해야 한다.

	처음	중간		끝
(가)	경기초반에 나니, 웰백, 루니의 킥이 실패함.	스콜스가 루니의 패스를 받아 골을 넣음.		웰백, 캐릭이 쐐기골을 넣어 승리함.
	발단	전개	절정	결말
(나)	불구자인 캘리가 응원단원이 됨	·응원단으로서 열정적으로 참여함. ·관중을 열광케 함.	·응원단에서 방출되는 신세가 됨(응원단원, 학부모들과 캘리, 캘리 부모가 대립함)	두 가지 가능성 1. (체조훈련을 못하므로 방출됨.) 2. (불구라는 점이 고려되어 응원단에 남게 됨.)

(가)는 처음-중간-끝의 구조를 가지고 있고, (나)는 중간이 다시 전개와 절정으로 구별되는 구조를 갖고 있으며 아직 결말, 즉 끝에 이르지 않은 상태이다. (나)의 경우 결말은 사람들이 어떤 선택을 하느냐에 따라 달라질 것이고 인간들에 의해 어떤 행위가 선택되어 채워질 때 하나의 완결된 서사를 이루게 될 것이다. (나)는 서사가 하나의 완결된 구조를 갖추어야 한다는 점을 매우 효과적으로 이용한 글이다. 일반적으로 인간은 서사가 어떻게 끝이 나는가를 알고 싶은 강한 욕망을 갖고 있는데, (나)는 이를 이용하여 결말을 비워둔 채, 어떤 행위로 채워지는 것이 옳은가에 대한 논증 내지 설득으로 나아가고 있다. 그 결과 이야기의 끝을 보고 싶은 욕망이 강렬한 만큼 독자는 그 물음에 몰두하게 되는 효과를 얻고 있다. 이처럼 윤리적 선택의 문제를 논증하거나 설득할 때 서사는 매우 효과적인 수단이 될 수 있다.

셋째, 인물, 사건, 배경 그리고 시점에 유의해야 한다. 실제로 발생한 사건을 서술하는 설명적 서사의 경우 사건, 인물, 배경에서 핵심적인 것이 무엇일까, 어떤 시점이 가장 효과적일까를 한번쯤 생각하고 메모한 후 서사문을 작성하는 것만으로도 많은 효과를 거둘 수 있다. 한 단계 나아가 문학적 묘사의 경우는 좀 더 의식적일 필요가 있다. 실제적인 것이 아니라 가공의 것을 창조하는 작업이기 때문이다. 예를 들어 문학적 서사인 (다)의 경우 무엇보다 중요한 것은 인물, 사건, 배경의 개연성과 시점의 정확성일 것이다. '과연 그럴 수 있을까', '시점은 정확한가'에 대해 질문하면서 인물, 사건, 배경, 시점을 설정하고 사건을 기술한다면 훨씬 좋은 서사문을 얻을 수 있을 것이다. 덧붙여, 사건들을 기술하는 순서가 반드시 시간적 선후관계에 따라야 하는 것은 아니고 필요에 따라서는 시간적 순서를 뒤바꿀 수 있다는 점도 유의해 두자.

넷째, 서사가 상세함의 정도에 따라 요약적 제시와 장면적 제시로 구별된다는 점을 고려해야 한다. 요약적 제시란 사건의 진행과정을 압축적으로 기술하는 방식이고, 장면적 제시란 사건이 무대 위에서 벌어지는 것처럼 실제의 진행 속도로 기술하는 방식이다. 예를 들어 (나)의 첫 문단이 한 시즌 동안 캘리에게 벌어진 일을 요약적으로 제시하고 있다면 (다)는 대화를 기술하고, 심리·배경을 묘사하면서 장면적 제시 방식을 구사하고 있다. 장면적 제시의 수단으로는 대화, 묘사 외에도 설명을 들 수 있다. 설명이란 인물, 사건, 배경과 관련된 보조지식들 서술하는 것, 예를 들어 외나무 다리의 내력(배경)이랄지, 만도나 캘리의 성격(인물), 등에 자식을 업는 일의 의미(사건) 등에 대해 설명하는 것을 의미한다.

대화, 묘사, 설명 등의 방법을 사용하여 다음 서사문을 좀 더 상세한 서사문으로 고쳐 써 보자.

웨스트 텍사스 앤드루스 고등학교에 다니는 1학년 캘리 스마트는 인기 있는 응원단원이다. 뇌성마비를 앓아서 휠체어를 타고 다녀야 했지만, 응원단원으로서 캘리의 열정은 꺾이지 않았다. 캘리는 2군 경기 때 사이드라인 쪽에서 미식축구 선수들과 관중을 열광케 했다. 하지만 시즌이 끝나면서 응원단에서 방출되는 신세가 되었다.

147

자신이 겪어온 삶을 바탕으로 자서전, 일대기 등 한 편의 서사문를 써보자.

1) 자신의 삶을 제재로 한편의 서사문을 쓴다고 생각하고 다음 빈칸을 채워보자.

인물	외면	
	내면	
사건		
배경		
시점		

2) 1)의 내용을 바탕으로 한 편의 서사문을 써 보자.

3) 설명

'설명'이란 말 그대로 어떤 대상이나 사실에 대해 자세히 서술함으로써 독자가 그 내용을 보다 쉽게 이해할 수 있도록 하는 기술 방식이다. 주로 설명문과 같은 글의 형식에서 자주 쓰이지만, 글 전체가 아닌 부분 부분에서 활용되는 양상까지 넓게 살펴보면 모든 글의 형식에서 설명의 기술 방식은 그 활용도가 매우 높다고 할 수 있다. 논리적 사고 능력이 가장 발달해야 하는 기술 방식이 논증이라면, 설명은 그에 비해 논리적 사고에 대한 부담이 상대적으로 적으며, 문학적인 글에서도 때로 독자가 잘 모르는 대상이나 사실에 대해서 설명해 주어야 할 때가 있기 때문에 그 활용도가 크다고 생각된다.

설명의 기술 방식에는 여러 가지 하위 범주가 존재하는데, 대개 설명에 대해 서술할 때는 이 하위 범주별로 서술해나가는 것이 일반적이다. 설명의 하위 범주에는 '정의' '예시' '비교' '분류' '분석'의 다섯 가지가 있는데, 지금부터는 이 다섯 가지 방식에 대해 차례로 알아보도록 하자.

'정의'는 독자가 잘 알지 못하는 대상을 설명하기 위해 그 대상이 속하는 더 큰 범주를 설정하고, 그 안에서 설명할 대상만이 다른 것들과 구별되어 독특하게 갖는 특징을 찾아내어 이를 문장화하는 설명 방식이다. 예를 들면 "융합학이란 기존의 전통 학문들을 연결하여 더 새롭고 발전적인 단계로 나아가고자 하는 학문 체계를 말한다."와 같은 문장에서 정의되는 대상은 '융합학'이며 그 정의되는 대상이 포함된 상위 범주는 마지막의 "학문체계'이고, "기존의 --- 나아가고자 하는" 부분이 상위 범주에 속하는 여러 가지 다른 대상과 달리 정의되는 대상만이 지닌 독자적인 특징을 서술한 내용이다.

'예시'는 주지하다시피 핵심적인 내용을 설명하고자 할 때 이를 이해하기 쉽게 예를 들어 설명하는 방식이다. "식물의 각 부분, 즉 뿌리, 줄기, 잎, 꽃, 열매가 하는 일은 모두 다르다. 예를 들어 뿌리는 물을 흡수하고 영양분을 저장하며 식물을 고정시키는 역할을 하고, 잎은 광합성을 통해 영양분을 만들며 기공을 통해 물이 수증기로 증발하게 하고 공기의 출입이 가능하게 한다."와 같은 문장을 보면 식물의 각 부분이 하는 서로 다른 역할에 대해 뿌리와 잎의 경우를 예로 들어 자세히 설명하는 것을 볼 수 있다.

'비교'는 두 가지 이상의 대상들이 지닌 특징을 서로 견주어 살피는 설명 방식인데, 여기서 가장 중요하게 기억해야 할 점은 비교의 대상이 공통점이 전혀 없을 경우에는 비교 자체가 성립되지 않는다는 사실이다. 학생들에게 비교할 대상을 선정해보라고 하면 완전히 다른 두 대상을 두고 차이점만을 나열하는 것을 쉽게 보게 된다. 이는 비교가 아니다. 비교는 공통적 기반을 가진 대상들이 지닌 차이점을 찾아냄으로써 대상들 서로의 관계를 분명히 정립시키는 데 목표가 있기 때문이다. '호랑이'를 '사자'와 비교하여 "호랑이와 사자는 같은 맹수이지만 호랑이는 산에서 살며 동양적인 이미지를 지닌데 반해 사자는 초원에서 살며 서양적인 이미지를 지닌다"라고 서술하거나, '호랑이'를 '토끼'와 비교하여 "호랑이와 토끼는 같은 포유류이지만 호랑이는 육식동물이며 토끼는 초식동물이다"라고 비교할 수는 있다. 그러나 생물인 '호랑이'를 무생물인 '침대'와 비교하는 것은 전혀 공통점이 없어 무의미하다고 하겠다.

글쓰기 이론과 실제

비교의 방법에 있어서는 비교 대상들 간에 공통된 기준을 몇 가지 설정할 수 있을 만큼 각 대상의 설명이 복잡성을 띨 때는 비교 기준별로 대상을 하나하나 비교하는 것이 좋고, 비교 기준을 정할 필요가 없이 짧은 내용일 경우는 대상별로 특징을 각각 서술하는 것이 좋다. 또한 비교 대상을 기술할 때는 균형을 갖추어 서술해야 하며 비교와 예시의 설명 방법을 동시에 사용하여 기술하면 효과적이라는 점도 기억해두면 좋겠다.

'분류'는 여러 대상들을 일정한 기준에 따라 몇 묶음으로 나누어 설명하는 방식이다. 분류의 예를 들어보자.

> 일반적으로 논문은 그 목적이나 다루는 대상에 따라 연구논문, 보고논문, 서평 등으로 분류한다. 이 밖에 논문을 제출하는 계기에 따라 일반 학술논문, 학위논문과 학기말 레포트, 소논문 등으로 나누기도 한다.

위의 글에서는 여러 종류의 논문을 '목적과 대상' '계기' 등과 같은 분류 기준을 정하여 분류하고 있다. 분류에 의한 설명 방법에는 한 개념을 몇 개의 하위 개념으로 나누어 비교 검토하는 방식도 포함된다. 예를 들어 언어의 일반적 성질을 설명하면서 이를 기호성, 체계적인 성질과 규칙성, 사회적 구속성과 역사적 변화성 등의 하위 개념으로 나누어 설명할 경우 이 역시 분류의 방식을 적용한 것으로 볼 수 있다.

마지막으로 분석의 방법인데, 이는 앞서 기술한 다른 설명 방식에 비해 좀 더 복잡한 형태의 글에서 글 전체에 걸쳐 사용되는 설명 방법이다. 어떤 대상을 분석할 때는 분석 대상이 다른 대상들과 맺는 관계망이나 분석 대상 내 구성 요소 간의 관계망을 파악하고, 분석의 차원을 결정하는 일이 필요하다. 분석 대상의 차이에 따라 분석 방법도 차이를 두어야 한다. 이에 따라 분석은 '공간적 차원의 분석' '어떤 일을 하는 순서로의 과정 분석' '어떤 대상이 작동하는 원리에 대한 분석' '인과 분석' 등으로 나누어진다. 정의, 예시, 비교, 분류의 설명 방식들이 비교적 짧은 형태로 글에서 부분적으로 기능하는 설명 방법인데 반해, 분석은 글 전체를 통괄해서 기능하는 설명 방법인 경우가 많아 논문 등에서 활용도가 크다고 할 수 있다.

글쓰기 이론과 실제

설명의 하위 범주 가운데 '정의' '예시' '비교' '분류' 네 가지 경우의 예를 짧은 글 형태로 작성해보자.

1) 정의

2) 예시

3) 비교

4) 분류

156

글쓰기 이론과 실제

4) 논증

논증은 아직 명백하지 않은 사실이나 원리에 대해 자신의 의견을 분명히 밝힘으로써 다른 사람을 설득하기 위한 기술 방법이다. 이를 위해서는 주장에 일관성이 있어야 하고 분명한 논거를 제시하여 주장의 타당성을 확보해야 하며, 근거를 들어 결론에 이르는 과정까지가 확실한 논리성에 바탕을 두어야 한다. 논증을 하기 위해서는 자신의 주장만을 내세워서는 곤란하며 자신과 다른 입장을 지닌 타인의 주장을 꼼꼼히 조사하고 면밀하게 분석하여 그 타당성을 선입견 없이 바라보는 태도가 필요하다. 그 이후 타인의 주장이 가지고 있는 장, 단점과 일관성, 타당성, 논리성을 따져본 후 비판할 점을 찾아내어, 자신의 주장이 타인의 주장보다 옳다는 사실을 독자에게 납득시켜야 한다.

논증이 제대로 이루어지기 위해서는 강한 추론(推論)이 있어야 한다. 추론이란 전제를 바탕으로 해서 타당한 결론을 이끌어내는 과정으로 대표적으로 귀납법과 연역법이 있는데, 이 두 가지 추론 방법에 대해 자세히 알아두는 것이 논증에서는 가장 중요한 내용이 된다. 보통 귀납법은 '개별적인 사례들로부터 일반적인 결론을 추론하는 방법'이라고 규정되고, 연역법은 '이미 일반화되어 있는 대전제로부터 개별적인 사실에 대한 결론을 이끌어내는 방법'이라고 규정된다. 이 두 가지 추론 방법을 구성 방식과 연결지어보면 보다 쉽게 이해할 수 있는데, 귀납법은 구성 방식 중 미괄식과 유사하고 연역법은 두괄식과 유사하다고 보면 어렵지 않게 추론의 과정을 추측할 수 있다.

귀납법의 예를 들어보자. 원광대학교 1학년 학생 전체에게 현재 가장 관심 있는 분야가 무엇인지에 대해 객관식으로 질문을 던졌는데, 학과 공부 25%, 진로 및 취업 35%, 교우 관계 15%, 동아리 활동 15%, 정치 및 사회 문제 10%의 결과를 얻었다고 하자. 이 설문 조사를 바탕으로 "원광대학교 1학년 학생들이 현재 가장 관심을 갖고 있는 분야는 진로 및 취업에 관한 문제"라는 일반적인 결론을 추론할 수 있게 된다.

귀납법이 신뢰를 받으려면 전제들이 진실이어야 하고 전제에서 결론에 이르는 귀납적 추론이 타당해야 한다. 그리고 조사 대상이 되는 사례의 축적이 많을수록 결론의 신빙성이 높아진다. 현대 사회에서는 여러 리서치 기관에 의해 다양한 설문 조사가 이루어지는데, 조사해야 할 대상이 너무 많아 표본을 따로 추출해 이루어지는 경우가 대부분이다. 이때 조사할 사항에 알맞은 기준들을 연령, 성별, 지역 등에 걸쳐 정확하고 다양하게 추출해 표본 집단을 정해야 신뢰도 높은 조사 결과를 얻을 수 있다.

그렇지 못할 경우 귀납적인 추론은 '성급한 일반화의 오류'에 빠질 우려가 있다. 예를 들어 지역별 통계를 낸다고 하면서 연령대별 인구수나 성별 인구를 고려하지 않고 단순하게 지역별 인원만을 고려하여 표본 조사를 실시할 경우, 실제 상황에서는 연령대나 성별 분포도가 변수로 작용하여 전혀 다른 결론이 나오는 오류에 빠지게 되는 것이다. 표본 조사 외에 우리가 일상 생활에서 쉽게 갖게 되는 선입견에서도 일반화의 오류의 예는 얼마든지 찾을 수 있다. 몇 명의 자기 주변 사례만을 보고 "부모가 이혼한 가정의 아이들은 성격이 비뚤어지기 쉽다"든가 "화장이 진한 여대생들은 공부에는 관심이 없다"든가 하는 식의 통념을 갖는다면, 이 역시 정확한 추론에 의거하지 않고 성급하게 판단하는 일반화의 오류에 빠진 경우로 볼 수 있는 것이다.

이번에는 연역법으로 넘어가보자. 이미 증명되어 있는 일반 지식을 이용하여 구체적인 문제를 해결하는데 연역법이 사용되는데, 연역법의 가장 기본적인 형태는 삼단논법이다. 삼단논법은 대전제와 소전제 그리고 결론으로 구성된다. 그 간단한 예를 하나 들어본다.

> **대전제**: 모든 사람의 인권은 보장되어야 한다.
>
> **소전제**: 사형수도 사람이다.
>
> **결　론**: 그러므로 사형수의 인권도 보장되어야 한다.

신뢰할 수 있는 연역법이 되기 위해서는 신뢰할 만한 대전제가 마련되어야 하며, 대전제와 소전제의 적절한 관계를 통해 자연스러운 결론이 도출되어야 한다.

> **대전제**: 모든 변호사는 자신이 의뢰 받은 사건에 성실하게 임한다.
>
> **소전제**: A씨는 유명한 대학의 로스쿨을 졸업했다.
>
> **결　론**: 따라서 A씨는 자신이 의뢰 받은 사건에 성실하게 임한다.

위의 추론의 경우는 일단 대전제가 신뢰할 만하다고 보기 어렵다. 모든 변호사가 자신이 의뢰 받은 사건에 성실하다는 사실은 모든 사람이 인정할 만한 일반화된 대전제라고 할 수 없다. 또한 유명한 대학의 로스쿨을 졸업했다고 해서 곧 변호사 자격을 얻은 것은 아니므로 대전제와 소전제의 관계 역시 적절하지 못하다. 이러한 경우 얻어지는 결론은 신뢰도에 문제가 있는 것일 수밖에 없다. 그런데 대전제와 소전제가 타당하다 하더라도 불합리한 추론에 빠질 가능성은 또 존재한다.

대전제: 모범생은 컨닝을 하지 않는다.

소전제: B군은 컨닝을 하지 않는다.

결　론: 그러므로 B군은 모범생이다.

위의 추론의 경우 대전제와 소전제에는 문제가 없지만 이를 통해 결론으로 흘러가는 논리적 흐름에서 불합리한 추론에 빠졌다. 모범생이 되기 위한 다양한 필요충분조건들이 있는데, 컨닝을 하지 않는다는 것은 그 중에 한 가지만을 충족시켜 줄 뿐이다. 만약 B군이 친구들에게 폭언을 하는 등의 행동을 하는 학생이라면 컨닝을 하지 않는다 해도 모범생과는 거리가 먼 학생일 것이다.

이 외에도 연역법의 경우는 순환의 오류에 빠질 염려가 있으므로 주의해야 한다. 순환의 오류는 어떤 논증의 결론이 처음에 내세웠던 대전제로 되돌아가버리는 것이다. 이러한 논증은 추론이 원점으로 되돌아가버려 결국 무의미한 것이 되고 만다.

160

글쓰기 이론과 실제

귀납법에서 조심해야 할 '성급한 일반화의 오류'의 예와, 연역법의 대표적 추론인 '삼단논법이 잘못 작성된 예'를 한 가지씩 생각해보자.

1) '성급한 일반화의 오류

2) '삼단논법이 잘못 작성된 예

글쓰기 이론과 실제

6. 고쳐 쓰기

고쳐 쓰기는 일명 '퇴고'라고도 하는데, 단순한 교정과는 달리 초고를 쓴 뒤 글을 꼼꼼하게 다시 읽으면서 전체적 맥락에서부터 단어 선정이나 맞춤법과 같은 작은 단위의 문제까지 자세하게 다시 검토하여 완성된 글을 만들어가는 과정으로 글쓰기의 최종 마무리 단계라고 생각할 수 있다. 일반적으로 고쳐 쓰기의 과정은 '첨가', '삭제', '재배열'의 원칙을 고려하여 진행된다.

또한 고쳐 쓰기는 크게 세 가지 수준, 즉 '글 전체의 수준' '단락의 수준' '문장과 단어의 수준'에서 세 단계로 이루어지는 것이 바람직하다. 이 때 고쳐 쓰기의 순서는 큰 단위에서 작은 단위로 진행되어야 한다. 즉 먼저 글 전체의 수준에서 주제와 개요와의 연결성을 살펴 전체 글에서 통일성이 확보되는지 점검하고, 단락과 단락의 긴밀성이 잘 유지되고 있는지 살펴보는 것이 중요하다. 다음으로 단락의 수준으로 넘어가 각 단락별로 소주제가 잘 드러나고 뒷받침 내용들이 충분히 제시되며 각 문장과 문장은 긴밀하게 연결되고 있는지를 보아야 한다. 마지막으로 문장과 단어의 수준에서 주어와 서술어의 호응 관계를 살피고 난해한 문장은 없는지 혹은 단어의 의미나 맞춤법이 잘못 사용된 경우는 없는지 확인할 필요가 있다.

위에서 고쳐 쓰기를 하는 요령에 대해 세 가지 원칙과 세 단계의 수준에 의거하여 정리해보았다. 그런데 학생들이 쓴 글을 첨삭하다보면 가장 자주 틀리는 것이 단락 나누기와 주술 호응 관계라는 것을 느끼게 된다. 서론 본론 결론을 나눌 때 단락을 다르게 하는 것은 쉽게 하지만, 본론의 경우에 몇 개의 단락으로 구성해야 하는지 어느 부분에서 단락을 나누어야 하는지 잘 몰라 때로는 단락 구분 없이 본론을 한 개의 긴 단락으로 써버리는 경우도 있다. 이를 바로잡기 위해서는 개요 작성 단계에서부터 단락 구성을 고려할 필요가 있다. 개요의 항목마다 단락을 나눌 것인지, 아니면 하위 범주 별로 단락을 나눌 것인지를 깊이 고려하면서 개요를 작성하면, 실제 글을 쓸 때 단락 구성에 있어 큰 어려움을 겪지 않게 되고 퇴고 단계에서의 고민도 줄어들게 된다.

주술 호응관계에서의 문제는 대개 한 개의 문장을 길게 쓸 때 발생한다. 주술 호응이란 주어와 서술어가 잘 맞아야 한다는 원칙으로, 한국어 문장에서 가장 기본적인 조건이라고 할 수 있다. 그런데 머리에 떠오르는 생각에 집중하여 그것만 따라서 길게 복합문 형태로 문장을 쓰게 되면 앞에 썼던 주어를 어느 사이에 잊어버리고 그에 어울리지 않는 서술어를 택하게 되는 경우가 종종 발생하는 것이다. 복합문이란 2개 이상의 단문 문장들이 연결어미를 중간 고리로 하여 이어지는 형태의 문장으로, 능숙한 필자의 경우 복합문을 많이 쓰면서도 주술 호응 관계를 잘 지켜낼 수 있지만, 초보자의 경우는 실수하기 쉽게 된다. 이를 막기 위해서는 짧은 단문의 형태로 문장을 쓰는 것이 좋다. 능숙한 필자의 경우도 실제 글을 쓸 때는 독자의 이해를 돕기 위해 단문을 많이 사용하기도 한다. 복합문의 경우 글을 쓰는 사람도 실수하기 쉽지만 글을 읽는 독자의 경우도 문장의 핵심을 쉽게 파악하기 어렵게 되기 때문에, 복합문을 많이 쓴 글은 어렵다는 인상을 줄 가능성이 높아진다.

위에서 서술한 내용 이외에도 다음의 사항들에 유의해서 고쳐 쓰기를 하면 더욱 효과적인 퇴고를 할 수 있다.

글쓰기 이론과 실제

·초고를 완성하고 일정한 시간이 지난 후에 고쳐 쓰기를 한다.

·컴퓨터로 작성했을 경우 반드시 종이로 출력하여 검토한다.

·눈으로만 보지 말고 꼭 소리 내어 읽으면서 글의 맥락과 문장의 호응 관계를 살핀다.

·자신의 퇴고 과정과 더불어 다른 사람에게 보여주고 의견을 듣는 것이 더 효과적이다.

이제 위에 서술한 내용을 바탕으로 하여 한 편의 글을 읽고 함께 고쳐 쓰기를 해보도록 하자.

요즘 청소년들이 즐겨보는 잡지가 있다. 그 잡지의 이름은 바로 〈과학 **〉이다. 이름을 보면 알다시피 과학 잡지이다. 이 과학 잡지가 특별한 이유는, 1991년에 창간해 역사가 다른 잡지들보다 더 길고(〈과학 00〉은 2005년에, 〈과학 ##〉는 2008년에), 다른 잡지들보다 상을 더 많이 탔고(무려 9개, 타 잡지들은 3개 이하), 마지막으로 과학 말고 진로관련 내용이나, 수학 같은 다른 분야도 다룬다. 청소년들이 〈과학 **〉을 좋아하는 특별히 다른 이유는, 재미있는 기사들이 많기 때문이다. '여름의 최고의 불청객은?' 이나 '해리포터 속 최고의 아이템은?' 같은 과학적 핫이슈 질문이 제시되고, 실제로 〈과학 **〉을 만드는 기자들이 그것을 찾고 독자가 실제로 그들의 제안을 투고하는 것이다. 또 코너 '×× 탐정사무소'는 과학적 상식을 바탕으로 독자들이 궁금해할만한 문제를 탐정사무소 방식으로 설명해준다. 잡지 〈과학 **〉는 전국의 청소년들이 공감할 수 있는 잡지이며, 〈과학 **〉의 기자들이 잡지 1개를 만드는데 자기 힘의 90%를 사용할 듯하다.

이 글은 청소년을 대상으로 한 과학 잡지 가운데 가장 독자층이 넓다고 생각되는 잡지 한 가지를 골라 그 잡지가 인기가 많은 이유에 대해 설명하고 있다. 길이는 짧지만 주제가 분명하고 그에 대한 근거 역시 예를 들어가며 제시하고 있어 전반적으로 글의 구성은 짜임새가 있다고 보인다.

그런데 글의 길이가 짧다고 생각해서인지 필자는 전혀 단락을 나누지 않고 처음부터 끝까지 한 개의 단락으로 글을 기술했다. 이 글의 경우는 짧은 길이 덕분에 단락이 나누어지지 않았어도 크게 답답한 느낌을 주지는 않지만, 그렇다 해도 만약 글의 구성 단계에 따라 몇 개로 단락 구분을 했다면 독자들이 글을 이해하는 데 도움을 줄 수 있다. 짧기는 해도 이 글은 서론 본론 결론의 3단 구성 방식에 의거해 기술되었다. 이에 따라 단락을 나누어보면 "이 과학 잡지가 특별한 이유는 …"으로 시작되는 문장부터 "또 코너 '×× 탐정사무소'는 과학적 상식을 바탕으로 독자들이 궁금해할 만한 문제를 탐정사무소 방식으로 설명해준다."고 한 문장까지를 본론으로 하여 그 앞과 뒤를 각각 서론과 결론으로 나눌 수 있다. 나아가 본론의 경우 "청소년들이 〈과학 **〉을 좋아하는 특별히 다른 이유는, 재미있는 기사들이 많기 때문이다."라고 한 문장부터 새로운 단락으로 하여 총 두 개의 단락으로 나눌 수도 있다.

이제 문장과 단어를 살펴보도록 하자. 서론 부분에서의 문장은 세 개로 기술되었는데, '과학', '잡지' 등의 단어가 중복되기 때문에 좀 더 간명한 느낌을 주기 위해 한 개의 문장으로 바꾸고, 이 글의 목적을 강조하기 위해 이 잡지가 인기 있는 이유를 살펴보고자 한다는 문장을 추가하면 좋을 듯하다. "요즘 청소년들이 〈과학 **〉라는 이름의 잡지를 즐겨보고 있다. 왜 이 잡지가 다른 과학 잡지에 비해 인기가 많은지 그 이유를 알아보고자 한다." 정도로 바꾸면 좋겠다.

본론에 가서 첫 문장은 다른 잡지와의 차별성을 세 가지 이유에서 서술하는데, 이를 연결어미와 괄호 등을 사용해 긴 문장 하나로 서술함으로써 좀 호흡이 길어졌다. 그 때문에 문장의 주술 호응관계에 혼란이 일어났다. "이 과학 잡지가 특별한 이유는"으로 시작했기 때문에 주어는 '이유'가 되는데, "마지막으로 과학 말고 진로관련 내용이나, 수학 같은 다른 분야도 다룬다."라고 문장을 끝내고 있어 서술어는 "다룬다"가 되어버렸다. 앞서 설명했던 것처럼 연결어미를 사용해 복합문을 쓰게 되면서 주술 호응이 어색해진 경우에 해당된다. 이를 바로잡자면 문장 끝을 "다루기 때문이다."라고 고쳐야 한다. 그 다음 문장에서는 '특별히'라는 단어가 앞 문장에 이어서 반복되기 때문에 이를 "또"라는 다른 부사로 바꾸는 게 좋겠다. 그리고 그 다음 문장에서는 "찾고"라는 어휘보다는 "조사하고"가 더 기자들이 하는 작업을 잘 표현한다고 생각되므로 교체하는 것이 좋으리라 생각된다.

결론에 가서도 역시 주술 호응관계가 문제가 된다. 두 문장이 이어져 복합문이 되었는데 뒤의 문장의 주어는 사실 글에는 나타나지 않지만 '필자'라고 볼 수 있다. 따라서 "사용할 듯하다"를 "사용하리라 생각된다" 정도로 바꾸어야 뒤 문장에서도 주술 호응이 자연스럽게 이루어지게 된다.

이상에서 자세하게 고쳐 쓰기 과정의 예를 들어 보았는데, 퇴고를 거친 후의 글을 다시 읽어 보면 그 차이가 쉽게 느껴질 것이다.

요즘 청소년들이 〈과학 **〉라는 이름의 잡지를 즐겨보고 있다. 왜 이 잡지가 다른 과학 잡지에 비해 인기가 많은지 그 이유를 알아보고자 한다.

이 과학 잡지가 특별한 이유는, 1991년에 창간해 역사가 다른 잡지들보다 더 길고(〈과학 00〉은 2005년에, 〈과학 ##〉는 2008년에), 다른 잡지들보다 상을 더 많이 탔고(무려 9개, 타 잡지들은 3개 이하), 마지막으로 과학 말고 진로관련 내용이나, 수학 같은 다른 분야도 다루기 때문이다.

청소년들이 〈과학 **〉을 좋아하는 또 다른 이유는, 재미있는 기사들이 많기 때문이다. '여름의 최고의 불청객은?' 이나 '해리포터 속 최고의 아이템은?' 같은 과학적 핫이슈 질문이 제시 되고, 실제로 〈과학 **〉을 만드는 기자들이 그것을 조사하고 독자가 실제로 그들의 제안을 투고하는 것이다. 또 코너 '×× 탐정사무소'는 과학적 상식을 바탕으로 독자들이 궁금해할만한 문제를 탐정사무소 방식으로 설명해준다. 잡지 〈과학 **〉는 전국의 청소년들이 공감할 수 있는 잡지이며, 〈과학 **〉의 기자들이 잡지 1개를 만드는데 자기 힘의 90%를 사용하리라 생각된다.

4절 개요작성하기의 연습문제 6번에서 쓴 초고를 다음 점검표에 따라 검토한 후 고쳐 써 보자.

점검 항목		점검 내용
글의 전체 수준	불필요한 내용	
	보충할 내용	
	단락과 단락의 관계	
	제목과 소제목의 적절성	
단락의 수준	소주제들의 명확성	
	불필요한 내용	
	보충해야 할 내용	
	문장과 문장의 관계	
문장과 단어의 수준	난해한 문장	
	주어와 서술어의 호응	
	모호한 단어	
	어문규정	

동료끼리 초고를 교환하여 검토한 후 초고에 대한 동료의 검토와 자신이 행한 고쳐 쓰기의 결과를 비교해 보자.

	점검 항목	검토 내용(동료)	자신의 고쳐 쓰기와의 차이점
글의 전체 수준	불필요한 내용		
	보충할 내용		
	단락과 단락의 관계		
	제목과 소제목의 적절성		
단락의 수준	소주제들의 명확성		
	불필요한 내용		
	보충해야 할 내용		
	문장과 문장의 관계		
문장과 단어의 수준	난해한 문장		
	주어와 서술어의 호응		
	모호한 단어		
	어문규정		

글쓰기 이론과 실제

4장

삶과 글쓰기

1. 대학에서의 글쓰기

1) 리포트 쓰기

글쓰기 이론과 실제

수업시간에 다루지 못한 문제를 학습자가 직접 조사하거나 연구하여 그 결과를 문서화한 것을 리포트 또는 보고서라고 한다. 리포트 쓰기에 관한 일반적인 사항들을 숙지해 두는 것은 매우 중요하다. 가끔 열심히 연구하고 조사에 임했음에도 불구하고 리포트 점수가 만족스럽게 나오지 않았다고 불평하는 학생들을 만나게 된다. 이런 학생들 대부분은 연구 결과를 일목요연하게 문서화하지 못해 낭패를 본 경우이다. 밤잠을 설쳐가며 공부한 것이 모두 물거품이 되지 않게 하기 위해서는 리포트의 형식적인 부분에 대해서도 많은 고민이 뒤따라야 한다.

리포트는 전공이나 강좌의 성격별로 다양한 형식을 가지고 있다. 교수자의 취향에 따라 리포트의 형식이 결정되는 것도 다반사이다. 전공과목에서 요구하는 리포트의 경우 해당 과목에 대한 지식이 어느 정도 축적되어 있기도 하고, 선배나 동료의 도움을 받을 수 있어 크게 부담스럽지 않을 수도 있다. 그러나 난생 처음 대하는 교양과목에서 요구하는 리포트는 어디서부터 어떻게 시작해야할지 막막한 경우가 있다. 이럴 때를 위해 리포트의 일반적인 체제와 부분별 기술 방식을 숙지해 둘 필요가 있다.

일반적으로 리포트는 표지, 제목, 목차, 서론, 본론, 결론, 참고문헌 순으로 구성된다. 이러한 구성 방식은 앞서 말한 것처럼 리포트의 분량이나 교수자의 취향, 교과목의 성격 따라 자유롭게 변화될 수 있다. 그러나 리포트의 기본적 체제와 기술방식을 익혀 둔다면 어떤 형태의 리포트에라도 응용하여 활용할 수 있을 것이다.

(1) 표지: 현란한 표지는 제출자에 대한 신뢰를 반감시킨다

표지에는 리포트의 제목, 과목명, 담당교수의 이름, 제출자의 학과, 학번, 이름, 제출일 등을 기재한다. 표지는 리포트 본문의 분량이 3~5매 이상 되는 경우 붙여 주는 것이 좋다. 본문의 내용이 1~2매 정도에 불과한 리포트에 표지를 붙이게 되면 자칫 형식적인 부분에만 치중한 문서로 오해 받기 쉽다.

표지 제작 과정에서 가장 많이 하는 실수는 필요한 내용은 기재하지 않고 디자인에만 심혈을 기울이는 경우이다. '문서 편집과 디자인'에 관한 과제가 아니라면 표지에는 필요한 내용만을 기재하는 것이 좋다. 우리 대학의 경우 대학 홈페이지에서 제공하는 보고서 표지가 있으니, 그것을 사용하는 것도 좋은 방법이다. 리포트의 분량이 많지 않은 경우 표지와 목차를 한 페이지에 편집하는 방식도 고려해 볼 수 있다.

(2) 제목: 세상에 "Report"라는 제목은 없다

제목은 글의 일부이다. 간혹 제목의 중요성을 망각한 채 제목을 "REPORT"라고 큼지막하게 적어 제출하는 문서들을 발견할 수 있다. 이런 식으로 구성된 리포트는 거의 대부분 내용의 진정성까지도 의심을 받는다. 제목은 리포트의 전체 내용을 포괄적이면서도 구체적으로 드러내야 한다. '포괄성'과 '구체성'이 두루 고려된 한 문장을 만들어야 한다는 측면에서 제목 달기는 매우 어려운 작업이다.

리포트의 주제가 "대중음악"이라고 가정할 때 제목은 어떻게 달아야할까? 제목은 주제와 다르다. 따라서 제목을 "대중음악"이라고 쓰면 안 된다. "대중음악의 시대별 특징"과 같이 구체적으로 적어야 비로소 제목으로서의 기능을 할 수 있다. 제목의 구체성은 연구의 구체성과 맞닿아 있다. 따라서 과제의 성격을 명확히 분석하고 그 성격에 부합하는 글쓰기가 완료된 이후에나 좋은 제목이 만들어질 수 있을 것이다. 제목은 원고 작성 후에 붙이는 것이 일반적이다. 제목 없이 글을 쓰기가 어색하다면 '가제'를 붙여두고 작업을 하다 나중에 수정하면 그만이다.

대중음악의 시대별 특징

과 목 명: 대중매체와 문화

담당교수: 박대중

학　　과: 원광대학교 경영학과

학　　번: 201200011

성　　명: 서길동

제 출 일: 2012년 3월 25일

(3) 목차: 목차는 친절한 글쓰기의 시작이다

목차는 자신이 어떤 연구를 했는지를 보여주는 역할을 한다. 목차가 없는 리포트는 메뉴판이 없는 식당, 시간표 없는 역과 다르지 않다. 리포트는 세상에서 가장 친절한 글쓰기 중 하나라고 생각하면 된다. 목차는 리포트의 이러한 성격을 가장 잘 반영하는 부분인 것이다. 분량이 5페이지가 넘고 3개 이상의 장과 하위 절로 구성된 리포트라면 한 페이지를 할애하여 목차를 만들 수도 있다. 그러나 대개의 경우 목차는 본문이 시작되는 페이지의 첫 부분에 제시하는 것이 일반적이다. 목차를 만들 때 주의해야할 것은 장, 절로 구분되는 하위 항목을 명확히 구분하는 것이다. 각 항목을 위계화 하기 위해서는 장, 절에 해당하는 기호를 각각 다르게 사용하고, 들여쓰기를 해야 한다. 아래 사항을 참고하여 목차가 어떻게 구성되는지 숙지해두자.

〈본문에 삽입된 목차의 예〉

대중음악의 시대별 특징

서길동

I. 서론

우리의 대중음악은 1990년대를 기점으로 많은 발전을 이룩했다. 대중음악은 정치, 사회, 문화적 영향력 안에서 다양한 형태로 발전을 거듭하며 민중 의식을 드러낸다. 이 글은 한국 대중음악의 시대별 특징에 대해 살펴보는 것을 목적으로 한다. 이를 위해 우선……

(4) 서론: 글의 목적과 서술 방식을 소개한다

일반적으로 서론은 글의 10~15% 정도의 분량을 차지한다. 즉 원고지 6000매 정도의 리포트를 작성하게 되면 서론은 원고지 1000매에 미치지 못하는 수준으로 작성하는 것이 일반적이다. 리포트의 성격에 따라 차이는 있지만 우리가 생각하는 것보다 서론은 많은 분량을 차지하지 않는다. 간혹 서론에 지나치게 힘을 쓰다 본론에 소홀한 경우가 있다. 이를 방지하기 위해서 서론을 맨 마지막에 쓰는 것도 고려해 볼 수 있다.

서론에는 문제 제기, 연구의 목적, 연구의 방법, 선행연구 검토 등이 포함된다. 즉 자신이 작성하는 리포트가 어떠한 문제의식을 가지고 있으며, 어떤 방법으로 그 문제에 접근하고 있는지에 관해 서술하는 것이 서론이다. 서론의 간단한 예를 살펴보고 서론을 어떻게 작성해야 하는지 더 자세히 살펴보도록 하자.

글쓰기 이론과 실제

> ❶ "한류, 아시아를 넘어 세계로" 한국문화산업교류재단에서 개최했던 세미나의 주제이다. 최근 각종 매체에서 한국의 아이돌 가수들이 프랑스 파리에서 성공적으로 공연을 마쳤다는 소식이 전해져 오고 있기도 하다. 이제 한류를 동아시아에서 일어나는 작은 문화현상이라고 말하는 사람은 없다. 한류는 날이 갈수록 멀리 뻗어가고 있다. 그러나 이러한 현상에 만족해서는 안 된다. 최근 중국과 일본을 비롯한 동남아 여러 지역은 물론 유럽 전역으로 한류가 확대되고는 있지만 여전히 콘텐츠 부족과 시스템 불안 등의 문제를 노출하고 있다.
>
> (…중략…)
>
> ❷ 이 글은 아시아를 넘어 유럽지역으로 확대되어 가는 한류의 영향력을 지속 확대시키고 우리의 문화가 세계로 뻗어나갈 수 있는 방안을 검토하는 데 그 목적이 있다. ❸ 이를 위해 우선 아시아, 유럽, 북미 지역 등을 중심으로 한류가 어느 정도 수준으로 확산되어 있는지 살펴볼 것이다. 더불어 아시아 각 지역에서 대두되는 反한류현상에 대해서도 간략히 살펴볼 것이다. 본 연구는 이를 토대로 한류 문화가 꾸준히 지속 확대되기 위한 방안을 제시할 수 있을 것으로 본다.

첫 번째 단락 ❶은 '문제 제기'에 해당하는 부분이다. 리포트의 주제를 상기시키고 해당 주제를 연구해야 하는 이유를 밝히는 부분이다. ❷는 '연구 목적'을 밝히고 있는 문장이다. "~하는데 그 목적이 있다."라는 식으로 종결되는 문장은 서론에 필수적으로 들어가야 한다는 것에 유의하자. ❸ 이하는 "연구 방법"을 밝히고 있는 부분이다. "2장 1절에서는 ~에 관해 살펴볼 예정이다."와 같은 방식으로 연구 과정을 소상하게 밝히는 것도 좋은 방법이다.

서론의 문장은 "~할 것이다.", "~에 대해 살펴보고자 한다.", "~을 제시해 보고자 한다.", "~에 관해 검토할 것이다." 등과 같은 표현을 쓴다는 점에 유의해야 하자. 더불어 서론은 앞으로 어떠한 논의가 진행될 것인지를 드러내는 부분이므로 과거형 문장을 쓸 수 없다는 점도 잘 알아두어야 한다. 특히 본론을 먼저 쓰고 서론을 마지막에 쓰는 경우 서론에서 "~에 관해 살펴보았다."라고 쓰는 경우가 있는데 이는 결론에 어울리는 문장이다.

글쓰기 이론과 실제

다음 조건을 활용하여 서론을 작성해보자.

연구주제: 이성 친구를 만드는 법

문제제기: 각자의 경험을 토대로 문제의식을 드러낼 것

연구목적: 올바른 이성교제의 방향을 제시, 이상형을 만나는 법을 소개

연구방법: 인터뷰, 통계조사, 실험실습 등등.

❶ 문제제기:

❷ 연구목적:

❸ 연구방법:

글쓰기 이론과 실제

(5) 본론: 일관된 논점과 정확한 표현이 관건이다

본론은 리포트의 70~80% 정도를 차지하는 부분으로 연구 내용이 본격적으로 기술되는 부분이다. 본론이 몇 개의 장으로 구분되어야 하는지 정해진 것은 없다. 본론이 하나의 장으로 구성되었다고 해서 문제가 되지는 않는다. 다만 주어진 문제를 보다 치밀하고 정확하게 분석하기 위해서는 다양한 분석 방식이 동원되어야 하므로 2~3개의 장으로 나누어 구성하는 것이 좋다.

본론의 체제는 개인의 연구 역량을 그대로 드러낸다는 점에서 여러 번 강조해도 부족함이 없다. 그 밖에 본론 작성 과정에서 중요한 사항은 정보의 처리와 배열이다. 특히 학술 보고서의 경우 자신의 주장을 뒷받침하기 위해 공신력 있고 객관적인 정보를 제시해야 한다. 이때 제시된 자료들은 자신이 직접 실험하거나 관찰한 것이 아니라면 출처를 분명히 밝혀 두어야 한다. 출처를 분명히 밝히는 작업은 각주를 다는 것으로 해결할 수 있다. 이에 관한 사항들은 다음 장 "논문 쓰기"에서 자세히 다루기로 한다.

(6) 결론: 서론을 물구나무 세워보자

결론은 서론과 비슷하거나 약간 적은 분량으로 쓰는 것이 일반적이다. 결론은 본론의 내용을 요약하는 부분으로, 부가적으로 남은 과제, 과제와 관련된 전망 등이 제시될 수 있다. 결론을 구성하기가 쉽지 않다는 사람도 있다. 이런 사람들은 대개 글의 마지막을 멋지게 장식하고 싶은 욕구에 시달린다. 그러나 결론은 본론의 요약만으로 충분할 수 있다. 조금 더 신경 써서 결론을 작성하고자 한다면, 서론을 뒤집어 놓는 것도 좋은 방법이다. 다음의 인용은 앞서 제시한 서론을 뒤집어 놓은 것이다.

> ❷ 지금까지 아시아를 넘어 유럽지역으로 확대되어 가는 한류의 영향력을 지속 확대시키고 우리의 문화가 세계로 뻗어나갈 수 있는 방안을 검토해 보았다. ❸ 이를 위해 우선 아시아, 유럽, 북미 지역 등을 중심으로 한류가 어느 정도 수준으로 확산되어 있는지 살펴보았다. 최근 한류문화가 가장 활발하게 확산되고 있는 지역은 유럽과 북미 지역으로 드러났다. (…중략…) 이와 더불어 아시아 각 지역에서 대두되는 反한류현상에 대해서도 간략히 살펴보았다. 반 한류 현상은 중국과 일본을 중심으로 형성되는 경향을 보이고 있는 것으로 드러났다. (…중략…)

❶ "한류, 아시아를 넘어 세계로" 이제 한류를 동아시아에서 일어나는 작은 문화현상이라고 말하는 사람은 없다. 한류는 날이 갈수록 멀리 뻗어가고 있다. 한류의 확대 지속을 위해서는 콘텐츠 부족과 시스템 불안 등의 문제를 조속히 해결해야 한다.

연구의 목적과 방법에 해당하는 문장들 즉 ❷❸을 "~보았다"라는 형태로 전환하고 그 사이에 연구 결과를 삽입하면, 훌륭한 결론의 서두가 되는 것을 볼 수 있다. 밑줄로 표시한 부분에 연구 결과를 조금 더 자세히 소개한다면 결론의 90%가 완성될 것이다. 서론의 '문제제기'에 해당하는 부분 ❶을 약간 변형하여 글의 마지막을 장식했다. '문제제기' 부분은 다소 주관적 견해가 포함될 수 있고, 문제의식을 새롭게 환기할 수 있다는 점에서 글의 마지막을 장식하는데 도움이 된다.

앞서 작성한 서론을 뒤집어 결론을 만들어보자.

181

글쓰기 이론과 실제

(7) 참고문헌: 가능한 한 참고한 서적만 기입하자

간혹 참고문헌에 욕심을 부리는 리포트를 볼 수 있다. 리포트에 활용되지 않은 문헌임에도 불구하고 여러 권의 참고문헌을 나열해 놓는 것은 추천하고 싶지 않다. 연구에 간접적인 영향을 준 자료이기 때문에 참고문헌에 제시했다는 사람도 있다. 그러나 참고문헌은 리포트에 인용된 서적에 한해 형식에 맞춰 기입하는 것이 원칙이다. 참고 문헌은 각주에서 인용 쪽수만 빼고 정리하게 된다. 이에 관한 자세한 사항은 다음 장 '논문쓰기'에서 자세히 다루기로 한다.

2) 논문 쓰기

논문은 자신의 의견이나 주장을 특정한 형식에 맞춰 논리적으로 증명해 가는 글이다. 논문의 작성 과정은 앞서 설명한 리포트의 부분별 기술 방식과 흡사하다. 논문 역시 '목차-서론-본론-결론-참고문헌'이라는 체제를 기본으로 하며, 그 외에 논문의 성격에 따라 인준서나 초록 (요약문) 등이 추가된다. 따라서 논문의 작성 과정은 앞서 제시한 리포트의 부분별 기술 양식을 참고할 수 있을 것이다.

논문은 제출의 목적과 분량에 따라 여러 종류로 구분된다. 우리와 직접적으로 관계되는 논문은 학위논문과 졸업논문 등이 있다. 대학원 이상 과정에서는 학회 발표나 학회지 게재를 위한 연구 논문을 쓰기도 한다. 논문은 누구나 아는 사실을 요약 정리하는 것이 아니라 새로운 학설을 제시하는 글이라는 측면에서 학문적 엄정성과 객관성, 그리고 정확성이 요구되는 글이다. 이를 위해서는 자료의 수집과 정리 그리고 정확한 인용과 각주 달기가 선행되어야 한다. 이 장에서는 논문 작성 과정에서 요구되는 자료 수집과 정리 방법, 그리고 인용의 방법을 중심으로 살펴볼 것이다.

(1) 자료 수집과 정리

논문의 주제가 정해지고 자료 수집 단계에 접어들면 잠시 막막해진다. 자료를 어떻게 수집해야할지 종잡을 수 없을 때는 자신이 구상한 논문과 비슷한 주제로 작성된 논문의 '참고문헌'을 살펴보는 것이 가장 좋은 방법이다. 이왕이면 가장 최근에 등록된 박사학위 논문을 살펴보자.

때로는 감당할 수 없을 정도로 풍부한 자료들이 일목요연하게 정리되어 있는 것을 확인할 수 있을 것이다.

최근 가장 각광을 받는 자료 수집 방법은 단연 인터넷 검색이다. 각종 연구 논문이나 학위 논문, 그리고 E-Book은 대학 도서관 홈페이지를 이용하면 무료로 열람이 가능하다. 간혹 국회도서관 등에 접속해 논문을 검색하고 복사 및 대출 서비스를 받기도 하는데, 대학에 다니는 기간에 한해서는 모교의 대학 도서관을 활용하면 대부분의 논문 자료들은 무료로 열람할 수 있다. 따라서 자료 수집 이전에 도서관 전자정보서비스 이용 방법을 숙지해 두는 것이 여러 모로 유리하다.

(2) 인용의 목적과 방법

자료수집과 정리가 마무리되면 개요작성 후 집필에 임하게 된다. 개요 작성은 3장에서 제시한 내용을 참고할 수 있을 것이다. 또한 논문의 부분별 기술 방법은 리포트 쓰기에서 제시한 일련의 절차를 따르면 될 것이다. 논문은 객관성과 정확성을 근간으로 하기 때문에 다른 여러 연구에 의존할 수밖에 없다. 따라서 논문 작성이 다른 글쓰기와 궁극적으로 구분되는 지점은 인용에 있다고 해도 과언이 아닐 것이다. 인용은 다른 사람의 저작물을 자신의 논문에 삽입하는 것을 말한다. 즉 인용은 논지 전개 과정에서 보다 권위 있는 사람의 견해를 빌려 자신의 논지를 더욱 공고히 할 때 활용하는 것이다.

인용을 할 때는 다음과 같은 사항들에 유의해야 한다. 첫째, 인용은 남의 의견을 빌리는 것이기도 하지만 나보다 앞서 연구한 사람들에 대해 예의를 표시하는 것이기도 하다. 따라서 모든 인용은 출처를 밝혀야 한다. 둘째, 인용은 꼭 필요한 경우에 한하며, 최소의 인용으로 최대의 효과를 얻는 것을 목표로 한다. 셋째, 인용은 남의 견해를 빌려 자신의 논지를 공고히 하는 작업이라는 측면에서 형식적 일관성과 정확성을 지켜야 한다.

인용은 크게 직접인용과 간접인용으로 구분할 수 있다. 직접인용은 참고 문헌의 내용을 그대로 옮기는 것을 말한다. 원문을 조금이라도 수정하게 되면 각주를 달아 변경사항을 반드시 표시해 주어야 한다. 주로 문학작품, 법조문, 수학공식 등과 같이 원문을 훼손하게 되면 그 의미에 많은 손상이 가해지는 경우 활용된다. 간접인용은 원문을 자신의 표현으로 바꾸어 인용하는 방법이다. 이때에는 원문의 내용과 자신의 견해가 뒤섞이지 않도록 주의해야 한다. 간접인용의 경우 자칫 표절을 범하게 될 수 있다는 점에서 조심스럽게 활용해야 한다. 다음의 예를 통해 직접인용과 간접인용이 어떻게 활용되는지 알아보자.

〈직접인용〉

"하늘은 천한 것과 귀한 것을 구분하지 않고 사람을 이 땅에 내렸으나, 양반들은 하늘의 뜻을 거스르고 있다. 이제 우리는 인간으로서의 가치와 존엄성을 회복하기 위해 양반들이 만들어 낸 신분제의 굴레에서 벗어나 새로운 삶을 추구할 때가 되었다"[1]는 홍길동의 주장은 타당하다. 자신의 신분을 비관하지 않고 노비 해방을 위해 힘쓴 홍길동은…

1) 홍길동, 『신분해방을 위하여』, (서울: 노비출판사, 2011), 201쪽. 강조점은 필자.

직접인용은 인용한 부분을 겹 따옴표(" ") 안에 그대로 옮겨 적고 따옴표 뒤에 각주번호를 달아 출처를 표기하는 것이 원칙이다. 원문을 충실하게 옮기는 것을 기본으로 하기 때문에 원문에 오탈자가 있거나 철자법이 틀리게 되어 있더라도 그대로 옮겨 적는다. 불가피하게 원문에 변형을 가하게 되는 경우 각주에 변경된 사항을 표시해주면 된다. 위와 같이 강조한 부분이 있다면 각주에 '강조점은 필자'와 같은 문구를 넣어 준다. 4행 이상 혹은 100자 이상의 긴 글을 인용할 경우에는 문단을 따로 분리하고 글자 크기를 작게 하여 인용부분을 표시하는 방법도 있다.

〈간접인용〉

사람은 원래 귀하거나 천하게 태어나는 것이 아니라 단지 세상이 이를 정하는 것이므로 이를 극복해야 한다[1]는 홍길동의 주장은 타당하다. 자신의 신분을 비관하지 않고 노비 해방을 위해 힘쓴 홍길동은…

1) 홍길동, 『신분해방을 위하여』(서울: 노비출판사, 2011), 201쪽.

간접인용은 주로 인용할 자료를 요약하거나 해설하는 경우에 활용한다. 위 글은 홍길동의 주장을 글쓴이가 이해한 만큼 요약한 경우에 속한다. 앞서 언급한 바와 같이 간접인용은 불가 피하게 원문을 가공하는 작업이므로 세심한 주의가 필요하다. 간접인용 역시 원문과 필자의 생각이 구분되는 지점에 각주번호를 붙이고 출처를 밝히는 것을 원칙으로 한다. 간접인용의 경우 원저자보다 더 명확히 내용을 전달할 수 있다고 판단될 때 활용하는 것이 일반적이다. 따라서 간접인용은 논문 쓰기에 어느 정도 숙달된 사람이 할 수 있는 작업이라 할 수 있겠다. 처음 논문을 쓰는 경우라면 직접인용을 활용하여 정확하면서도 편안한 글쓰기에 임할 것을 권장한다.

(3) 주석과 참고문헌

인용을 하면 반드시 주석을 달고 출처를 밝혀야 한다. 인용을 하고 출처를 밝히지 않으면 표절이 된다. 따라서 인용은 항상 주석과 쌍을 이루는 개념이라고 생각하는 것이 마땅하다. 주석은 참고한 자료의 출처를 밝히거나 부가적인 설명을 위해 본문과 분리된 공간을 마련하여 기재하는 것이 일반적이다. 주석에는 본문주, 각주, 미주 등이 있다. 본문주는 본문에 괄호를 만들고 그 안에 내용을 표기하는 방식이다. 각주는 주석이 필요한 페이지의 아랫부분에 줄을 긋고 내용을 적는 방식이고, 미주는 논문의 맨 마지막에 주석을 모두 모아 처리하는 방식이다.

주석을 다는 방식은 국가별, 학문 영역별로 천차만별이다. 심지어 학위 논문의 경우도 각 대학별로 약간씩 차이를 보일 정도로 주석을 다는 방식은 다양하다. 주석을 달 때는 다음 두 가지 원칙에만 충실하면 된다. 첫째, 논문을 제출하는 곳에서 요구하는 규정에 충실히 따른다. 둘째, 한 편의 논문에는 한 가지의 방식으로만 주석을 달아야 한다. 이 두 가지 원칙만 지킨다면 주석 때문에 문제가 생기는 일은 없을 것이다. 주석을 다는 방식은 다양하지만 기본적으로 일정한 규칙이 있기 때문에 너무 어려워할 필요는 없다.

일반적으로 참고문헌은 논문의 맨 마지막에 들어간다. 참고문헌은 주석에 소개된 참고서적들을 망라하여 목록으로 만드는 작업이다. 참고문헌은 논문 작성에 활용된 자료들을 종합적으로 제시함으로써 독자들이 관련 정보에 쉽게 접근할 수 있도록 하는 장치이다. 참고문헌을 달아주지 않는다면 독자들은 논문을 뒤적거리며 일일이 참고문헌을 찾아야 하는 수고로움을 겨게 될 것이다. 내가 참고 문헌을 친절하게 달아주면 다른 누군가도 참고문헌을 친절하게 달아 줄 것이다. 참고문헌은 학문을 하는 사람들이 서로를 배려하는 방식이다.

아래 소개될 주석과 참고문헌 기입 방식은 현재 영미권에서 가장 일반적으로 활용되고 있는 시카고대학교 출판부(UCP)의 규정이다. 앞서 언급한 바와 같이 학문의 영역별로 주석 및 참고문헌 기입법은 매우 다양하다. 이들 중 가장 대표적인 것 하나를 숙지해 둔다면 어떤 것에든 응용할 수 있을 것이다.

가. 주석의 서지사항 표기

◆ 단행본

주석번호) 저자, 『책의 제목』, (출판사 소재지: 출판사, 출간연도), 인용면.

> 1) 홍길동, 『홍길동의 삶』, (서울: 마음출판사, 1996), 181쪽.
>
> 2) 미셸 푸코, 『지식의 고고학』, 이정우 옮김, (서울: 민음사, 1996), 181~182쪽.
>
>
> ※ 참고
>
>
> 1) 홍길동, 『홍길동의 삶』, 마음출판사, 1996, 181쪽.

- 일반적으로 책의 저자가 세 사람 이하면 이름을 모두 쓴다. 그 이상이면 최초의 저자를 쓰고 '외 ○명'이라고 쓴다.
- 책의 제목은 (『 』) 또는 (≪ ≫)로 표시하며, 외국서적의 경우 기호 없이 이탤릭체로만 표기한다.
- 번역서의 경우 저서의 이름 뒤에 번역자의 성명을 쓰는 것이 일반적이다.

- 편집자는 성명 뒤에 '편'혹은 'ed.'를 붙이고, 번역자는 성명 뒤에 '역' 혹은 '옮김', 'trans'를 붙인다. 이 역시 혼용해서는 안 된다. 위의 보기와 같이 모든 사항을 한글로 통일하는 것이 가장 일반적이다.

- 한 페이지를 인용할 경우 'p.' 두 페이지 이상인 경우 'pp.'를 쓴다. 위와 같이 '쪽'이라고 표기할 수도 있는데, 어떤 방법이 됐든 두 가지 방법을 혼용해서는 안 된다.

- 서지사항을 모두 표기하고 난 후에는 꼭 마침표를 찍어 준다.

※ 참고

한국 서적의 경우 출판지역을 적지 않는 경우가 더 많다. 대부분의 출판물이 서울에서 제작되기 때문이다. UCP식 표기법을 우리 실정에 맞게 변형해서 쓰는 경우에는 출판사 소재지가 생략되고, 출판 관련 정보들을 괄호로 묶지 않는 것이 일반적이다. 일반 논문이나 번역서 역시 출판사 소재지를 적지 않는 경우가 더 많다.

◆ 일반논문

주석번호) 저자, 「논저명」, 『논문집 명』 권호수, (발행처 소재지: 발행처, 출간연도), 인용면.

---

1) 이순신, 「한산대첩 연구」, 『왜란연구』 제3권, (서울: 병조학회, 1857), 236~238쪽.

- 여러 명의 저자가 참여하여 한 권의 책을 구성했을 경우, 위와 같은 방식을 활용하게 되는데, 보통은 학술 논문집이나 잡지 등의 서지사항을 기재할 때 주로 활용된다.

- 논문의 제목은 책의 제목과 달리 홑낫표(「」)로 표기하고, 논문집 명은 책의 제목과 준하는 겹낫표(『』)로 표시한다.

- 권, 호수는 제○권, 제○호로 표기하고, 잡지는 출간 연월까지 표시한다. 계간지일 경우에는 계절까지 표기하기도 한다.

- 학위논문의 경우 제목을 홑낫표(「」)로 표기하고, 기타 사항들은 단행본에 준하여 표기한다.

글쓰기 이론과 실제

◆ 약식으로 서지사항 표시하기

> 1) 이순신, 「한산대첩과 연구」, 『왜란연구』 제3권, (한양: 병조학회, 1957), 236~238쪽.
>
> 2) 같은 글, 190쪽.
>
> 3) 같은 글, 210쪽.
>
> 4) 홍길동, 『신분해방을 위하여』, (전주: 노피출판사, 2011), 201쪽.
>
> 5) 이순신, 앞의 글, 239쪽.
>
> 6) 홍길동, 앞의 글, 10쪽.

- 처음에는 서지사항이 모두 드러나도록 써야 하지만 같은 문헌이 뒤에서 다시 인용되는 경우 보기와 같이 서지사항을 약식으로 표기해야 한다.
- 각주 2)의 경우처럼 같은 문헌이 두 번 연속 인용될 경우 '같은 책(글)', 'Ibid.', '위의 책(글)', '상게서(上揭書)' 등으로 표기하게 된다. 대개의 경우 외국 서적은 'Ibid.'를 적은 후 쪽수를 표기하고, 그 외는 '같은 책(글)'을 많이 활용한다.
- 각주 5)와 6)의 경우처럼 동일한 저자의 글이지만 바로 앞에 다른 저자의 글이 있는 경우 '앞의 책(글)', 'op. cit.', '전게서(前揭書)'라고 쓴다. 이 역시 외국 서적일 경우에만 'op. cit.'를 쓰고 그 외에는 '앞의 책(글)'을 많이 활용한다. 이 경우에는 반드시 저자의 이름을 앞에 쓰고 인용 면수를 기입해야 한다.

나. 참고문헌 목록과 서지사항 표기

> 강호동, 『씨름 연구』, 서울: 나라출판, 2012.
>
> 김길동, 『노비 연구』, 익산: 하늘출판사, 2011.
>
> 이순신, 「한산대첩과 연구」, 『왜란연구』 제3권, 서울: 병조학회, 1957.
>
> 박지성, 『축구와 태클』, 맨체스터: 지성출판사, 2010.
>
> _____, 『축구의 역사』, 서울: 지성출판사, 2011.

홍길동, 『신분해방을 위하여』, 전주: 노비출판사, 2012.

Gadamer, H.G., Wabrbeit und Methode, Tübingen: J. C. B Mohr, 1986.

- 참고문헌은 우선 국내서, 동양서, 서양서로 구분하여 '가나다' 순, '알파벳' 순 등으로 나열한다.
- 경우에 따라서는 기초자료, 단행본, 논문, 기타자료로 구분하여 이를 다시 '가나다' 순, '알파벳' 순으로 배열한다.
- 인용번호와 인용면수는 표기하지 않고, 각주에서 출판사 정보를 표기할 때 활용한 괄호 ( ) 역시 사용하지 않는다.
- 필자의 이름이 반복되는 경우에는 처음에만 이름을 쓰고 두 번째 자료는 이름 대신 밑줄표를 이용하기도 하며 출간 시기가 빠른 것을 앞에 적는다. 외국 인명의 경우 성, 이름 순서로 기입한다.

연습문제 3

잘못된 각주를 찾아 바르게 고쳐보자.

1) 이순신, 「한산대첩과 연구」, 『왜란연구』 제3권, (한양: 병조학회, 1957), 236~238쪽.

2) 같은 책, p190.

3) 박지성, 『축구와 태클』, 지성출판: 맨체스터, 2010.

4) 홍길동, 『신분해방을 위하여』, (노비출판사: 전주, 2011), 201쪽.

5) 이순신, 앞의 책, 239쪽.

6) 홍길동, 앞의 책, 10쪽.

7) 홍길동, 「친자확인 연구」, 『생명학회』, 제 2권, (익산: 생명학회, 1999년), pp 123~125.

8) 같은 책.

9) 이순신, 같은 책.

10) 같은 책.

11) 이청용, 『축구와 사랑』, (초록출판사: 서울, 2005), pp210쪽.

12) 같은 책. 201쪽.

13) 이순신, 앞의 책, 120쪽.

4장 삶과 글쓰기

글쓰기 이론과 실제

2. 사회에서의 글쓰기

1) 이력서 쓰기

이력서란 취직을 위한 면접의 기회를 얻기 위해 회사나 기관 등 채용의 주체가 되는 조직에 제출하는 개인의 신상 정보, 학력, 경력 등을 시간 순으로 요약 혹은 나열한 문서이다. 이력서가 자신을 처음 알리는 문서이니만큼 간단명료하게 작성하되 구체적으로 자신의 기록, 즉 출신학교 및 학과, 자격증, 언어 능력, 수상 경력, 대내외적 활동 등 자신의 능력이나 장점을 돋보이게 할 수 있는 사항들을 일목요연하게 정리하여 작성한다.

이력서를 쓸 때에는 불필요한 정보를 걸러내고 회사와 직무에 어울리는 활동들을 간추려 정리할 필요가 있다. 성공한 이력서에는 통일된 3가지 키워드를 담고 있어야 하고, 그것으로 인해 한 마디 논평을 얻어야 한다는 말이 있다. 예를 들어, 인사 담당자가 홍보 분야 지원자의 이력서를 읽고 '해당 분야 인적 네트워크 형성, 공모전에서 홍보 분석 보고서 제출, 홍보팀 인턴 경험' 등의 활동을 기억하고, '이 지원자는 다른 것은 몰라도 홍보에 꽤 관심이 많았군.'하고 정리되는 한 마디가 있게 되면 성공한 이력서라는 것이다.

다음은 이력서 작성을 위한 몇 가지 원칙이다. 가장 기본적인 사항들이니 잘 숙지할 필요가 있다.

첫째, 과장됨이 없이 솔직하게 기술한다. 허위사실이나 과장된 내용을 기입해서는 안 된다. 면접이나 입사 후에라도 허위사실이 드러날 경우에는 난처한 상황이 발생할 수 있으므로 솔직하게 작성한다.

둘째, 국한문을 혼용하여 쓰면 이롭다. 요즘 이력서는 대부분 한글로 작성하는데, 간혹 국한문 혼용으로 작성된 이력서를 보면 새롭게 비칠 수 있다.

셋째, 가족 관계는 지원자를 기준으로 작성한다. 이력서에 쓰는 가족의 명칭은 '아버지(부,

父), 어머니(모, 母), 누나·언니(자, 姉), 여동생(매, 妹), 형·오빠(형, 兄), 남동생(제, 弟), 할머니(조모, 祖母), 할아버지(조부, 祖父), 부인(부, 婦), 남편(부, 夫), 자녀(자, 子)' 등으로 기재한다.

넷째, 특기 사항이나 상벌 사항은 빠짐없이 꼼꼼하게 기록한다. 이 부분은 자격증이나 면허증, 어학 능력으로 구분하여 작성하기도 한다. 국가 공인 자격증이 아니더라도 응시 기업의 업종에 부합하는 비공인 자격증을 취득하였을 경우 그 내용도 빠짐없이 정리하고, 이 때 반드시 취득일과 발령기관을 명기해야 한다. 상벌 사항은 교내외 행사나 대회 수상 경력이라도 지원 회사의 업종과 연관하여 뜻밖의 효과를 가져올 수도 있으므로 융통성 있게 기재하는 재치가 필요하다. 어학실력이 요구되는 요즈음에는 외국어 구사 능력을 매우 중시하므로, 외국어와 관련된 증명서나 수상경력이 있으면 강조하여 언급하는 것도 돋보이는 이력서가 되는 방법 중 하나이다.

글쓰기 이론과 실제

다섯째, 사회봉사 활동을 상세히 언급한다. 각종 사회봉사 활동 경험뿐만 아니라 동아리 활동들을 상세히 언급하는 것이 좋다.

여섯째, 사진은 자연스러운 모습을 담는다. 본인의 사진 이미지 수정 작업을 될 수 있으면 하지 않는 것이 좋다. 근엄하고 엄숙한 모습보다는 밝고 패기 있는 모습의 사진이 더 적절하다.

일곱째, 마무리 점검을 꼼꼼하게 한다. 오자·탈자가 없는지, 접히거나 더럽혀지지 않았는지 다시 한 번 확인한다. 본인이 연락받을 전화번호가 기재되어 있는지도 점검하여야 한다.

2) 자기소개서 쓰기

오늘날 우리 사회는 인재를 채용할 때 규격화된 업무 능력보다는 유연성 있는 맞춤형 업무 능력을 중시한다. 그렇기 때문에 지원자가 지닌 객관적 능력뿐만 아니라 인성, 적성, 세계관 등도 중요한 참고 자료가 된다. 따라서 이력서만으로는 평가를 위한 근거 자료가 부족할 수밖에 없다. 자기소개서를 통해서 이력서로는 알 수 없는 지원자만의 고유한 특성과 능력을 파악할 필요가 생긴 것이다.

이와 같은 상황을 역으로 생각해보면, 자기소개서 쓰기가 꼭 귀찮은 작업만은 아니라는 것을 알 수 있다. 기업에 적합한 나 자신만의 능력과 특성을 알릴 수 있는 좋은 기회가 될 수 있기 때문이다. 당연히 자기소개서를 쓸 때에는 지원하고자 하는 기업이 어떤 인물을 요구하는가를 알 필요가 있다. 기업의 특성, 기업 이념, 기업이 요구하는 업무의 성격 등을 조사, 분석하고 그 결과에 따라 이력서로는 표현할 수 없는, 자신만의 고유한 장점과 능력을 부각시켜야 한다. 그 러므로 원칙적으로 지원하고자 하는 기업에 따라 각기 다른 자기소개서를 제출해야 한다.

다음은 자기소개서와 관련된 신문기사이다. 이를 읽어보면 자기소개서를 쓸 때 주의해야 할 사항이 무엇인지 잘 알 수 있다.

"저는 1남 2녀의 장남으로 태어났습니다. 유복하지는 않지만 화목한 가정에서 자랐고, 엄한 아버지와 자상한 어머니의 가르침대로 살기 위해 노력했습니다. 어릴 때부터 귀사의 제품을 애용했으며, ○○학교를 졸업하고 □□대학교에서 △△과를 전공했습니다. 학창 시절에 줄곧 개근상을 탔고, 반장·부반장을 역임했습니다. 성격은 활달한 편으로 대인관계도 원만합니다. 취미는 독서와 음악 감상이고, 신조는 '하면 된다.'입니다. 부족한 점이 많지만 최선을 다하겠습니다."

기업의 인사 담당자들이 가장 진부하다고 느끼는 구절 20개를 이용해 만든 가상의 자기소개서이다. 인사 담당자들이 이런 글을 읽으면 지원자의 창의성이 부족하다고 여기거나 심지어 남의 자기소개서를 베낀 것 아니냐고 의심할 수도 있다. 엇비슷한 구절들이 자기소개서에 너무 자주 등장하기 때문이다. 물론 실제로 취미가 '독서'나 '음악 감상'인 사람도 많다. 이럴 때는 취미를 좀 더 구체적으로 표현하든지 혹은 그런 취미가 자신의 경쟁력과 어떤 관련이 있는지 등을 밝히는 것이 채용 담당자의 하품을 막을 수 있는 방법이다.

채용 포털 사이트 □□의 김○○ 사장은 "학창 시절과 특기, 성격, 지원 동기 등의 전반적인 내용은 기업과 직무에 맞춰 연관이 있도록 쓰되, 누구나 흔히 쓰는 진부한 어구는 자제해야 한다."며 "졸업학교, 가족사항, 출생지 등 이력서에도 나와 있는 내용을 굳이 자기소개서에 반복할 필요는 없다."고 덧붙였다.

▶▶▷ 중앙일보, 2005-02-13 기사 일부

기사에서 볼 수 있듯이, 자기소개서를 쓸 때 가장 주의할 점은 진부하고 상투적인 표현이다. 위 기사문을 읽어보면 자기소개서를 써야 할 사람들뿐만 아니라 읽어야 할 사람들이 어떤 상태에 처해 있는지를 알 수 있다. 써야 할 많은 사람들은 어떻게 써야 할지 몰라 답답해하며, 읽어야 할 인사 담당자들은 진부한 자기소개서에 진력이 나 있다. 결국은 자기소개서를 쓰는 사람이 진부함에서 벗어나야 그것을 읽는 사람도 지원자에 대해 열린 마음을 가질 수 있다.

인사 담당자에게 자기를 내세울 수 있는 자기소개서를 쓰기 위해서는 우선 '자기진단 노트'를 만드는 것이 중요하다. 숫자로 표현되는 자신의 자산, 직무 전문성을 대표할 수 있는 다양한 경험, 이들 경험으로부터 얻은 무형의 자산을 나열해 정리함으로써 자기소개서의 초안을 잡는다. 그리고 작성된 초안에 따라 각 항목별로 자신만의 색깔을 개성 있게 표현하면 된다. 자기소개서의 여러 항목 중 '지원동기'에 특히 공을 들이는 것이 효과적이다. 지원동기를 작성할 때에는 해당 기업의 업종이나 특성에 맞게 써야 하며, 지원하려는 기업의 경영이념, 창업정신 등과 연결시키면 좋은 점수를 얻을 수 있다. 또한 성장 과정에서 어려움을 극복한 내용을 언급하면 좋은 인상을 줄 수 있다. 구체적 일화를 들어 극복 내용을 흥미롭게 풀어낼 필요가 있다. 그리고 전반적으로 자신의 완벽함을 자랑하기보다는 적극적인 사고와 성실함, 원만한 품성 등이 드러날 수 있도록 작성하는 것이 효과적이다.

3) 기획서 쓰기

기획서는 제품이나 프로그램, 행사 등 조직에서 개발하고 추진할 일에 대해 기획 의도나 개요, 예산, 추진 일정 등 세부 계획을 기술한 문서를 말한다. 자신의 문제의식을 현실의 정보를 바탕으로 다듬고 정리하여 아이디어로 전개시키고, 이를 체계화하여 기획으로 구체화하고 기획서 초안을 만들며 나아가 기획서를 완성시키는 것은 사회에서 요구하는 글쓰기의 한 형태이다.

좋은 아이디어는 뛰어난 기획의 필수 조건이다. 좋은 아이디어가 특정한 사람들에게만 발생하는 것이 아니라고 말한다. 즉, 평소 다양한 채널로 업무와 관련된 정보를 수집하고 분류하며 정기적으로 그것을 점검하는 등 세심한 주의를 기울이면 누구나 번뜩이는 아이디어를 창출해

낼 수 있다. 물론 아이디어 자체가 기획이 될 수는 없다. 그것이 구체화되려면 좀 더 풍부해져야 하고 일정한 체계를 갖추어야 한다.

조직화된 체계를 만드는 능력이 바로 기획력이다. 기획력은 기존의 문제를 개선하고 새로운 가치를 창출하는 역량이다. 그러나 아무리 뛰어난 기획도 기획서로 구체화되지 못하면 그대로 묻혀버리게 된다. 기획서는 기획의 집행을 위한 유일한 설계도로서 기획의 실현 가능성과 유효성, 구체적인 내용이 설득력 있게 드러나기 때문이다.

기획 및 기획서 작성 능력은 타고나는 것이 아니라 부단한 노력에 의해 배양되는 것이다. 자신의 문제 의식을 다양한 정보를 바탕으로 정리하여 아이디어로 전개시키고 이를 체계화하여 기획으로 구체화하고 기획서 초안을 만들며 나아가 최종적으로 기획서를 완성하기까지의 프로세스는 누구나 훈련을 통해 체득할 수 있다.

기획의 실행은 다른 사람들과 함께 해야 하기 때문에 상당한 설득력을 갖추어야 한다. 남들에게 설명하고 설득하기 곤란한 기획은 아무리 훌륭하다고 하더라도 소용이 없다. 그런 점에서 좋은 기획서는 그 기획의 가치와 실현 가능성이 나타나고, 구체적이고 호소력 있게 작성된 것이다. 훌륭한 기획서 작성을 위해서는 핵심 방향을 점검하고, 비슷한 사례를 조사하며, 현장 조사와 수요 분석이 치밀하고 계획적으로 이루어져야 한다.

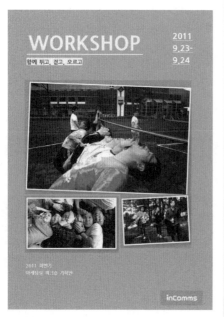

워크숍 기획안

부서명 : ○○○
이름 : ○○○
일자 : 2011년 ○월 ○○주차

1. 인원

순번	성명	순번	성명	순번	성명	순번	성명	순번	성명
1		8		15		22		29	
2		9		16		23		30	
3		10		17		24		31	
4		11		18		25		32	
5		12		19		26		33	
6		13		20		27		34	
7		14		21		28		35	

2. 장소

장소 : 해오름펜션(경기도 가평 소재)

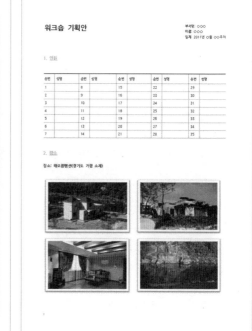

3. 일정

일자	시간	일정	비고

4. 프로그램

(1) 등반

(2) 체육대회

(3) 팀별 장기자랑

5. 예산

구분		금액	목록 / 수량
숙박비		0,000,000	○○○펜션
식사	조식	000,000	빵, 음료 00개
	중식	000,000	○○식당
	석식	000,000	○○고기
교통비		000,000	버스 1대
진행비		000,000	
기타비용 (도시락, 음료수, 주류 등)		0,000,000	기타
총 책정금액		00,000,000	

6. 결재라인

7. 기타

자신의 이력서를 아래 형식에 맞추어 써 보자.

이력서

◆ 기본 사항

	성 명	(한글) (한자)
	생년월일	
	전 화	자택: ( ) 휴대 전화 : ( )
	E - mail	
	주 소	

◆ 학력

학 교 명	기 간	졸업 여부	전 공	학점

◆ 어학 시험

시험명	등급	시행일시	시행기관

◆ OA 능력

문서작성 (한글/MS-Word)	스프레드시트 (Excel)	프리젠테이션 (Powerpoint)	인터넷 (정보검색/outlook)

◆ 주요 활동 및 사회 경험(학내 활동, 봉사 활동)

활동 기간	상세 활동	
	활동 유형	
	활동 기관	
	활동 내용	
	활동 유형	
	활동 기관	
	활동 내용	

◆ 자격증

자 격 증	발급 기관	취득 일시

◆ 수상내역/공모전

상 훈 명	수여 기관	수상 일시

◆ 해외 연수 및 해외 경험

활동 기간	상세 활동	
	국가명	
	기관/단체	
	목적	
	활동 내용	
	국가명	
	기관/단체	
	목적	
	활동 내용	

◆ 신상 정보

결혼 유무	취미	특기

◆ 가족 사항

성명	관계	연령	근무처	직위	거주지

나를 잘 표현할 수 있는 자기소개서를 써 보자.

자 기 소 개 서

성장과정

관심사항 및 사회활동(관련 업무경력 내용)

지원 동기 및 장래 비전

3. 디지털 시대의 글쓰기

1) 프레젠테이션

프레젠테이션(presentation)은 각종 멀티미디어 기기를 활용하여 자신의 아이디어를 다른 사람에게 전달하는 것을 말한다. 짧은 시간 안에 많은 정보를 전달할 수 있고, 쌍방향 소통이 가능하다는 측면에서 프레젠테이션은 각광을 받고 있다. 대학의 강의실에서도 개인 과제나 조별 발표 그리고 수업의 진행에 이르기까지 프레젠테이션을 활용하는 경우가 늘어나고 있다. 대부분의 프레젠테이션은 공개된 장소에서 특정한 대상에게 특정한 정보를 전달해야 한다는 측면에서 여러 사항들이 고려되어야 한다. 따라서 시간, 장소, 청중, 정보와 같은 변수들을 적절히 통제할 수 있는 방법들을 다각적으로 연구해야만 훌륭한 프레젠테이션이 될 수 있을 것이다. 아래 제시된 사항들은 프레젠테이션의 준비에서 발표에 이르는 기본적 사항에 관한 것으로 효과적인 의사전달을 위해 참고해 둘 필요가 있을 것이다.

(1) 전략 수립 및 자료수집

발표 주제가 정해지면 자료를 수집하고 이를 어떠한 형태로 배열할 것인가에 대해 고민해야 한다. 프레젠테이션은 일반 문서와 달리 시각효과를 기반으로 하기 때문에 자료의 수집 과정에서도 해당 자료가 시각적으로 적절히 구현될 수 있는지의 여부를 판단하는 것이 중요하다. 수치로 표현해야 할 자료들은 텍스트보다는 차트나 도표 또는 다이어그램으로 구현하는 것이 일반적이다. 이러한 점들을 참고하여 활용할 수 있는 자료들은 미리 가공해 두는 것이 유리하다.

전략 수립은 발표가 이루어지는 장소, 청중의 성향, 주제의 성격 등을 고려하여 가장 효과적인 전달방법에 대해 고민하는 과정이다. 발표 현장의 전체적인 분위기를 파악하지 못한다면 좋은 프레젠테이션이 될 수 없는 것은 당연하다. 발표의 내용이 청중에게 어느 정도의 수준으로 다가갈 것이진 미리 예측하여 난이도를 조절하거나, 청중의 주된 관심사가 무엇인지 파악하여 조금 더 흥미로운 프레젠테이션이 될 수 있도록 준비할 필요가 있다. 또한 발표 장소의 넓이와 음향 시설 등 환경적인 요인까지 고려해야 효과적인 프레젠테이션이 진행될 수 있다.

(2) 발표 자료 제작

전략수립과 자료수집이 완료되면 발표 자료 작성에 임할 수 있다. 이 과정에서 가장 중요한 것은 발표 내용의 체계성이다. 아무리 좋은 자료들을 망라해 놓고 있다고 해도 정보를 일목요연하게 배열해 놓지 못한다면 아무런 소용이 없을 것이다. 발표 자료 제작 과정에서는 청중이 프레젠테이션 전체를 하나의 드라마로 이해할 수 있도록 하는 것이 중요하다. 글쓰기 일반에서 '서론-본론-결론'이라는 체계를 내세우듯 발표 자료 역시 3단 구성으로 제작할 수 있을 것이다. 서론 부분에서는 자기소개 및 인사, 주제 제시, 발표 목차 등을 제시할 수 있다. 물론 청중과 발표자가 잘 아는 사람들이라면 자기소개나 인사 등은 생략될 수도 있을 것이다.

본론 부분에서는 주제의 성격에 따라 내용을 체계적으로 소개한다. 이때 중요한 것은 앞서 제시한 발표 목차에 따라 내용이 전개되어야 한다는 것이다. 글쓰기 일반에서 요구하는 장과 절의 개념을 여러 시각효과로 표현함으로써 청중이 쉽게 이해할 수 있도록 고려할 필요가 있다. 결론 부분에서는 전체 내용의 요약 및 결론, 보완사항, 끝인사 등으로 구성하는 것이 일반적이다. 내용의 요약과 결론을 발표의 마지막 부분에 제시하기도 하지만 내용이 복잡하고 어려운 경우 결론을 서론부분에 배치하는 것도 좋은 방법이다.

프레젠테이션 자료는 시각효과가 우선시 되는 것이 사실이지만 전반적인 내용은 텍스트로 구성된다. 간혹 텍스트를 화면 안에 가득 채워 제시하는 경우가 있는데, 한 화면에 지나치게 많은 양의 정보가 들어가게 되면 전달효과가 현저하게 떨어진다는 점을 고려해야 한다. 나열식 설명보다는 내용을 압축하여 간략히 서술하는 것이 좋고, 가능하다면 종결어미나 조사를 생략하여 간결하게 서술하는 방법을 택하는 것이 좋다. 한 화면에 많은 정보를 담기보다는 화면을 여러 페이지로 잘라 명료하게 드러내고, 화면의 구도는 모두 통일시키는 것 보다 조금씩 변화를 주는 것이 지루하지 않다. 사진과 도표만 계속 나온다든가, 텍스트로만 일관하는 것보다는 발표의 전개 과정을 고려하여 변화를 주는 것이 좋다.

프레젠테이션은 한 번으로 끝나는 경우가 많다. 또한 청중에게 별도의 인쇄물을 제공하지 않고 영상기기에 의존하는 것이 일반적이다. 따라서 프레젠테이션 제작 과정에서는 특히 자료의 정확성에 신경을 써야 한다. 인쇄물로 남지 않는다고 부정확한 자료를 제시하거나 저작권을 침해할 소지가 있는 자료를 제시하는 것은 곤란하다. 모든 프레젠테이션은 발표자와 청중의 신뢰를 기반으로 하고 있다는 점을 감안한다면 자료의 정확성과 윤리성은 특별히 신경 써야 할 부분이다.

(3) 시각 효과의 적절성과 리허설

자료 작성이 완료되면 전체적인 점검이 뒤따라야 한다. 이 단계에서는 자료의 체계적 배열을 위해 글꼴이나 색상 등 전반적인 디자인과 시각 효과가 적절하게 사용되었는지를 점검한다. 장과 절이 구분되는 내용이라면 각각 다른 시각 효과를 사용하여 청중의 이해를 도울 수 있을 것이다. 우리가 흔히 활용하고 있는 마이크로소프트사의 〈파워포인트〉 프로그램에 탑재되어 있는 다양한 시각효과를 숙지해 둔다면 유용할 것이다. 단 지나치게 현란하거나 화려한 시각효과를 사용하여 내용 이해에 방해가 되지 않도록 조심해야 한다.

전체적인 디자인과 내용이 청중의 성향에 맞는 것인지에 대해서도 충분히 고민할 필요가 있을 것이다. 이러한 점들을 체크하기 위해서는 충분한 리허설을 해두어야 한다. 간혹 자료 작성만으로 프레젠테이션 준비가 끝난 것으로 이해하는 사람들이 있다. 프레젠테이션이 현장에서 완성된다는 점을 고려한다면 리허설의 중요성은 여러 번 강조해도 부족함이 없다. 차분히 리허설을 해 나가며 시각효과와 발표가 잘 어우러지는지 점검하는 것으로 프레젠테이션 준비는 끝날 수 있다.

아래 제시된 글을 간단히 요약해보고 3~4컷 분량의 프레젠테이션 자료로 제작하여 발표해보자.

스마트폰 3000만대··· 'Smart Life' 현실로

상반기 국민 60% 보유

"이제 스마트기기 없으면 스마트 문맹 되는 세상"

올해 상반기 중 우리나라 국민 10명 가운데 6명인 3,000만명이 스마트폰을 사용하는 시대가 온다. 태블릿PC를 가진 사람도 연말에는 500만명을 넘을 것으로 전망된다. 스마트TV시장도 급성장하고 있다. 그야말로 스마트 기기가 없으면 스마트 문맹이 되는 세상이 도래했다. 최근 스마트 기기는 사람 목소리와 지문을 인식하는 것은 물론 건강·교육까지 챙겨주는 첨단제품으로 진화하고 있다. 스마트 기기가 일상생활을 지배하는 시대가 머지않은 셈이다.

24일 방송통신위원회에 따르면 국내 스마트폰 가입자는 올 상반기 중 3,000만명을 넘어설 것으로 예상된다. 전체 국민의 60%가 스마트폰을 사용하게 된다는 얘기다.

스마트폰 가입자 1,000만명이 모바일 시대의 개막을 의미했다면 2,000만명을 넘은 지난해는 대중화 시대, 3,000만명을 돌파할 올해 이후는 본격적인 스마트라이프 시대가 열리는 것이다. 스마트 기기로 무장한 젊은이들이 트위터 등 소셜네트워크서비스(SNS)로 의견을 봇물처럼 표출하며 기성 정치판을 뒤흔드는 것은 한 가지 사례일 뿐이다. 스마트 기기는 이미 경제 분야를 넘어 정치·사회·문화현상을 설명하는 아이콘이 됐다. 더 스마트해질 스마트 기기가 초래할 패러다임의 변화는 시간이 지날수록 가속화될 것으로 전망된다.

정태명 성균관대 정보통신공학부 교수는 "스마트폰 사용자가 전체 인구의 50%를 넘어서면 스마트 경제는 물론 다른 연관산업의 활성화에도 큰 도움이 된다"고 설명했다.

하지만 스마트 기기의 급속한 확산은 순기능 못지않게 역기능도 내고 있다. 개인의 사생활 침해와 일방적인 의사소통, 스마트폰 중독현상 등은 스마트라이프 시대의 그늘이다. 가정뿐 아니라 친구들 사이에서도 대화는 없이 스마트 기기만 들여다보는 경우를 보기란 어렵지 않다. 방통위 조사 결과 특별한 이유 없이 스마트 기기를 만지작거리는 이용자 비율이 67%에 달하는 등 스마트 중독 사례가 심각해지고 있다.

전문가들은 특히 스마트라이프 시대의 수혜가 한쪽으로 쏠리는 '스마트 디바이드(smart divide)' 현상을 우려하고 있다. IT업계 관계자는 "스마트폰 사용자와 비사용자 간 정보격차가 더욱 커지면 새로운 사회갈등을 불러올 수 있은 만큼 서둘러 대안을 마련해야 한다"고 지적했다.

▶▶▷ 서울경제 / 2012년1월24일자

5장

학문과 글쓰기

1. 인문학과 글쓰기

　인문학이란 무엇인가? 이 질문에 대한 대답은 의외로 간단하지 않다. 물론 범박하게 규정하면 인문학이란 인간의 정신·문화·역사에 대한 학문적 접근을 시도하는 영역이라고 할 수 있겠다. 인문학은 원래 고대 서양에서 3학으로 알려진 문법, 수사학, 논리학을 통칭하는 넓은 학제적 개념으로, 산술, 음악, 기하학, 천문학 등을 통칭하는 자연과학과 나란히 대학 교육의 핵심으로 자리매김하고 있었다. 그렇지만 오늘날에는 문학, 역사, 철학 등으로 대표되는 학문의 한 분과로 인문학을 이해하고 있다. 인문학은 인간의 삶 전반을 다루고 있다는 점에서 모든 학문의 근간을 이루고 있다고 해도 과언이 아니다.

　인문학의 영역을 단순히 문사철(文史哲)로 한정하는 것에는 한계가 있다. 심지어는 미학과 예술, 음악, 신학 등도 인문학의 분야에 포함되어야 한다는 견해도 있기 때문이다. 이러한 학제적 개념보다 중요한 것은 인문학적 사유와 인문학적 글쓰기를 위해서는 인간의 삶과 인간 삶의 조건에 관한 다양한 성찰이 전제되어야 한다는 점이다. 예로부터 사람을 가르치는 세 가지 학문으로 철학과 문학과 역사를 드는 것도 인간의 삶 속에서 인문학의 역할과 중요성을 부각시켜 준다.

　철학, 역사, 문학을 포괄하는 인문학적 글쓰기는 학술적인 글쓰기와 일상적인 글쓰기 그리고 예술적인 글쓰기의 영역을 넘나드는 가장 수준 높은 단계의 글쓰기라 할 수 있다. 그렇다고 지레 겁먹을 필요는 없다. 학문의 영역이 포괄적이고, 인간의 삶을 테마로 하고 있다는 점에서 인문학적 글쓰기는 그만큼 형식적 다양성이 인정되고, 글의 소재나 주제도 친숙한 것들일 가능성이 높기 때문이다. 물론 인문학의 영역을 세분화하고 나면 글쓰기의 성격은 더욱 복잡한 양상을 띨 것이다. 그러나 우리가 이 세상을 살아가며 누구나 생각해봄 직한 인간적 문제들에 관해 느긋하게 탐구해 가는 학문으로 인문학을 받아들인다면 부담은 다소 줄어들 수 있을 것이다.

　인문학적 글쓰기를 통해 우리가 역사나 철학에 관한 심오한 에세이를 남기고자 하는 것도 아니고, 사람들의 심금을 울리는 시나 소설을 쓰자는 것도 아니다. 우리 모두가 학자가 되고 시인이 된다면 세상은 한결 아름다워질 수 있을지도 모르지만, 모두가 그런 재능을 타고 난 것은 아니며 사실 그럴 필요도 없다. 그렇지만 인문학적 글쓰기에 대한 이해는 단순한 글쓰기 과정을 넘어 문학, 역사, 철학이라는 인문학 일반에 대한 이해를 도모할 수 있으며, 더 나아가서는 우리가 삶을 영위하고 있는 이 세계와 우리 자신을 진지하게 탐구해가는 과정이 될 수 있다.

인문학은 흔히 인간의 문화학이자 인간의 정신학이라고도 하며, 더 간단히 말해 인간학이라고도 한다. 이 말은 인문학이 궁극적으로 인간의 삶을 탐구한다는 뜻을 담고 있다. 따라서 인문학적 글쓰기를 위해서는 우선 삶의 다양성에 대한 관심과 이해가 필요하며, 이를 통해 삶의 궁극적 가치와 의미를 발견하도록 노력해야 한다. 인문학적 글쓰기를 통해 인간 삶에 대한 보편적 지혜와 구체적 양상의 조화에 대한 성찰을 모색할 수 있을 것이다.

각각의 글에서 시사하고 있는 문제를 기반으로 인문학적 글쓰기가 어떠한 형태로 이해될 수 있는지 살펴보도록 하자.

(가)

도대체 역사적 사실이란 무엇인가? 이것은 우리들이 좀 더 치밀하게 생각해 봐야 할 중대한 문제다. 상식적인 관점에 의하면 어떤 역사가에게나 동일한, 말하자면 역사의 뼈대가 되는 기초적 사실들이 있다는 것이다. 헤이스팅스 전투는 1066년에 있었다는 사실 같은 것이 그 일례라 하겠다. 그러나 이러한 관점에 대해서는 두 가지 고찰이 필요하다. 첫째로 역사가의 일차적 관심은 이러한 사실에 있지 않다. 큰 전투는 1066년에 일어났고 1065년이나 1067년에 일어나지 않았다는 것, 헤이스팅스에서 싸움이 벌어졌고 이스트본이나 브라이턴이 아니었음을 아는 것은 확실히 중요하다. 역사가는 이러한 점에서 잘못을 저질러서는 안 된다. 이러한 점이 강조될 때 나는 '정확은 의무이지 미덕은 아니다.'라고 한 하우스만(Alfred E. Housman)의 논평을 생각한다.

역사가를 정확하다고 해서 칭찬한다는 것은 잘 말린 목재를 썼다거나 잘 혼합된 콘크리트를 썼다고 해서 건축가를 칭찬하는 것이나 마찬가지이다. 그것은 그의 일의 필요조건이지 본질적 기능은 아닌 것이다. (…중략…) 우리들이 1066년에 헤이스팅스에서 전투가 벌어졌다는 것을 알려고 하는 유일한 이유는 역사가들이 그 전투를 주요한 역사적 대사건으로 본다는 것에 있다. 시저가 루비콘이라는 작은 강을 건넜다는 것이 역사적 사실이라는 것은 역사가들이 자기들의 이유에 따라 결정한 것이지 그 전에나 그 후에 수백만의 다른 사람들이 루비콘 강을 건넜다는 일에 대해서는 아무나 관심을 두지 않는다.

여러분이 반시간 전에 걸어서, 혹은 자전거나 자동차를 타고 이 건물에 도착했다는 사실도 시저가 루비콘강을 건넜다는 사실과 꼭 마찬가지로 과거에 관한 사실임에는 틀림없다. 그러나 역사가들은 아마도 이를 무시해 버릴 것이다. (…중략…) 역사란 불가피하게 선택적이게 마련이다. 역사가의 해석으로부터 독립하여 객관적으로 존립하는 역사적 사실이라는 굳은 핵(核)을 믿는다는 것은 전후가 전도된 오류다. 그러나 이러한 오류를 근절한다는 것 매우 어려운 일이다.

▶▶▷ E. H. 카, 「역사와 사실」, 이기백, 차하순 편, 『역사란 무엇인가』, 문학과지성사, 1985

(나)

철학의 근본적 의도는 모든 것의 근본적이며 총체적 투명성 즉 가장 확실한 진리추구에 있다. 철학의 본질은 모든 것에 대한 경험, 신념, 주장에 대한 비판적인 '반성적 사유'이다. 철학에서 반성적 사유의 대상은 자기 자신까지도 포함한다. 모든 활동이 다 같이 일종의 반성적 사유를 동반하지만 자기 자신까지를 그 속에 포함하는 활동은 철학뿐이다. 가령 과학이나 예술이 "과학이란 무엇이냐", "예술이란 무엇인가"를 묻는 순간 과학과 예술은 철학으로 변신한다.

엄밀히 따지고 보면 세계는 한없이 혼란스럽고, 우리가 사용하는 언어의 의미는 불투명하며, 우리의 신념과 주장은 조리에 맞지 않고, 우리의 행동은 일관성이 없다. 철학적 충동은 이러한 혼탁과 혼동으로부터의 해방이며, 철학이 추구하는 것은 세계, 인간에 대한 철두철미하게 투명한 진리 즉 '궁극적이고 총괄적 진리'이다. 철학적 진리 즉 세계와 인간에 대한 투명하고 참된 인식은 언어적 차원에서 그 의미의 해명 즉 '개념 정리'를 초점으로 이루어진다. 반성은 필연적으로 관념적 활동이며, 관념은 반드시 개념적이고, 개념은 불가피하게 언어적이기 때문이다. 이런 철학적 반성은 세밀하고 엄정한 논리적 분석과 종합적 사유를 요청한다. 철학이 난해해지는 것은 이 때문이다. 깊은 진리는 그만큼의 대가를 요구한다.

▶▶▷ 박이문, 『사유의 열쇠』, 산처럼, 2005

(가)는 인문학의 한 분과인 역사 영역에서 글쓰기가 어떻게 이루어지는지를 잘 드러내고 있다. 간단하게 말하자면 역사적 글쓰기는 과거의 사실을 기록하는 것이라 할 수 있을 것이다. "시저가 루비콘강을 건넜다"라고 쓰면 역사적 진술이 될 수 있다. 그러나 과거에 대한 모든 쓰기가 역사적 진술이 될 수는 없다. 인용문에서 밝히고 있는 것처럼 루비콘 강을 건넌 사람들은 시저뿐이 아니다. 시저 이전과 이후에도 무수히 많은 사람들이 그 강을 건넜다. 그러나 시저가 그 강을 건넜다는 '사실'에 대한 기록만이 역사가 될 수 있다. 우리가 버스를 타고 학교에 와서 강의실에 앉았다는 사실에 대한 기록이 역사가 될 수 없는 것은, 그 사실이 선택되지 않았기 때문이다. 이처럼 역사적 글쓰기는 역사관에 의한 '선택' 또는 '해석'이 전제되어야 한다.

역사적 진술이라는 것이 한 개인의 주관(역사가의 주관)에 의해 선택된 정보의 나열에 불과하다면, 이것이 아무리 사실을 기반으로 하고 있는 것이라 할지라도 소설과 다를 수 없지 않은가 하는 의문이 생긴다. 실제로 역사적 사실을 기반으로 하는 소설작품들을 우리는 흔히 발견할 수 있기도 하다. 역사적 글쓰기는 필연적으로 역사적 사실을 검증하는 과학적 작업이 전제되어 있다는 점에서 문학적 글쓰기와 구분된다. "정확은 의무이지 미덕은 아니다"라는 진술은 언뜻 역사적 사실에 대한 중요성을 간과하고 있는 것처럼 보인다. 그러나 정확성이 '의무'라는 진술은 역사적 글쓰기가 '사실'을 토대로 하고 있다는 점을 여실히 드러내고 있기도 하다. 다시 말해, 역사적 글쓰기는 객관적 사실에 충실해야 하지만, 그 사실을 고정 불변하는 것으로 받아들인다면 더 이상 발전적인 글쓰기는 기대할 수 없다는 것이다.

철학은 앎에 관한 학문이다. 그리고 철학적 글쓰기는 이러한 앎을 축적해 가기 위한 실천적 행위이다. 간혹 철학의 영역에서 아는 것과 글쓰기는 동일한 의미로 받아들여지기도 한다. 이는 인용문을 통해 잘 드러나고 있다. 철학적 충동은 혼탁과 혼동으로부터의 해방이며, '궁극적이고 총괄적인 진리'의 추구에서 비롯된다. 그리고 이러한 궁극적이고 총괄적인 진리, 즉 세계와 인간에 대한 참된 인식은 언어적 차원에서 그 의미의 해명, 즉 '개념 정리'를 초점으로 이루어지는 것이다.

(나)에서 밝히고 있는 것처럼 철학적 글쓰기는 세밀하고 엄정한 논리적 분석과 종합적 사유를 전제로 한다. 이것은 역사나 문학 영역의 글쓰기에서처럼 과거에 있었던 일을 객관적으로 전달하려는 목적을 지니고 있는 것도 아니고, 허구의 세계를 통해 인간의 삶의 궁극적 양상을

드러내는 것과도 구분된다. 철학적 글쓰기는 '논리'와 '개념'을 근거로 하고 있으며, 이는 불가피하게 언어를 매개로 하고 있다는 점에서 정확하고 명징한 언어 구사를 요청한다.

　인용문에서 밝히고 있는 철학의 문제와 철학적 글쓰기의 양상은 영국의 저명한 철학자 비트겐슈타인을 위시한 논리실증주의의 견해를 전제로 하고 있다는 점에서 우리에게는 다소 추상적이고 어렵게 다가올 수 있다. 그러나 철학의 다른 여러 분과들 역시 인간과 인간을 둘러싸고 있는 이 세계에 대한 앎의 문제를 다루고 있다는 점에서, 철학적 글쓰기가 논리적 명징성과 객관성을 근간으로 하고 있다는 사실은 변하지 않을 것이다.

　'스니커'라는 명칭은 정확하지 않다. 스니커(SNEAKER)는 '비열한 사람'을 말한다. 사실은 스니커즈(SNEAKERS)다. 하지만, 그런 것은 아무래도 괜찮다.

　스니크(SNEAK)는 '살금살금 걷는다'는 뜻이다. 분명히 스니커를 신으면 살금살금 걸을 수가 있다. 틀림없이 처음으로 스니커를 발명한 사람은 친구나 가족에게 수없이 싫은 소리를 들었을 것이다.

　"뭐, 뭐야, 자넨가? 뒤에서 살금살금 걸어오니까 깜짝 놀랐잖아"라든지, "당신, 앞으로 그 새 신발 좀 신고 다니지 마세요. 깜짝 놀라서 접시를 세 개나 깨먹었다구요"라고 말이다.

　하지만, 스니커를 발명한 이는 여간 재미있는 사람이 아니었을 것이라고 생각된다. 여러 가지로 장난을 쳤을지도 모른다. 그러한 광경을 상상해 보면 상당히 재미있다.

　자세히 조사해 보니까, 스니커는 1872년에 보스턴에 사는 제임스 P.브래들리라고 하는 마구상 주인에 의해서 발명되었다고 한다. 브래들리 씨의 사람 됨됨이에 대해서는 자세한 기록이 없는 것 같다. 부인이 접시를 깨트리거나 친구에게 핀잔을 받았다고 하는 기록도 없다. 에디슨이나 라이트 형제에 대한 전기는 상세하게 남아 있는데, 스니커를 발명한 사람이 이렇게 낮게 평가받고 있는 것은 불공평하다고 나는 생각한다.

　그러나 그건 그렇다 치고, 이 브래들리 씨는 상당히 특이한 인물이었던 것 같다. 그는 처음에 고무 말발굽을 발명해서 시 당국에 13달러의 벌금을 물었다. 고무 말발굽을 붙인 말이 살금살금 거리를 지나가다가, 앞서가는 노부인의 목덜미를 널름 핥았기 때문이다. 노부인은 졸도하고, 브래들리 씨는 경찰에 연행되어가서 벌금형을 받고, 고무 말발굽은 폐기되었다.

그러나 브래들리 씨는 단념하지 않고 고무 말밥굽의 연구를 계속했고, 그것은 드디어 실험적으로 인디언 토벌군에게 채용되게 되었다. 1868년의 일이다. 소리를 내지 않고 기병대가 인디언의 배후로 잠입해 들어가기 위한 것이었으나, 그 성과는 그다지 바람직하지 않았던 것 같다. 보스턴의 노부인과 수족의 전사는 역시 사정이 달랐던 것이다. 그리고 1872년에 브래들리 씨는 "말발굽에 고무 밑창을 댈 수 있다면, 인간의 신발 밑바닥에 고무를 갖다 대도 괜찮지 않겠는가?" 하는 코페르니쿠스적, 오카모토 다로적 전환을 이룩했다. 그리고 거기에서 '브래들리식 고무 밑창 신발'이 탄생한 것이다.

'브래들리식 고무 밑창 신발'은 어느 사이엔가 스니커즈라고 불리게 되었다. 이러한 악의에 찬 이름이 붙여진 것을 보면, 보수적이고 온건한 보스턴의 시민들은 브래들리 씨와 그 발명품에 대해서 상당히 짜증스러워 했던 모양이다.

그런데 세월은 흘러 1982년이 되었다. 나는 스니커를 대단히 좋아한다. 1년 중 350일은 스니커를 신고 생활하도 있다. 텍 슈즈, 로켓, 바스켓볼 모델이나 빨간색, 파란색, 흰색 스니커나, 콤파스, 케즈 등 여러 가지 스니커를 가지고 있다. 스니커를 신고 거리를 걷다 보면, 나이를 먹는 것 따위는 조금도 두렵지 않은 것 같은 느낌이 들게 된다.

때때로 어떤 사람이 스니커를 발명했을까 하고 생각한다. 여러 가지를 생각한 끝에, 앞에서 말한 것과 같은 거짓말을 생각해 냈다. 전부 거짓말이다. 정말 미안하다.

▶▶▷ 무라카미 하루키, 김진욱 옮김, 「마이 스니커 스토리」, 『그러나 즐겁게 살고 싶다』, 문학사상사, 1996

이 글은 과거에 일어난 사건에 대한 진술이 대부분을 차지하고 있다. 그러나 우리는 이 글이 역사적 글쓰기 작업을 통해 탄생한 텍스트가 아니라는 것을 단박에 알 수 있다. 글의 말미에 모든 진술이 거짓임이 드러나 있기 때문이다. 이 글은 '브래들리'라는 허구의 인물을 통해 스니커즈라는 신발의 기원에 관해 쓰고 있다. 사실에 근거하고 있지 않으므로 이 글은 허구에 근간을 두고 있는 문학작품일 것이다.

인용문은 역사기술 양식을 빌려 쓴 하나의 픽션이라는 점에서 흥미로운 면이 있다. 문학은 이처럼 다양한 쓰기의 형식을 덮어 쓰고, 즉 수단과 방법을 가리지 않고 '허구'를 생산하는 데 주력하는 장르이다. 사실이 아닌 거짓을 말하는 글쓰기가 어떤 가치를 가질 수 있을까? 아리스토텔레스는 2천 년 전에 이미 '허구'의 위력을 간파한 인물이다.

역사가와 시인의 차이점은 운문을 쓰느냐 아니면 산문을 쓰느냐 하는 점에 있는 것이 아니라, 한 사람은 실제로 일어난 일을 이야기하고 다른 사람은 일어날 수 있는 일을 이야기 한다는 점에 있다. 따라서 시는 역사보다 더 철학적이고 중요하다. 왜냐하면 시는 보편적인 것을 말하는 경향이 더 강하고, 역사는 개별적인 것을 말하기 때문이다. '보편적인 것을 말한다'함은 다시 말해 이러이러한 성질의 인간은 개연적으로 또는 필연적으로 이러이러한 것을 말하거나 행하게 될 것이고 말하는 것을 의미한다.

▶▶▷ 아리스토텔레스, 천병희 옮김, 『시학』, 문예출판사, 2006

인간 삶의 보편적 국면을 드러내기 위한 허구들은 역사적 사실보다 더 많은 것을 말할 수 있다는 것이 아리스토텔레스의 생각이다. 문학이 역사, 철학과 함께 인문학의 핵심적인 위치에 놓이는 것은, 문학작품을 통해서 인간의 실존적 경험을 새롭게 인식하고 이를 통해서 인간에 대한 깊이 있는 이해를 도모할 수 있다는 점 때문일 것이다. 문학적 글쓰기는 이렇듯 인간에 대한 이해를 통해 올바른 사고력과 풍부한 감수성, 그리고 정확한 글쓰기를 배울 수 있게 한다는 데 큰 의미가 있다.

시, 소설, 희곡, 비평 등 문학의 세부 장르별로 다양한 문학적 글쓰기가 전개될 수 있다. 그러나 문학의 본질적인 목표가 인간 삶의 보편적 모습을 드러내는 것이라는 점에서 문학적 글쓰기의 목표는 어쩌면 모두 동일할 것이다. 즉 문학적 글쓰기는 누구나 믿을 수 있는 그럴듯한 허구를 통해 우리의 삶의 이면을 진솔하게 드러내는 것이다.

이상으로 인문학의 각 영역을 대표하는 글쓰기의 특징에 대해 간략히 살펴보았다. 각 영역이 견지하는 글쓰기의 개별적 특징들은 분명히 존재한다. 그리고 이들 영역의 하위 분과까지 고려한다면 글쓰기의 형태는 더욱 다양한 모습으로 드러날 것이다. 그러나 인문학적 글쓰기가 각 분과별로 명확하게 구분되는 것만은 아니다. 우리는 가끔 철학적 진리를 전달하기 위해 문학적 글쓰기 양식을 빌리는 경우를 목격한다. 또 어떤 경우에는 문학작품에 역사적 글쓰기나 철학적 글쓰기의 양식이 동원되는 경우도 발견할 수 있다. 이러한 점들로 미루어볼 때 어쩌면 제반 인문학 영역의 개별적인 글쓰기 특징들이 종합적으로 고려된 글쓰기로서 인문학적 글쓰기의 궁극적인 방향이 제시될 수도 있다.

1) 과거에는 역사적 사실로 받아들여졌던 것이 오늘날에는 역사적 사실로 받아들여지지 않는 사례를 찾아보고 그 이유에 대해 간략히 서술해 보자.

2) 무라카미 하루키의 「마이 스니커 스토리」의 형식을 빌려 누구나 믿을 수 있는 거짓말을 기술해 보자.

3) '인생 철학'이라는 말이 있다. 왜 '인생'과 '철학'을 연결시키는지 생각해보고, 각자 자신의 '인생 철학'은 무엇이며 왜 그런지 말해 보자.

4) 스포츠를 인생에 비유하는 사례가 있다. 가령 '야구 경기를 보면 인생을 알 수 있다'는 말도 있다. 이처럼 각자 자신이 좋아하는 스포츠를 인생에 비유해 보고 그 이유를 설득력 있게 제시해 보자.

2. 사회과학과 글쓰기

사회과학은 과학의 한 분야로서 사회현상을 연구 대상으로 삼는 학문이다. 사회과학은 대체로 정치학, 사회학, 경제학, 법학 등을 주로 다루면서, 이들 여러 학문들 사이의 관계를 분석하고 종합한다. 오늘날의 사회과학은 여타 인문학이나 자연과학과의 특별한 경계가 있는 것은 아니다. 다만, 인위적·창조적 요소를 내재하고 있다는 점에서 그 차이를 인정받을 수 있다. 19세기에 들어와 근대적 제도방식에 따라 형이상학적인 분석방법을 탈피한 점을 고려한다면, 오늘날의 사회과학은 어느 정도의 합법칙성과 창의성을 동시에 내포하고 있는 셈이다.

사회과학의 목표가 미래에 대한 예측 가능성과 사회 현상에 대한 다양한 법칙을 발견하는 것에서 출발한다면, 사회과학적 글쓰기 또한 그에 상응하는 기본 요건이 존재할 것이다. 그 요건은 다음과 같다.

첫째는 독창성이다. 사회과학적 글쓰기에서의 독창성은 자료나 연구방식 혹은 글을 쓰는 이의 새로운 주장, 그리고 창의적인 사고에 의해서 가능해진다. 예를 들어, '아메리카를 최초로 발견한 사람은 누구인가?'라는 질문에 상당수의 사람은 '크리스토퍼 콜럼버스'라고 대답할 것이다. 그러나 누군가 '아메리카 원주민'이라고 말한다면, 그 주장은 충분한 독창성을 확보한 셈이다. 둘째는 객관성을 들 수 있다. 객관성은 주관을 객관화하는 능력과 그 수준을 의미한다. 앞에서 예로 든 '아메리카에 대한 주관적인 대답'을 다양한 자료나 분석을 통해 객관적이고도 합리적으로 증명해 낼 수 있다면, 이 단계에서의 요건은 어느 정도 갖춰진 셈이다. 셋째는 검증성이다. 글쓴이의 주장과 핵심적인 문제 제기의 사실 여부를 판별할 수 있는 능력을 말한다. 모든 글은 강자의 편에서 쓰이게 마련이다. 인류의 역사가 서양 중심으로 기술된 점을 참작한다면 모든 역사적인 글은 어느 정도의 오류를 잠재하고 있는 것이다. 따라서, 자신이 주장하고자 하는 바가 어떤 근본적인 오류에 빠져 있지는 않은지 여러모로 살펴볼 필요가 있다. 끝으로 정확성이다. 자료의 출처와 인용, 어휘의 개념과 지시성, 문장의 표현과 명확성이 분명하게 제시되지 않는다면, 앞에서 언급한 세 요소가 아무리 뛰어나다 할지라도 그 가치는 인정받을 수 없을 것이다.

그렇다고 사회과학적 글쓰기의 방법이 앞에서 언급한 네 가지 요건에 무조건 들어맞아야 한다는 것은 아니다. 현실세계에서는 경험적 현상이 그것을 발생시키는 실재를 은폐하거나 왜곡하는 경우가 많기 때문이다. 오히려 문학적 글쓰기의 형태에 맞춰, 자신의 경험적 자료들과 그 자료들에 은폐되는 실재를 전환해 연결 짓는 것이 더 적합할 때도 있기 때문이다. 그러므로 특정 형식의 규준에 무조건 따르기보다는 자신이 터득하고 체계화한 지식을 글을 읽는 독자가 최대한 공유할 수 있도록 표현하는 데 주력할 필요가 있다.

다음에 제시된 인용문들은 자신의 경험을 활용하여 사회현상을 잘 설명하고 있다. 이 글들에서 알 수 있는 글쓰기의 특징을 찾아보고, 사회과학적 글쓰기의 가능성에 대해 이야기해 보도록 하자.

> P대리가 택시 기사인 그의 아버지에 대해 얘기했다. 부쩍 건강이 나빠진 당신에게 아무리 병원에 가자고 해도 '내 몸은 내가 제일 잘 안다'라며 몇 년째 진통제로 때우신다고 한다. 그는 제 아버지가 '판피린 중독'이라고 말했으며 나는 그 말을 들으면서 마음이 아팠다.
>
> P대리의 말이 생각나 밤에 집에 와서 슬쩍 엄마, 아버지 주무시는 큰 방에 들어가 보니 엄마, 아버지 베개 옆에도 판피린, 펜잘 따위 진통제가 널려 있다. 나는 한 번도 이걸 눈치 채지 못했다. 아마 나의 부모님도 오래된 지병들을 판피린과 펜잘로 하루하루 견뎌내고 있었을 것이다. 판피린과 펜잘이 이렇게 슬퍼 보인 적이 없었다. 아마도 우리 부모님 세대가 대부분 진통제 중독 세대일 것이다. 대한민국의 조잡한 근대화를 통과하면서 고된 육체노동과 기계 앞에서 느끼는 소외감과 인간적인 고독을, 판피린과 펜잘로 이겨온 사람들.
>
> 그러니까 결국 자본주의는 진통제 체제이다. 병을 없애는 게 아니라 병을 잠깐 망각하는 체제. 병의 원인을 찾지 않고 밖으로 드러난 징후들만 그때그때 극복하는 체제. 사람들이 진통제를 먹지 않으면 견딜 수 없는 체제. 나는 자본주의가 싫고, 이 고독한 지옥의 사무 노동이 싫다.
>
> ▶▶▷ 김준, 『소심한 김대리 직딩일기』, 철수와영희, 2007

글쓰기에서 실제 경험만큼 중요한 자산은 없다는 말이 있다. 이 말은 제아무리 치밀한 논리와 현란한 수사를 동원해서 쓴 글이라 할지라도 글쓴이의 체험담이 가진 감화력에 비할 바는 못 된다는 뜻을 담고 있다. 경험이 뒷받침되지 않은 '논리'와 '수사'는 자칫 말장난으로 치부될 수 있음을 경계하고 있기도 하다

실제 경험이 이처럼 글쓰기에서 중요한 자산이기는 하지만, 어떤 경험을 하느냐보다 더 중요한 것이 있다. 글쓰기의 성패는 어떤 경험인가보다 그 경험을 어떻게 해석하는가에 달려 있다.

인용문은 '판피린'에 얽힌 사소한 경험을 통해 '자본주의 체제'의 본질에 대한 통찰을 이끌어낸다. 우선 경험과 개념을 연결하여 서술하고 있다는 점에서 사회과학적 글쓰기의 기본 유형을 살펴볼 수 있다. 문제는 '경험을 통해 개념(본질)을 드러낼 것인가' 아니면 '개념(본질)으로부터 경험으로 나아갈 것인가'라는 점일 것이다. 사회과학적 훈련이 충분히 되어 있는 사람이라면 '개념으로부터 경험으로' 서술하는 것이 보다 효율적일 수 있겠지만, 그 반대의 경우라면 독자에게 비교적 친숙한 '경험으로부터 개념으로'의 방식이 쉬울 것이다. 이 글 또한 경험에서 개념으로의 방식을 통해 독자가 최대한 공감할 수 있도록 글의 구조를 설정해 놓고 있다.

물론, 이러한 방식이 사회과학적 글쓰기의 모든 경우를 대변하지는 않는다. 글을 쓰는 의도와 글을 읽는 독자의 수준에 따라 글의 내용과 전달 방법은 그에 맞게 모색되어야 하기 때문이다. 자신이 전달하고자 하는 주요 개념이 무엇인지, 그 조건을 수용하는 대상이 무엇인지를 충분히 고려하고 숙지한다면 보다 독자의 흥미를 끌 수 있는 글을 쓸 수 있을 것이다.

벤담의 파놉티콘은 푸코에 의해 현대 사회의 규율 메커니즘으로 탈바꿈했고, 푸코의 파놉티콘은 정보 파놉티콘과 전자 파놉티콘, 수퍼 파놉티콘으로 이어졌다. 그렇지만 우리는 19세기 이후 사회의 파놉티콘화와 더불어 의회, 언론, 시민운동과 같은 시놉티콘이 동시에 발전했으며, 정보 파놉티콘과 전자 파놉티콘은 권력을 감시하는 역파놉티콘으로 기능할 수도 있음을 살펴보았다. '감옥이 없다면 우리 사회가 바로 감옥이라는 사실을 금방 알았을 것'이라는 프랑스 작가 모리스 블랑쇼(Maurice Blanchot)의 말이나 '현대사회=감옥'이라는 등식은 현대 사회와 조직에서의 통제 메커니즘을 설명하는 데에는 한계가 있다. 지금까지 우리가 보았듯이 전자 파놉티콘이나 정보 파놉티콘

이라는 개념들은 감시의 범위가 넓어졌다는 사실과 감시를 수행하는 중앙 권력이 분산된 것을 잘 설명하지는 못한다는 사실을 차지하고라도 다음과 같은 중요한 인식들을 충분히 담아내지 못하고 있다. 작업장에서의 감시에서 시선보다 정보 수집이 더 중요해진 과정, 이것이 자본주의의 소비주의와 결합하면서 소비자 정보를 수집하는 메커니즘이 발달한 과정, 그리고 이러한 정보 수집이 종종 피감시자의 자발적인 행위와 협조를 통해 일어난다는 것, 특히 인터넷 같은 쌍방향 네트워크나 정보 공개가 투명해질 경우 보통 사람들이 권력자를 감시하는 것과 같은 역파놉티콘과 같은 결과를 낳을 수도 있다는 것이 그것이다. 그렇지만 역파놉티콘은 자동적으로 이루어지지 않음을 인식하는 것이 중요하다. 시민운동과 다양한 NGO들에 의한 행정 및 사법 권력에 대한 감시, 대기업의 횡포와 통신·인터넷 기업의 개인 정보 유출에 대한 감시, 의정과 언론에 대한 감시, 시민운동의 또 다른 권력화에 대한 끊임없는 성찰과 자기 감시, 인터넷과 같은 새로운 미디어의 통제에 대한 반대운동, 정보의 수집을 제한하는 강력한 프라이버시법의 입법화, 그리고 역감시를 위한 정보 공개권의 확보 등이 결합할 때에 역파놉티콘이 제 기능을 발휘할 것이다.

▶▶▷ 홍성욱, 『파놉티콘 : 정보사회 정보감옥』, 책세상, 2007

글쓰기 이론과 실제

사회과학적 글쓰기는 다양한 탐구활동과 사고활동을 통해 자신이 획득한 지식을 전달하는 작업이다. 다시 말해, 자신이 분석한 정보를 하나의 용어로 제시하고 서술하는 작업이라 할 수 있다. 그러기 위해서는 자신이 서술하고자 하는 대상에 대한 분명한 개념 설정과 용어 선택이 우선되어야 한다. 그런 다음 글을 쓰는 과정에서 발생하는 수많은 가설 속에서 자신이 생각한 가장 타당한 가설 하나를 고른 후 자신의 주장에 적합한 용어를 사용해야 한다.

글을 쓰는 사람은 대상에 대한 정확하고 분명한 개념정리를 선행해야 한다. 그렇지 않으면 깊이 있고 심도 있는 내용의 글을 기대하기는 사실상 어렵다. 인용문은 핵심적인 개념 하나를 글 전체의 사례에 적용하고 있는 좋은 예다. 이 글의 핵심개념은 '역파놉티콘'이다. 역파놉티콘은 파놉티콘과 반대되는 개념으로 권력을 갖지 못한 개인과 시민단체 또는 그룹이 정보 파놉티콘과 전자 파놉티콘을 이용하여 권력을 감시하는 기능을 하는 것을 뜻한다. 파놉티콘의 뜻이 권력주체가 개인과 사회의 통제기능을 행하는 것이라면, 이 글은 상반된 개념을 통해 자신의 주장을 보다 분명하게 드러내고 있다.

모든 글을 개념화하기란 사실 어려운 측면이 있기도 하다. 더군다나 글쓴이의 경험을 인과적인 지식의 체계로 확립하는 데에도 한계가 있다. 글을 쓰는 사람은 수많은 자료 사이에서 끊임없이 고민하고 사유해야 하는 번거로움 속에 늘 노출되어 있기 때문이다. 그러나 이는 하나의 기우에 불과하다. 이러한 반복적인 과정을 통해 글을 쓰는 사람은 자신만의 개성적인 글의 구조를 습득하기 때문이다. 이후, 대상에 대한 사유가 나름대로 정리되면 글을 쓰기 위한 자료들과 그것을 가장 적절하게 설명하는 개념을 연결하여 서술하는 것은 어쩌면 비교적 쉬운 작업이 될지도 모른다.

지금까지 사회과학적 글쓰기의 방법에 대해 간략히 살펴보았다. 앞에서 언급하고 있는 글쓰기의 방법들은 사회과학적 글쓰기의 다양한 예 중 일부에 불과할 것이다. 무엇보다 중요한 점은 체계적인 사회과학적 글쓰기의 수준에 도달하려면 자신의 주장을 명확하게 정리하고 체계화하는 태도를 가져야 한다는 것이다. 사회 현상을 최대한 개념화하면서 분석하고 종합할 줄 안다면, 사회과학에서 요구하는 글쓰기의 기본과정을 나름의 방식으로 터득할 수 있을 것이다.

글쓰기 이론과 실제

1) 다음 인용문을 읽고, 핵심 개념을 찾아 이야기 해보자. 그 핵심 개념에 다른 사례를 적용하여 한 편의 글을 완성하여 보자.

게오르크 짐멜은 화폐에 대한 믿음이 신에 대한 믿음과 유사하다며, 편안함을 누리기 위해 화폐를 격렬하게 추구하는 것은 영혼의 평안을 위해 신에게 헌신하는 태도와 닮았다고 했다. "화폐에 대해 성직자들이 종종 적대감을 보이는 이유는 화폐에 대한 심리적 태도와 신에 대한 심리적 태도가 유사하기 때문이다." 성직자들은 화폐에서 만족을 찾으려는 사람들의 태도가 교회에서 구원을 얻어야 할 심리적 필요를 감소시킬지 모른다고 생각했다. 오늘날 화폐의 지위를 가장 잘 나타내는 말은 무엇일까. 짐멜은 이렇게 말했다. "화폐는 세계의 세속적 신이다."

화폐에서 종교적 냄새를 맡은 것은 학자들만이 아니었다. 1972년 서독의 재무부 장관 헬무트 슈미트는 당시 금본위제의 붕괴에 대해 아주 흥미로운 말을 했다. "화폐신학을 둘러싼 종교전쟁의 시대가 끝났다." 화폐신학과 종교전쟁, 그 역시 화폐를 신학의 문제로 바라보았던 것이다. 하지만 그는 금본위제의 붕괴로 그런 것이 끝났다고 했다. 화폐가 금을 더 이상 신앙의 근간으로 삼지 않게 되었다는 것이다. 그는 화폐와 금을 잇던 줄이 끊어져버린 사태를 두려워하지 않았다. "태양에서 지구가 풀려날 때 우리는 무엇을 하는가?……계속해서 추락하는 것은 아닌가? 프리드리히 니체의 광인이 신의 죽음을 알린 뒤, 신과의 줄이 끊어진 인간의 운명에 대해 던진 그 불안한 질문을 그는 의식하지 않았다.

그러나 금본위제의 붕괴를 신의 죽음으로 이해한 슈미트는 너무나 성급했다. 신의 시체로도, 그 그림자로도 살아간다는 니체의 말처럼, 화폐의 종교적 성격은 금과의 줄이 끊어진 뒤에도 변하지 않았다. 오늘날에도 화폐에 절대적인 것은 신앙이다. 사실은 금본위제 시대에도 금에 대한 '신앙'이 실제의 금보다 더 중요했다. (…중략…)

그래서 밀턴 프리드먼은 화폐에 대해 재미있는 정의를 내렸다. 화폐제도란 우리가 믿는 만큼 그 진실성이 커지는 허구라고. "모든 화폐제도는 어떤 점에서 본다면 하나의 허구에 불과한 것을 서로 받아들이기 때문에 존재한다." 물론 "그것을 지키는 것의 가치가 매우 크므로 그 허구가 쉽게 깨지지는 않는다."

화폐는 일종의 허구이다. 그러나 이것으로서 화폐 존재에 대한 우리의 궁금증이 해소되는 것은 아니다. 궁금증은 오히려 더 커진다. 왜 우리는 그런 허구적 존재에 의존하지 않으면 안 되게 되었는가. 왜 우리는 삶의 조건으로서 그런 허구를 필요로 하게 되었는가. 무엇보다도 왜 우리는 그런 허구적 존재에 지배받고 있는가.

▶▶▷ 고병권, 『화폐, 마법의 사중주』, 그린비, 2011

글쓰기 이론과 실제

2) 다음은 1968년 퓰리쳐상을 수상한 로코 모라비토의 '생명의 키스'이다. 이 사진을 본 자신의 느낌을
'휴머니즘'의 관점에서 이야기해보자.

로코 모라비토의 「생명의 키스」

　1967년 7월 17일, 플로리다주 잭슨빌시는 찌는 듯이 무더웠다. 에어컨이 작동하지 않는다는 주민
의 불평이 빗발쳤다. 전기기사 랜들 챔피언도 동료와 함께 전기 복구 작업에 나섰다. 전봇대 위에서
랜들 챔피언이 감전된 건 찰나였다. 2천100볼트의 강한 전기가 그의 몸에 흘렀다. 전봇대 꼭대기에
서 기절한 그의 몸은 안전벨트에 묶인 채 거꾸로 매달렸다. 다른 전봇대에서 작업하던 동료 톰슨이
다급하게 움직였다. 챔피언의 몸에 생명의 숨을 불어넣어 줘야 했다. 톰슨은 챔피언의 어깨와 머리
를 붙잡고 인공호흡을 시작했다. 다른 동료는 구조요청을 끝낸 뒤 전봇대 아래에서 애타게 소생의
기미를 기다렸다. 마침내 톰슨이 외쳤다. "랜들이 숨을 쉬어요." 그때 구급차가 도착했고, 챔피언은
목숨을 구할 수 있었다.

3) 미셸 옹프레는 "진실을 말해서 좋을 때는 거의 없다. 왜 그런가. 가감 없는 날것 그대로의 진실이 폭력이 될 때가 있다. 선생이 학생한테 너는 못한다고, 절망적이라고 진실을 얘기한다면 일종의 폭력이다. 사람들은 살아가면서 모든 것을 투명하게 드러내지 않으므로, 일상생활은 필요 없는 말을 하지 않는 일종의 거짓말의 연속이라 할 수 있다"라며 거짓말에 대한 찬성의 입장을 밝혔다. 자신의 체험을 바탕으로 미셸 옹프레의 의견에 찬성하거나 반대하는 글을 써보자.

4) 최근 이슈가 되고 있는 시사 문제를 주제로 하여 신문 사설 형식의 글을 써 보자.

글쓰기 이론과 실제

3. 자연과학과 글쓰기

문명의 발달과 더불어 인간은 자연을 지배할 수 있는 단초를 마련했다. 인간은 자연 내 사물의 구조, 성질, 운동 등 그동안 신의 영역으로 여겨왔던 자연의 현상들을 하나하나 풀기 시작했다. 과학적 방법과 이성적 사고는 인간이 자연의 우위를 점하는 결정적 계기가 되었다. 물론 철학과 과학이 구별되어 있지 않던 고대 그리스 시대에도 자연에 대한 탐구는 진행되어 왔다. 많은 철학자들은 형이상학적 이론에 기초하여 자연의 현상들에 대해 이해하려 했던 것이다. 그러나 르네상스 시대를 거치면서부터는 보다 체계적이고 실험적인 자연과학의 연구 방법론이 추가되었다. 17세기의 자연과학은 오늘날의 자연과학의 형태와 같은 근대 과학의 형태로, 실험적 측정과 수치화가 강조된 형태로 그 틀을 갖추게 된다.

자연과학이 자연의 여러 현상을 분석하고 관찰하는 것은 당연하다. 자연과학은 입증 가능한 실험과 분석, 그리고 다양한 가설의 제시와 결론 도출을 통해 그 객관성을 확보한다. 이런 맥락에서 자연과학적 글쓰기의 기본은 사실적인 정보를 얼마나 정확하게 기술하느냐에 달려 있다. 사실적인 정보란 정확한 자료의 활용과 실험을 통한 분석에서 얻어진다. 이와 더불어 자연과학의 개념 설명을 위한 구체적인 단어 사용과 논리 또한 강조될 필요가 있다.

그러나 오늘날 무엇보다 자연과학에서 강조되고 있는 것은 도출된 결론에 대한 사회적 활용도에 있다. 자연과학의 지식이 단순히 기초학문으로서의 가치만을 지니는 것이 아니라, 이를 다양한 학문과의 교류를 통해 활용해 나가야 한다는 것이다. 이런 사회적 분위기는 '르네상스 엔지니어'의 개념이나 '통섭', '융합'이라는 단어로 설명되어지고 있다. 이러한 과정을 통해 자연과학은 인간에게 보다 유익한 학문으로 자리잡을 수 있으며, 나아가 시대의 지식으로 그 가치를 인정받을 수 있다.

자연과학의 한계를 극복하고 보다 설득력 있는 글을 쓰기 위해서는 학제간의 상보적인 관계를 적극적으로 유지할 필요가 있다. 자연과학의 영역 속에서도 사회와 인간, 국가 혹은 공동체에 대한 이해는 요구되기 때문이다. 가령, '자연은 인간에게 무엇인가?', '예술은 자연을 어떻게 활용하는가?', '인간은 생명을 어떻게 다루어야 하는가?' 등등 다양한 질문 속에는 자연과학의 객관적 사고와 더불어 여타 학문들의 주관적인 사고가 개입되어 있다. 보통 자연과학적인 사고는 분석적이고 객관적인 것이 일반이다. 그러나 반대로 그 점이 자연과학이 갖는 한계로 지적되기도 한다.

이를 종합적으로 감안하면, 자연과학적 글쓰기를 할 때 우리는 무조건인 실험의 결과나 과정에 얽매이기보다는 여타 학문과의 영향력을 서로 고려하면서 글을 서술하는 것이 중요하다. 이러한 자연과학적 글쓰기의 특징은 통상 두 가지의 차원에서 정리될 수 있다. 하나는 자연과학적 대상에 관해 논문을 쓰거나 혹은 실험 보고서를 쓰는 경우이고, 다른 하나는 자연과학적인 맥락이나 문맥을 활용한 글을 쓰는 것이다. 전자의 경우는 전문적으로 자연과학을 공부하거나 종사하는 사람들의 경우이겠지만, 후자의 경우는 누구라도 도전해 볼 수 있는 경우라 하겠다.

아래 제시되고 있는 두 인용문은 각각 문학적 글쓰기와 자연과학적 글쓰기의 특징을 잘 드러내고 있다. 각각의 글을 통해 알 수 있는 사실적 정보는 무엇이며, 자연과학적 글쓰기의 주된 특징과 무엇이 다른지 이야기해보도록 하자.

글쓰기 이론과 실제

(가)

어제까지 열려 있던 문이 닫혔다

바람에 소리를 내던 옥수수밭이 사라져버렸다

옥수수가 사라지면서

흔들림도, 허공도 함께 베어졌다

허공은 달빛을 안을 수 있는 팔을 잃었다

소리내어 울 수 있는 입술을 잃었다

갑옷과 투구 부딪치는 소리,

석탄을 지닌 산줄기가 먼저 폐허가 되듯이

열매는 실한 순서대로 베어져갔다

밑둥의 피는 아직 마르지 않았다

밭은 더 어두워질 것이고

성근 열매들은 여분의 삶을 익혀갈 것이다

피 흘리는 허공,

희고 붉고 검은 옥수수알,

수확한 옥수수를 자루에 넣는 손,

푸른 자루를 실은 트럭이 산모퉁이를 돌아간다

▶▶▷ 나희덕, 「옥수수밭이 있던 자리」, 『야생사과』, 창작과비평사, 2009

(나)

돌연변이가 일어난 옥수수들은 각 그루마다 전에 없던 반점이 생기고 줄무늬가 늘어났다. 하얀색 이파리에 연노랑이나 푸른 빛깔의 얼룩이 생기기도 하고, 노랑이나 연푸른 빛의 이파리에 초록색 얼룩이 생기기도 했는데, 식물이 자람에 따라 점점 더 얼룩이 많아졌다. 게다가 이미 형성된 얼룩도 점점 더 커지는 것이었다. 다른 생물체의 경우에는 유전자에 모종의 변화가 일어난 결과 이런 식의 무늬가 생기는 현상에 대한 보고사례가 제법 많이 있었다. 그 현상은 대개 '돌연변이 유전자(mutable genes)', '잡색(variegation) 현상', '모자이크(mosaicism) 현상' 등의 이름으로 불리고 있었다. 하지만 옥수수는 이런 경우가 거의 없었다. 그런데 이번에 수확한 옥수수들은 온통 '돌연변이 유전자' 투성이인 것 같았다.

▶▶▷ 이블린 폭스 켈러, 김재희 옮김, 『생명의 느낌』, 양문, 2001

자연과학적 글쓰기는 객관적으로 사실적 정보를 제공해 주는 특징이 있다. 따라서 자연과학의 언어는 하나의 언어를 통해 하나의 정보를 전달한다. 대상에 대한 아름다움에 주목하기보다는 언어를 하나의 도구로 삼아 그 대상을 명쾌하게 전달하는 데 주력하는 것이다. 그러나 굳이 자연과학의 지식이 없더라도 우리는 자연대상에 대한 다양한 글을 쓸 수도 있다.

(가)의 글은 과학적 정보 전달의 목적보다는 글쓴이의 심리적 상태를 기술하고 있는 시작품이다. 이 시에서 시인은 옥수수의 이미지를 통해 인간 삶의 한 부분을 구현해내고 있다. 시인에게 옥수수밭은 단순한 밭의 기능을 넘어 '허공을 존재하게 하는' 혹은 '달빛을 안을 수 있는 팔'로 인식한다. 옥수수는 시인의 시적인식을 잘 대변해 주는 하나의 소재로만 사용되고 있다. 따라서 이런 글을 읽는 독자들은 합리적인 분석보다는 시의 이미지나 시적표현에 주목하게 된다.

글쓰기 이론과 실제

그에 반해 (나)의 글은 옥수수의 돌연변이에 대한 현상을 보다 객관적으로 서술하는 방식을 취한다. 옥수수에 일어나고 있는 '돌연변이 유전자'를 설명하기 위해 있는 그대로를 기술하고 있는 것이다. 이를 다시 종전의 '돌연변이 유전자(mutable genes)', '잡색(variegation) 현상', '모자이크(mosaicism) 현상' 같은 단어로 규정해줌으로써 글의 정확성과 엄밀성을 높이고 있다.

자연과학이 어떤 사실(fact)에 근거하여 하나의 정보전달을 목적으로 한다면, 우리는 최대한 그 정보의 의미와 목적이 변질하지 않는 선에서 유연한 방법으로 글쓰기에 접근할 필요가 있다. 인간은 살면서 수많은 사회적·자연적 현상과 마주하게 되는데, 이때마다 한 가지의 글쓰기 방법을 고집할 수 없기 때문이다. 이런 맥락에서 1996년 에드워드 윌슨이 주창한 '통섭'의 개념은 자연과학적 글쓰기를 하는 우리에게 많은 것을 생각하게 해준다. 19세기 자연철학자 윌리엄 휴얼의 'consilience'를 부활시킨 이 개념은 "서로 다른 현상들로부터 도출되는 귀납들이 서로 일치하거나 정연한 일관성을 보이는 상태"를 뜻한다. 학문의 분화 때문에 학문의 원래 목적인 진리추구에서 벗어나게 된 현상을 다시 통합하려는 움직임이기도 하다.

자연과학적 글쓰기가 통상 두 가지의 형태로 기술된다는 점을 고려한다면, 학제간의 융합적 사고라 할 수 있는 '통섭'은 우리가 다시금 상기할 필요가 있을 것이다. 주지하지만 자연과학적 글쓰기는 단순히 하나의 대상에 대한 한 가지 정보만을 서술하는 것이 아니다. 반대로 맹목적으로 문학적인 표현의 글을 쓰자는 것도 아니다. 오늘날 자연과학적 글쓰기는 전달하고자 하는 대상을 보다 다양한 관점에서 생각해 보고 다양한 방법으로 서술해야 함을 강조하고 있는 것이다.

다음 글을 통해 수직적 사고와 수평적 사고의 특징을 비교해 보고 자연과학적 글쓰기에서 이러한 사고방식들이 어떻게 활용될 수 있는지 살펴보기로 하자.

사고를 하는 목적은 정확하기 위한 것이 아니라 효율적이기 위한 것이다. 효율적이라는 것은 결국 정확한 것을 포함하지만 그 둘 사이에는 매우 중요한 차이가 있다. 정확하다는 것은 항상 정확하다는 것이고 효율적이라는 것은 마지막에 정확하다는 것이다.

수직적 사고는 항상 정확해야 한다. 모든 단계에서 판단하여 정확하지 않으면 한 단계도 나아갈 수 없다. 수직적 사고는 불필요한 것을 제외시키면서 선택한다. 판단은 제외시키는 방법이고 no나 not 등을 사용하는 부정은 제외시키는 도구이다.

수평적 사고는 마지막에는 반드시 정확해야 하지만 그 과정에서 잘못되는 것과 확실한 재구성을 유발하기 위해 고의적으로 확실하지 않은 정보의 배열을 사용하는 것을 허용한다. 또한 정보의 적당한 위치를 찾기 위해 적당하지 않은 위치로 이동하기도 한다.

수평적 사고는 정보의 배열 그 자체보다는 정보의 배열을 유도하는 정보에 관심을 갖는다. 따라서 각 배열을 판단하고 확실한 배열만을 받아들이는 대신 판단을 연기한다. 그것은 판단을 하지 않는다는 것이 아니라 단지 연기하는 것이다. 또한 수평적 사고의 과정은 증명하는 것이 아니라 변화시킨다. 따라서 특정한 패턴이 확실한지보다는 그 패턴이 새로운 패턴을 만들어내는 데 유용한지를 따진다. (…중략…)

통찰력의 재구성을 유도하기 위해 정보의 배열을 도발적으로 사용할 필요는 스스로를 극대화하는 기억 시스템인 의식의 작용에 의해 부각된다. 실제로 그 필요는 판단을 연기하는 것으로 충족될 수 있다. 사고의 생성 단계에서 판단을 연기하면 선택 단계에서 적용할 수 있다. 이러한 시스템의 특징은 어떤 단계에서 잘못된 아이디어도 나중에 옳은 아이디어가 될 수 있다는 것이다. 리 드 포레스트는 전기적 자극이 가스버너의 작용을 변화시켰다는 잘못된 생각을 계속 진전시켜 열이온관을 발명해냈다. 마르코니는 땅의 굴곡을 따라 전파가 움직인다는 잘못된 생각을 계속 진전시켜서 대서양을 가로질러 전파를 보내는 데 성공했다.

▶▶▷ 에드워드 드 보노, 이은정 옮김, 『톡톡 튀는 아이디어가 샘솟는 드 보노의 수평적 사고』, 한언, 2005

플라톤은 '궁극적인 진리는 겉에 보이는 것 뒤에 숨어 있다'고 주장한다. 이러한 주장은 자연 현상의 이면에 있는 본질이 무엇인지를 다시금 되새기게 해준다. 또한 자연과학을 사고하고 자연과학적 글쓰기를 하는 이들에게 꽤 유용한 잠언이라 할 수 있다. 시시각각 변화하는 오늘날의 현실에서 눈에 보이는 정보만을 그대로 서술하는 것은 사실 위험하다. 다시 강조하지만, 사실 법칙이란 늘 변화가능성을 내재하고 있기 때문이다. 따라서 우리는 현재의 상태만을 고집하는 것이 아니라 어떤 가능성까지도 예측할 수 있는 수평적 사고를 지녀야 한다. 예를 들어, 우리가 어떤 건물을 감상한다고 생각해보자. 한 사람은 앞쪽에 서 있고 또 한 사람은 뒤쪽에 서 있다고 치자. 그리고 또 다른 두 사람은 그 건물의 양편에 서 있다. 이 네 사람에게 그 집의 모양은 똑같을까. 현재 자신이 보고 있는 건물의 모양이 서로 옳다고 주장한다면 어떻겠는가.

수평적 사고는 네 사람이 건물의 네 면을 번갈아가며 관찰하는 방법이다. 여러 사람이 어느 한순간 같은 관점에서 함께 본다는 의미이기도 하다. 또한, 모든 사람이 동일한 방향을 함께 바라보는 것을 뜻한다. 수평적 사고는 서로 대립하는 견해를 일단 수용하면서 두 의견을 통합할 수 있는 새로운 생각을 창출해 내는 것이다. 자연 현상의 문제를 창의적인 관점에서 해결하는 것은 지식의 재발견과 재구성이라는 측면에서 다시금 생각해 볼 필요가 있다. 이는 앞에서 이야기한 통섭의 의미와도 맥을 같이한다.

다음 인용문을 수평적 사고의 관점에서 읽고, 자신이 기존에 알고 있던 고양이의 특징과 어떻게 다른지 말해 보자.

고양이는 무엇일까? 애들도 다 안다. 그러나 가장 친숙한 동물 중 하나인 고양이는 이루 말할 수 없이 불가사의한 놈이다. 녀석은 무엇을 노리고 있을까? 무엇을 원할까? 고양이는 전혀 아무것도 안 하면서 하루 24시간의 85퍼센트를 보낸다. 먹기, 마시기, 죽이기, 배설하기, 짝짓기에 쓰는 시간은 평생의 4퍼센트에 불과하다. 나머지 10퍼센트는 돌아다니는 데 쓴다. 그 외의 모든 시간에 고양이는 자거나 그냥 앉아 있다. 녀석은 약 3500년 전 고대 이집트인에 의해 마지막으로 길들여진 동물이라고 한다. 그러나 고양이가 자기 나름의 이유로 자기 나름의 시점에 우리를 길들였다고 해야 옳다.

오늘날 미국에서 고양이를 키우는 사람 중에서 의도적으로 집 밖으로 나가 고양이를 구해온 사람은 25퍼센트에 불과하다. 75퍼센트는 고양이가 제 발로 찾아온 경우이다. 고양이를 키운다고 주장하는 사람의 수가 존재하는 고양이의 수보다 훨씬 많다는 연구 결과도 있다. 여러분의 고양이가 잠시 사라질 때가 있을 것이다. 그럴 때 녀석은 사냥하러 돌아다니는 것이 아니라 옆집에 차려진 먹이를 먹는 중이거나 창틀에 앉아 여러 '주인' 중 한 명과 함께 자는 중이다.

고양이는 하루에 생쥐 다섯 마리 분량의 먹이를 먹어야 한다. 그런데 고양이에게 무제한으로 먹이를 주면 한 번에 겨우 생쥐 한 마리 분량만 먹는다. 여러분의 고양이가 하루에 다섯 끼를 먹는가? 당연히 그렇지 않다. 녀석은 다른 집에서도 먹는다.

고양이는 인기가 좋은데, 자기의 본모습을 면밀히 감추는 습성을 지녔다는 점도 인기 비결 중 하나이다. 하지만 항상 감추지는 못한다. 녀석은 대략 전체 시간의 절반 동안만 본모습을 감춘다. 고양이는 자기 영역의 경계 곳곳에 악취를 풍기는 더미를 쌓아두어 '들어오지 마시오' 표지로 이용한다. 점잖게 표현한다면 '꺼져!' 표지라고 할 수 있겠다.

우유와 고양이 먹이와 중앙난방은 모두 고양이에게 해롭다. 우유는 설사를 일으키고, 고양이 먹이는 잇몸을 부패하게 만든다. 중앙난방은 일 년 내내 털갈이를 하게 만드는데, 그러면 제 털을 핥다가 삼켜 소화관이 막히게 된다.

미국에 사는 고양이 약 7500만 마리는 매년 새 10억 마리와 설치류 50억 마리를 죽인다. 17세기까지만 해도 사람들은 교황의 허수아비 속에 산 고양이를 집어넣고 태우는 놀이를 즐겼다. 그때 울려 퍼지는 음향 효과는 개신교도의 마음에 들었지만 고양이의 마음에는 들지 않았다. 고양이는 청각이 극도로 예민해서 심지어 박쥐의 초음파까지 들을 수 있다.

고양이를 키우는 사람이라면 다 아는 다음의 사실이 연구에 의해 증명되었다. 고양이는 지구에 사는 모든 생물 가운데 인간 다음으로 성격의 다양성이 크다. 또 영리하다. 아주 영리하다. 특히 괴롭힘을 당하면 아주 영리해진다. 주인이 수백 킬로미터 떨어진 곳에 버린 고양이가 집을 찾아왔다는 이야기가 수도 없이 많다. 고양이가 지도를 볼 줄 아는 것일까? 그럴지도 모른다. 최근의 실험에서 드러났듯이, 녀석이 시간을 아는 것은 확실하다.

고대 이집트인은 고양이를 신으로 숭배했다. 의도적이든 아니든 고양이를 죽이는 것은 중대 범죄였다. 고양이가 죽으면 주인은 으레 눈썹을 면도했다. 누가 생각해낸 풍습일까? 당연히 고양이다. 고양이는 눈썹이 없다.

▶▶▷ 존 로이드·존 미친슨, 전대호 옮김, 『동물 상식을 뒤집는 책』, 해나무, 2011

위 글은 '고양이'라는 짐승을 어떻게 새롭게 바라봐야 하는지를 잘 보여주는 예이다. 글쓴이는 고양이에 대한 실험적 분석과 통계를 자신의 주관적인 생각을 덧붙이면서 서술하고 있다. 만약, 고양이에 대한 단순한 정보만을 서술해 놓았다면 이 글을 읽는 독자의 태도는 어땠을까. 아마도 독자의 호기심은 급격히 떨어질 것이다.

야생의 고양이가 길들여져 가축화되었으며, 야생 고양이는 산림 속에서 산다. 1년에 2~3회 번식하며 한배에 4~6마리의 새끼를 낳는다. 쥐, 작은 조류, 개구리 등을 잡아먹는다. 머리가 둥글고 얼굴은 짧고 넓으며, 눈이 둥글고 커서 양안시(양쪽 눈의 망막에 맺힌 대상물을 각각이 아닌 하나로 보게 하고, 입체적으로 보게 하는 눈의 기능)의 능력이 뛰어나다. 귓바퀴는 작은 삼각형 모양으로 끝에 긴 털이 있으며 몸에는 다양한 무늬가 있다. 몸길이는 보통 30~60cm이며 몸무게는 2~3kg부터 7.5~8.5kg에 이르기까지 다양하다. 꼬리는 종류에 따라 길이가 다르며 보통은 22~38cm 정도이다. 발가락은 앞다리에 5개, 뒷다리에 4개가 있으며 발톱을 살 속에 감출 수 있다.

가령, 위의 글은 고양이에 대한 '백과사전'의 설명이다. 단순하게 고양이의 사실적인 정보와 그 특징만을 제시해 주고 있음을 알 수 있다. 정보의 정확성과 객관성의 확보면에서 본다면 이 글은 이 글 나름대로 그 장점이 인정된다. 하지만 호기심이 가득한 독자의 시선을 유지시키기엔 한계가 있다.

「동물 상식을 뒤집는 책」에서 글쓴이는 고양이의 사실적인 정보뿐 아니라 자신의 주관적인 입장을 덧붙여 서술하고 있다. 이 글에서 주관적인 정보는 글의 객관성을 훼손한다기보다는 오히려 글을 읽는 재미를 배가 시킨다. 그러면서도 고양이가 지닌 주요특징을 빠짐없이 전달하고 있다. 거기에 숫자나 통계, 적절한 예시의 활용은 고양이에 대한 독자의 이해를 돕는 데 요긴하게 활용된다.

1) '르네상스 엔지니어'라는 개념은 공학도가 새로운 미래를 상상하고 만들어 가야 한다는 생각을 표현하고 있다. 이는 경제적, 정치적, 문화적 요인들을 총체적으로 아우르는 개념이다. 르네상스 엔지니어란 개념이 이 시대를 사는 우리들에게 왜 필요한지 정리해보자.

'르네상스 엔지니어(Renaissance Engineer)'란 최근 유럽의 공학 교육에서 미래의 엔지니어 상으로 제시된 개념이다. 이제까지의 엔지니어가 기술적 진보에 매여 있었다면, 미래의 엔지니어는 기술적 전문가라는 좁은 틀을 벗어나야 한다는 것이다.

르네상스 시대에 엔지니어는 장인이자 예술가였고 지식인이었다. 예컨대 15세기 초 이탈리아의 건축가 필리포 브루넬레스키는 단순히 집을 짓는 장인이 아니었다. 그는 금세공, 조각, 건축, 원근법, 성채 건축, 수리 공사, 역학 및 기구 제작에 능숙했다. 또 그는 당대의 인문주의자들과 교류했으며 그들이 발굴, 번역한 고대의 기술 문헌을 바탕으로 새로운 기술 교과서를 제작하기도 했다. 이어 르네상스를 대표하는 레오나르도 다빈치가 등장했다. 그는 화가이면서 기술자였고 또 과학자였다. 그는 지질학, 광학, 음악, 식물학, 수학, 해부학, 공학 및 수리역학 분야의 관찰 기록과 자전거, 탱크, 잠수복, 낙하산, 비행기 등 시대를 앞서는 수많은 발명의 설계도를 남겼다. 15~16세기를 거치면서 브루넬레스키와 다빈치 같은 엔지니어들의 기술적 지식과 방법이 중세적 지식 체계를 변화시켰으며, 이 과정에서 엔지니어들은 길드의 압박에서 벗어나 자유로운 신분으로 상승했다.

르네상스 엔지니어라는 개념은 엔지니어가 새로운 미래를 상상하고 만들어 가야 한다는 생각을 표현하고 있다. 이는 엔지니어들이 자신들의 작업에 영향을 끼치는 경제적·정치적·문화적 요인들을 성찰하고 그에 개입함으로써 사회적 개혁가·지도자의 역할을 충실히 수행해야 한다는 요구이다.

▶▶▷ 신형기 외, 『모든 사람을 위한 과학 글쓰기』, 사이언스북스, 2006

2) 다음 제시문은 최재천의 '이기적 유전자'에 대한 예문이다. 이기적 유전자의 개념이 무엇인지 말해보고, 이와 비슷한 사례를 찾아 정리해 보자.

　　방방곡곡 많은 신하를 풀어 불로초를 찾게 했던 진시황제도 결국 한 줌 흙으로 돌아갔다. 그의 몸을 구성하고 있던 10조 개의 세포 속에 들어 있던 DNA들도 사라지고 말았다. 그러나 그의 정자 속에 담겨 자식들의 몸으로 전달된 DNA의 일부는 아마 지금까지도 누군가의 몸속에 살아 숨 쉬고 있을 것이다. 이처럼 유전자의 관점에서 바라본 생명은 영속가능성을 지닌다. 태초에는 보잘것없는 한낱 화학 물질에 지나지 않았던 DNA는 단세포 생물을 거쳐 오늘날에는 인간을 비롯한 모든 생명체의 몸속에 살아남아 면면히 그 역사를 이어가고 있다. 생명의 역사는 한 마디로 DNA의 일대기 내지는 성공담에 지나지 않는다. (…중략…) 우리 속담에 "호랑이는 죽어서 가죽을 남기고 사람은 죽어서 이름을 남긴다."라는 말이 있다. 유전자의 눈높이에서 바라보는 생명은 사뭇 허무해 보인다. 하지만 그 약간의 허무함을 극복하면 무한한 겸허함을 느낄 수 있다. 내가 내 생명의 주인이 아니라는 걸 받아들이면 내 생명은 물론 생명이 있는 이 세상 모든 것들이 다 골고루 소중하다는 지극히 단순한 사실에 머리가 숙여진다.

▶▶▷ 최재천, 『통섭의 식탁』, 명진출판, 2011

3) 다음 제시문은 '이타적 유전자'에 대한 예문이다. 이기적 유전자와 어떤 차이가 있는지 설명해보고, 그 차이를 글로 정리해보자.

일벌이 침을 쏘는 행위는 꿀 도둑에 대한 아주 효과적인 방어수단이다. 그러나 침을 쏘는 벌은 육탄특공대이다. 쏘는 행위로 생명 유지를 위해 필요한 내장이 보통 침과 함께 빠져버리기 때문에 그 벌은 얼마 지나지 않아 죽게 된다. 벌의 자살적 행위가 집단의 생존에 필요한 먹이 저장을 수호했을지는 몰라도 일벌 자신은 그 이익을 누리지 못한다. 정의에 따르면 이것은 이타적 행동이다.

우리는 여기서 의식적인 동기에 관계하는 그 무엇도 말하고 있지 않다는 것을 기억해야 한다. 이 경우에도 또 다른 이기주의의 경우에도 의식적인 동기는 있을 수도 있고, 없을 수도 있다. 그러나 그 동기는 우리의 정의와는 무관한 것이다.

▶▶▷ 리처드 도킨스, 홍영남 옮김, 『이기적 유전자』, 을유문화사, 2001

4) 자연현상 속에서 발견되는 다른 사례를 예로 들어 '이타적인 행동은 결국 이기적 유전자가 시킨 것'이라는 논리를 옹호하거나 반박하는 글을 써보자.

5) 생활의 불편함을 해소할 수 있는 특허발명품이 무엇이 있는지 이야기 해보고, 만약 자신이 특허품을 출원한다면 무엇을 하고 싶은지 말해보자.

6) 자신이 즐겨 사용하는 전자제품의 사용설명서를 글로 작성해보자.

글쓰기 이론과 실제

4. 예술과 글쓰기

'인생은 짧고 예술은 길다'는 말이 있다. 이 식상한 표현이 아직도 우리의 입을 통해 회자되는 것은 아직도 예술에 대한 열망이 우리의 삶에 생생하게 살아 있기 때문이다. 예술 속에는 인간의 삶과 한 시대의 형식이 고스란히 녹아 담겨 있다.

예술은 인간이 세계와 정서적으로 소통하고자 하는 일종의 창조 활동이다. 예술은 우리의 감정과 정서에 호소하면서 일상적 경험과는 다른 특별한 감정을 선사한다. 자연과학에서의 법칙과는 달리 누구나 자신의 감정과 느낌을 바탕으로 예술을 이해하고 감상할 수 있다. 그만큼 예술은 해석의 다양성을 허용한다. 따라서 예술은 완전한 하나의 개념으로만 표현되지 않는다. 들뢰즈가 언급한 대로, 예술은 감각들의 언어다.

따라서 예술적 글쓰기 또한 현실을 단순히 사실적으로만 재현하는 것이 아니라 자신의 개성과 감정, 그리고 감각을 통해 대상을 늘 새롭게 변형시키고 바라보기를 주저하지 않는다. 구체적으로 말해, 철학이 이성적인 시각에서 주로 삶의 본질을 드러내 주는 것이라면, 예술은 한 개인이 당면한 실존적 과제를 자신의 감정을 통해 이해하려는 성찰인 것이다. 그래서 예술가는 매 순간마다 '나'와 '타인'에 대해 끊임없는 질문과 성찰을 시도한다. 일반적으로 '나'는 자기 성취와 관련되어 있지만, '타인'은 너로 대변되는 언어의 문제, 사회와 문화, 세계와 '나'와의 관계에 대한 것들이 주를 이룬다. 이런 의미에서 예술적 글쓰기는 개인의 삶에 대한 성찰을 아울러 우리의 생활, 문명, 문화까지도 포괄하는 일종의 공동체적 예술 행위의 구현이라고 할 수도 있다.

예술적 글쓰기를 위해서는 예술적 감성과 직관에 대한 이해가 필요하며, 예술 작품 자체가 그렇듯이 보편적 공감과 향유를 이끌어내는 능력도 필요하다. 또한 예술적 글쓰기는 개인의 개성과 살아온 환경, 그리고 글쓰기의 능력에 따라 수준의 차이를 드러내기도 한다. 그렇다고 실망할 일만은 아니다. 모든 글쓰기가 그러하듯 예술적 글쓰기 또한 우리의 삶을 성찰하는 도구 중 하나일 뿐이다. 반드시 수준 높은 글을 쓴다고 글을 쓰는 사람의 정신까지 고상하다고는 볼 수 없기 때문이다. 다만, 예술이 인간의 정신을 고양시켜주고 나아가 세상과 소통할 수 있게 해주는 가장 효과적인 수단 중 하나임을 깨닫고 글쓰기에 접근해 본다면 그것만으로도 그 가치는 충분한 것이라 할 수 있다.

아래 제시되고 있는 텍스트들은 예술적 글쓰기의 특징을 잘 설명해주고 있다. 이 글을 통해 알 수 있는 예술적 글쓰기의 주된 특징이 무엇인지 정리해 보기로 하자.

아메리카 인디언들은 아주 원시적인 형태의 덫을 사용해 곰을 사냥했다고 한다. 커다란 돌덩이에 꿀을 바르고 나뭇가지에 밧줄로 메달아 놓으면 훌륭한 덫이 된다. 꿀을 바른 돌을 발견한 곰은 먹음직스러운 먹이로 생각하고 다가와 발길질을 하면서 돌덩이를 잡으려고 한다.

그러면 곰의 발길에 채인 돌덩이가 진자운동을 한다. 밀려갔던 돌덩이가 돌아올 때마다 곰을 때린다. 곰은 화가 나서 점점 더 세게 돌덩이를 때린다. 곰이 돌덩이를 세게 때리면 때릴수록 돌덩이는 더 큰 반동으로 곰을 후려친다. 마침내 곰은 나가떨어진다.

곰은 이 기묘한 폭력의 악순환을 중단시킬 방법을 생각해낼 줄 모른다. 그저 욕구를 충족시키지 못해 더욱 안달할 뿐이다.

만일 곰이 돌덩이 때리기를 중단하면 돌덩이도 움직임을 멈출 것이고 돌덩이가 일단 멈추면 곰은 그것이 밧줄에 매달려 있을 뿐 움직이지 않는 물체라는 것을 깨닫게 될 것이다. 곰은 이빨로 밧줄을 잘라 돌덩이를 떨어뜨려 꿀을 핥기만 하면 된다.

캐나다의 휴런족 인디언인 웬다트 부족 사람들은 사냥을 할 때 동물을 죽이기 직전에 왜 죽이려 하는지를 그 동물에게 설명한다. 동물을 잡아먹을 사람이 누구인지, 그 동물을 죽이지 않으면 자기 가족에게 어떤 일이 일어나는지를 큰소리로 이야기한 다음에 방아쇠를 당긴다. 사냥꾼이 동물의 살과 가죽이 없으면 안 되는 이유를 말하면, 그 동물이 너그럽게 자기 목숨을 내놓는 거라고 그들은 믿고 있다.

아프리카에서는 갓난아이의 죽음보다 노인의 죽음을 더 슬퍼한다. 노인은 많은 경험을 쌓았기 때문에 부족의 나머지 사람들에게 도움을 줄 수 있지만, 갓난아이는 세상을 경험해보지 않아서 자기의 죽음조차 의식하지 못하기 때문이라고 한다.

▶▶▷ 베르나르 베르베르, 이세욱 옮김, 『상대적이며 절대적인 지식의 백과사전』, 열린책들, 1996

인용문은 베르베르의 글이다. 이 글은 제시어에 대한 객관적인 지식이나 개념정의를 넘어 통상적인 사람들의 생각을 적고 있다. 사전적인 정의를 벗어나 독자들에게 능동성을 발휘할 수 있도록 흥미로운 이야기를 통해 글을 전개하고 있다. 이 글을 읽는 사람들은 자신의 문화와 환경에 따라서 저마다 다른 감정과 느낌을 받게 된다. 말하자면, 독자들은 제자신의 능동성을 발휘하고 스스로 직관을 가동하면서 글을 읽게 되는 것이다. 이는 예술적인 글이라는 것이 시간과 공간에 따라 시시각각 변하고, 읽는 이의 관점에 따라 다르게 보일 수 있음을 의미한다. 또한 글쓴이의 상상력을 사실에 입각하여 글에 투영시키고 있다. 기본적으로 상상력은 대상을 다르게 보는 것에서부터 시작된다. 결국 자신만의 독특한 감성과 감각을 가지고 예술적 글쓰기에 도전하고 싶다면 맨 먼저 '다르게 보는' 훈련을 반복해야 할 것이다.

정자는 현실의 중압이 빠져나간 자유의 공간이다. 정자는 삶과 격절된 자리도 아니고 삶의 한복판도 아니다. 정자는 처자식 출입 금지 구역이지만, 정자에서 놀 때 처자식을 버리는 것도 아니다. 서로 말을 알아듣는 남자들끼리 모여서 시를 지으며 좀 노는 곳이다. 정자의 위치는 들판보다 조금 높지만 아주 높지는 않다. 산꼭대기에 지은 정자도 있기는 하다. 이런 정자는 대개가 경관에 액센트를 주기 위한 것이고, 사람이 모여서 노는 문화공간은 아니다. 정자의 위치는 세상을 깔보지도 않고, 세상을 올려다보지도 않는다. 정자의 내부 구조와 원림(園林) 내의 공간배치는 세상으로부터 등을 돌리지도 않고, 세상을 정면으로 마주 대하지도 않는다. 정자와 세상과의 관계의 본질은 서늘함이다. 정자는 그 안에서 세상을 내다보는 자의 것인 동시에, 그 밖에서 정자를 바라보는 자의 것이다. 정자는 '본다'는 행위가 갖는 시선의 일방성을 넘어선다.

시선의 일방성에는 폭력이 숨어 있다. 이 폭력도 근대성의 일종이다. 소쇄원에는 공간의 중심이 없다. 소쇄원의 정자들은 좌향이 어긋나 있고, 면앙정은 그 아래로 펼쳐진 담양 들판을 정면으로 내려다보지 않는다. 소쇄원에서는 보는 쪽이 보여지고, 보여지는 쪽이 본다. 낙원에서는 남의 기쁨이 되는 것이 나의 기쁨인 모양이다. 정자에서는 시간이 공간을 흔든다. 낙원은 고착된 공간이 아니다. 소쇄원의 개울물은 작은 인공으로 거대한 자연을 인간 쪽으로 끌어들인다. 이 인공의 장치는 자연을 모셔들이는 작은 징검다리와 같다. 이 징검다리의 표정은 수줍다. 정자 앞을 흐르는 개울물을 따라서 시간이 흘러서, 소쇄원의 공간은 흔들리면서 흘러간다.

▶▶▷ 김훈, 『자전거 여행』, 생각의나무, 2004

예술적 글쓰기의 한 형태로서 기행문은 낯선 세상에 대한 경이감, 새로운 사물을 접하면서 얻게 되는 교훈, 여행지에 대한 정보 및 삶의 통찰을 담는다는 점에서 주목해 볼 가치가 있다. 기행문은 여행 중에 일어난 사건이나 견문, 그리고 느낀 소감이나 감회 등을 여정이나 시간적 순서에 따라 사실적으로 기록한 글이다. 더불어 대상에 대한 분석과 객창감, 철학적 통찰, 문학적 상상력이 복합적으로 개입한다는 점에서 예술적 글쓰기의 수준 높은 단계라고도 할 수 있다.

김훈의 「자전거 여행」은 무등산 자락에서 글쓴이가 바라본 소쇄원, 식영정, 면앙정 등의 감회를 적은 글이다. 인간 삶의 진리로 승화시키고 그 심층적인 의미를 통찰해 내는 사색의 깊이가 돋보인다. 단순한 기행문이라기보다는 한 편의 에세이에 가까우며, 또한 글쓴이의 철학과 비평적 안목이 그대로 드러난다는 점에서는 전문적인 평론의 성격을 띠고 있기도 하다.

예술적 글쓰기는 개인의 감정이나 소회를 자유롭게 펼칠 수 있다는 점에서 장점이 있다. 기행문의 경우와 같은 글쓴이의 직접적인 견문이 없이도 인간의 삶에 대한 사색과 함께 세계와 사물에 담긴 심층적 의미를 드러낼 수 있다. 다음 인용문들을 통해 글쓴이가 어떤 감정과 성찰을 이끌어 내고 있는지 살펴보도록 하자.

빈센트 반 고흐, 「구두 한 컬레 A Pair of Shoes」(c.1886 Oil on canvas)

(가)

닳아 삐져나온 신발 도구의 안쪽 어두운 틈새로부터 노동을 하는 발걸음의 힘겨움이 굳어 있다. 신발 도구의 옹골찬 무게 속에는, 거친 바람이 부는 가운데 한결같은 모양으로 계속해서 뻗어 있는 밭고랑 사이를 통과해 나아가는 느릿느릿한 걸음걸이의 끈질김이 차곡차곡 채워져 있다. 가죽 표면에는 땅의 축축함과 풍족함이 어려 있다. 해가 저물어감에 따라 들길의 정적감이 신발 밑창 아래로 밟혀 들어간다. 대지의 침묵하는 부름, 무르익은 곡식을 대지가 조용히 선사함 그리고 겨울 들판의 황량한 휴경지에서의 대지의 설명할 수 없는 거절이 신발 도구 속에서 울리고 있다. 빵을 안전하게 확보하는 데에 대한 불평 없는 근심, 궁핍을 다시 넘어선 데에 대한 말없는 기쁨, 출산이 임박함에 따른 초조함 그리고 죽음의 위협 속에서의 전율이 이러한 신발 도구를 통해 스며들어 있다. 대지에 이러한 도구가 귀속해 있고 농촌 아낙네의 세계 안에 이 도구가 보호되어 있다.

▶▶▷ M. 하이데거, 오병남·민형원 공역, 『예술 작품의 근원』, 예전사, 1996

(나)

쓰레기통 옆에 누군가 벗어놓은 신발이 있다

벗어놓은 게 아니라 버려진 신발이

가지런히 놓여 있다

한 짝쯤 뒤집힐 수도 있었을 텐데

좌우가 바뀌거나 이쪽저쪽 외면할 수도 있었을 텐데

참 얌전히도 줄을 맞추고 있다

가지런한 침묵이야말로 침묵의 깊이라고

가지런한 슬픔이야말로 슬픔의 극점이라고

신발은 말하지 않는다

그 역시 부르트도록 끌고온 길이 있었을 것이다

걷거나 발을 구르면서

혹은 빈 깡통이나 돌멩이를 일없이 걷어차면서

끈을 당겨 조인 결의가 있었을 것이다

낡고 해져 저렇게 버려지기 전에

스스로를 먼저 내팽개치고 싶은 날들도 있었을 것이다

이제 누군가 그를 완전히 벗어 던졌지만

신발은 가지런히 제 몸을 추슬러 버티고 있다

누가 알 것인가, 신발이 언제나

맨발을 꿈꾸었다는 것을

아 맨발, 이라는 말의 순결을 꿈꾸었다는 것을

그러나 신발은 맨발이 아니다

저 짓밟히고 버려진 신발의 슬픔은 여기서 발원한다

신발의 벌린 입에 고인 침묵도 이 때문이다

▶▶▷ 강연호, 「신발의 꿈」, 『현대시학』, 2002년 6월호

인용문 (가)는 반 고흐의 그림을 보고 쓴 하이데거의 글이다. 하이데거는 구두의 대상적 유용성에서 벗어나 자신만의 불확정성의 공간을 간파해내고 있다. 그 공간 속에서 "노동을 하는 발걸음의 힘겨움"과 "밭고랑 사이를 통과해 나아가는 느릿느릿한 걸음걸이의 끈질김"을 창조해낸다. 독자는 구두를 분석한다는 느낌보다는 마치 한 편의 시를 읽는 듯한 느낌을 받을 것이

다. 글쓴이의 상상력을 통해 하나의 세계가 개진되고 있음을 확인할 수 있다.

주지하지만, 예술적 글쓰기는 기본적으로 인간과 세계의 정서적 소통에서 발현한다. 그런 점에서 글쓴이는 구두라는 대상을 통해 개인적이지만 구체적이며 생생한 정보를 독자에게 제공하는 데 성공한 듯 보인다. 물론 그림에 대한 사실적인 입장에서 본다면 사소한 논란이 있을 수도 있겠다. 그러나 예술적 글쓰기가 기본적으로 불확정성의 특징을 내재하고 있다면, 이글이 주는 아우라는 오히려 그것에서 발생한다. 기존의 고정화된 시선이나 사고에서 벗어나고 있다는 점에 오히려 주목할 필요가 있는 것이다. 한 장의 그림 속에서 그 대상의 성격을 재규정하는 것은 어쩌면 궁극적으로 예술적 글쓰기가 추구하는 하나의 방법이 될 수 있기 때문이다.

인간과 세계의 정서적 소통에서 발현하는 예술적 글쓰기의 특성은, 역시 신발을 소재로 하고 있는 인용문 (나)를 통해서도 확인할 수 있다. 쓰레기통 옆에 버려졌으되 가지런함을 잃지 않고 있는 신발의 모습에서 시인은 삶에 대한 어떤 자세를 이끌어내고 있다. 버려짐의 일반적인 표지는 아무렇게 내팽개쳐져서 나뒹구는 데 있을 것이다. 한 짝쯤 뒤집힐 수도 있었고, 좌우가 바뀌거나 이쪽저쪽 외면할 수도 있었고, 심지어 덜렁 한 짝만 외로이 뒹굴 수도 있었을 것이다. 더구나 쓰레기통 옆이 아닌가. 그런데 버려져서도 가지런함을 잃지 않고, 참 얌전하게도 신발 코끝까지 맞추어 나란히 놓여 있다는 것, 시인은 신발의 이 사무치는 가지런함을 통해, 침묵의 깊이와 슬픔의 극점에 대해 얘기하고 있다.

다음 글을 읽고 '지는 자가 이기는 게임'의 의미에 대해 생각해 보기로 하자.

> 언어가 1차적으로 도구임에 틀림없다면, 그것을 사물로 관조한다는 것은 언어의 도구성이 훼손되었음을 뜻한다. 도구적 측면에서만 본다면 그것은 언어 본래의 목적인 의사소통이 실패한 것이다. 여기서 실패(echec)가 사르트르 미학의 중요한 개념으로 등장한다. "시적 언어는 산문의 폐허 위에서 솟아오른다."라는 문장의 뜻이 바로 그것이다. 그러나 시인은 자진해서 언어의 도구성을 거부한 사람이므로 그에게 있어서는 이러한 실패가 그대로 구원이 된다.
>
> 애당초 예술이라는 것 자체가 이와 같은 수단과 목적의 전도가 아닐까? 예술이 아닌 현실 생활

속에서 인간의 행동은 언제나 어떤 목적의 수단이다. 내가 책상 위에 있는 연필을 잡으려고 손을 뻗칠 때, 손을 앞으로 내뻗는 행동은 연필이라는 목적을 얻기 위한 수단이다. 도구성의 고찰에서 보았듯이 모든 수단은 투명하여 우리 눈에 안 띄고, 우리의 관심도 끌지 못한다. 중요한 것은 연필일 뿐 그것을 잡기 위해 손을 뻗치는 행동은 부차적이고, 덜 중요하고, 비본질적인 가치일 뿐이다. 결국 인간은 자신의 목표에 의해 소외되어 있다. (…중략…)

도구에서 도구성이 벗겨지면 거기에는 사물이 남는다. 유용성이 우리 행동의 성공을 보장해 주는 것이라면 무용지물은 우리 행동의 실패를 뜻한다. 본래의 기능을 상실한 말은 이제 더욱 분명하게 그것의 실재성과 개별성을 되찾고, 이번에는 인간의 실패의 도구가 된다. 의사소통의 수단이 되었던 말의 의미는 그 자체가 순순한 소통불능성이 된다. 말을 도구로 사용하려는 계획은 말에 대한 순수직관으로 대치되고, 오히려 실패에 절대적인 가치를 부여하는 현상이 생긴다. 사르트르 미학의 또 하나의 주요 개념인 '지는 자가 이기는 게임(Qui perd gagne)'의 의미가 그것이다. "시는 '지는 자가 이기는' 게임이다. 진정한 시인은 승리하기 위해 자기 몸을 죽일 정도로 패배한다."

▶▶▷ 박정자, 『빈센트의 구두』, 기파랑, 2005

이 글은 예술적 글쓰기의 영역에서 언어를 어떻게 다루어야 하는지를 잘 보여준다. 사물의 도구성을 거부한다는 것은 기존의 약속과 규범을 깨트리는 것이다. 언어의 본래 목적이 의사소통에 있다면 예술적 글쓰기는 그것을 벗어남으로 성립되는 고유한 영역이다. 따라서 예술적 글쓰기는 실재나 현실의 개념을 새롭게 이해함으로써 독자에게 그 언어 속에 숨겨진 의미를 드러낸다. 사르트르가 플로베르의 글을 논하면서 이야기한 "지는 자가 이기는 게임"은 어쩌면 예술적 글쓰기의 가장 중요한 특질을 잘 말해주는 대목이라 할 수 있다. 물론, 현대 사회에서 정보의 교류와 소통은 매우 중요한 덕목일 것이다. 언어의 규범을 무너트림으로써 발생하게 되는 문제 또한 무시할 수 없다. 그러나 예술적인 글쓰기가 정보 이상의 의미를 전달하고, 인생의 공감 폭과 감각을 새롭게 일깨우고 있다면 우리는 다시금 예술적 글쓰기의 효용가치에 대해 재고해 볼 필요가 있을 것이다.

그러므로 생활 감각을 다시 갖기 위하여, 대상들을 느끼기 위하여, 돌이 정말로 돌이라는 것을 느끼기 위하여 우리가 예술이라 부르는 것이 존재하는 것이다. 예술의 목적은 대상의 감각을 인식으로서가 아니라 시각으로서 부여하는 것이다. 예술의 기법이란 대상들의 낯설게 하기 기법이며, 그 형식을 모호하게 하는 기법이고 지각의 어려움과 지속을 증가시키는 기법이다. 예술에 있어서 지각의 행위는 그 자체가 목적인 것이며, 오래 끌어야 한다. 예술이란 대상의 생성을 느끼는 하나의 방법이며, 이미 생성된 것은 예술에 있어서 중요하지 않는 것이다.

▶▶▷ 츠베탕 토도로프 역음, 김치수 옮김, 『러시아 형식주의』, 이화여자대학교출판부, 1997

위의 인용문은 슈클로프스키가 쓴 「기법으로서의 예술」의 한 대목이다. 이 글에서도 마찬가지로 예술의 기법은 "대상들에 낯설게 하기"에서 비롯된다고 말한다. 이는 앞에서 언급했듯 언어의 낯섦을 통해 정보 전달의 어떤 한순간을 지연시킴으로써 발생하게 된다. 예술적 글쓰기에서 요구하는 것은 어느 정도의 참신함과 개성적인 표현일 것이다. 그 목적에 들어맞는 글을 쓰려면 기존의 관습과 고정관념에 의식적으로라도 도전해 보는 것도 예술적 글쓰기를 하기 위한 하나의 방법이 될 것이다.

예술과 글쓰기는 문학적 상상력을 동원한다는 점에서 여타 다른 장르의 글쓰기와 구별될 수도 있겠다. 기존의 글쓰기가 정보 위주의 글쓰기라면 예술적 글쓰기는 일상적 글쓰기의 형식을 다소 벗어날 수도 있겠다. 그렇다고 예술적 글쓰기의 주요 특징들이 인문학이나 사회과학, 자연과학적 글쓰기에 쓰이지 않는다는 것은 아니다. 다만, 예술의 다양한 감정을 표현하기에 여타 글쓰기의 방법보다는 더 유용한 것은 사실이다.

글쓰기 이론과 실제

연습문제 4

1) 다음 제시문은 마술에 대한 색다른 견해를 보여준다. 예술적 글쓰기의 상상력을 활용하여 이 글의 뒷부분에 이어질 내용을 써보자.

몽타주는 마술을 닮은 데가 있다. 멜리에스의 카메라가 잠시 작동을 멈추자 검은색 자동차가 흰색 우마차로 변하지 않았던가. 마술에서는 상자에 넣은 토끼가 비둘기가 되어 나온다. 이런 마술을 보며 아이들은 좋아한다. 왜 그럴까? 아마도 익숙했던 세계의 원리가 갑자기 파괴되었기 때문일 것이다. 우리가 체험하는 세계는 시간적 연속과 공간적 연장 위에 서 있다. 하지만 있었던 물건이 갑자기 없어지고, 여기에 있던 물건이 느닷없이 저기에 나타날 때, 우리는 이제까지 익숙했던 것과는 완전히 다른 세계 속에 들어간 느낌을 받게 된다. 마술의 세계는 현실과 구별되는 또 다른 시간, 또 다른 공간의 세계다.

어른들은 마술이 속임수에 불과하다는 것을 안다. 어른들의 상식으로 마술에서 벌어지는 일은 실제론 있을 수 없는 일. 그리하여 어른들은 마술을 보면서 마술사가 어떤 트릭을 사용했을지 머릿속으로 여러 가설을 세우곤 한다. 멀쩡히 있던 물건이 사라지고, 여기에 있던 것이 저기에 나타나는 '단절'을 인관관계의 연속으로 이어 붙이려는 것이다. 마술을 시시한 장난으로 여기는 사람이 있을지 모르나, 그것도 스케일의 문제다. 가령 데이비드 카퍼필드(David Copperfield)처럼 거대한 자유의 여신상을 사라지게 만들면, 그 앞에서 어른들도 심함 당혹함을 느끼게 된다.

어떤 세계에서는 거대한 석상이 그 자리에서 소리 없이 사라져버린다. 그게 바로 현실과는 다른 마술의 시간, 마술의 공간이다. 어떻게 된 일일까? 회전 전망대처럼 관객들이 앉은 좌석 밑에 설치된 원판을 돌려버리고, 아울러 원판이 회전하는 각도에 맞추어 자유의 여신상에 서치라이트를 비추고 있던 헬리콥터의 위치도 옮긴 것이다. 원판과 헬리콥터가 정확히 같은 각도로 움직이니 관객들의 눈에 헬리콥터는 전혀 움직이지 않은 것처럼 보일 게다. 그리하여 다시 커튼을 들추었을 때, 관객들이 보는 것은 텅 빈 공간에 이리저리 서치라이트를 비추는 헬리콥터 뿐. 이제 이해가 되는가?

데이비드 카퍼필드는 '커튼'을 사용하여 트릭을 감추었지만, 굳이 커튼 없이도 정말로 눈앞에서 사람을 하나 사라지게 할 수 있다.

▶▶▷ 진중권, 「세상이 사라졌으면」, 『놀이와 예술 그리고 상상력』, 휴머니스트, 2005

253

5장 학문과 글쓰기

글쓰기 이론과 실제

2) 다음 제시문의 경우처럼 자신이 좋아하는 그림을 하나 택해 그 느낌을 글로 나타내 보자.

추사 김정희가 유배지에서 그린 세한도

〈세한도〉에는 꿋꿋이 역경을 견뎌내는 선비의 올곧고 견정(堅定)한 의지가 있다. 저 허름한 집을 찬찬히 뜯어보라! 메마른 붓으로 반듯하게 이끌어간 묵선(墨線)은 조금도 허둥댐이 없을 뿐만 아니라 오히려 너무나 차분하고 단정하다고 할 정도다. 초라함이 어디에 있는가? 자기 연민이 어디에 있는가? 보이지 않는 집주인 완당 김정희, 그 사람을 상징하는 허름한 집은 외양은 조촐할지언정 속내는 이처럼 도도하다. 남들이 보건 안 보건, 미워하건 배척하건 아랑곳하지 않고, 그는 이 집에서 스스로가 지켜 나아갈 길을 묵묵히 걷고 있던 것이다. 고금천지에 일찍이 유래가 없는 저 강철 같은 추사체(秋史體)의 산실(産室)이 바로 이곳이 아니었던가. (…중략…)

〈세한도〉란 결국 석 자 종이 위에 몇 번의 마른 붓질이 쓸고 지나간 흔적에 지나지 않는다. 그러나 거기에는 세상의 매운 인정과 그로 인한 쓸쓸함, 고독, 선비의 굳센 의지, 옛사람의 고마운 정, 그리고 끝으로 허망한 바람에 이르기까지 필설(筆舌)로 다하기 어려운 많은 것들이 담겨져 있다. 〈세한도〉를 문인화(文人畵)의 정수라고 하는 이유가 여기에 있다.

▶▶▷ 오주석, 「추운 시절의 그림, 김정희의 〈세한도〉」, 『옛 그림 읽기의 즐거움』, 솔출판사, 1999

3) 존 케이지의 곡 '4분 33초'는 아무런 소리가 없는 침묵의 음악으로 유명하다. 다음 제시문은 그에 대한 설명이다. 이 글을 읽고 존 케이지의 곡에 대한 자신의 입장을 말해 보자.

케이지에 따르면 소리에는 악보에 지시된 소리(즉 작곡가의 의도가 반영된 소리)가 있고, 그렇지 않은 소리가 있는데 우리는 후자의 역할과 기능을 경시할 수 있다는 것이다. 따라서 작곡가의 의도가 담긴 소리를 완전히 없앰으로써 악보에는 기록되지 않은 나머지 소리들을 체험할 수 있다는 것이다. 연주자가 아무런 소리를 내지 않더라도 음악회장에서는 냉난방이나 환기를 위한 기계소리, 음악회 프로그램 넘기는 소리, 청중들이 웃거나 몸을 움직이는 소리 등 여러 가지 소리들이 나게 마련이고 4분 33초 동안의 이러한 소리가 바로 이 작품이라는 것이다.

▶▶▷ 이석원, 『현대음악』, 서울대학교출판부, 1999

4) 전 세계적으로 K-POP 열풍이 불고 있다. 그 현상과 관련하여 '아이돌' 문화에 대한 칼럼을 써보자.

스피치와 토론

이 장은 화법에 관한 이론과 실제를 설명하고 훈련하는 장이다. 화법이란 좋은 말하기 방법이라 할 수 있다. 어떻게 하는 것이 훌륭한 말하기인가를 이해하고 실천하는 것을 공부하고자 하는 것이다.

화법의 종류에는 ①발표 ②진행 ③토론 ④대화 등이 있다. 이 장에서는 주로 발표, 즉 스피치와 토론에 대해 집중적으로 살펴보고자 한다. 본 교재가 글쓰기 중심 교재이므로 현실적인 선택이라 하겠다. 말하기 교육이 독립되어 교양 필수로 교육되어져야 하지만, 그리고 많은 대학에서 실천하고 있지만 우리 대학은 글쓰기의 일부로 다루어지고 있다. 비록 수강 시간은 부족하지만 화법을 훈련하여 좋은 말을 할 수 있는 지식인이 되기를 바란다.

1. 스피치와 자기표현

1) 화법의 종류

(1) 상황에 따른 종류

① 발표

말을 하게 되는 상황 가운데 가장 화자(말하는 사람) 중심적인 상황은 발표이다. 발표란 한 사람의 화자가 다수의 청자를 상대로 화법을 실행하는 상황으로 정치인의 연설, 성직자의 설교나 설법, 교사의 강의, 회사원의 프리젠테이션, 학생의 연구 발표, 학자들의 학술 발표 등을 포괄한다.

② 진행

진행이란 여러 사람의 화자가 참석하는 회의, 토론, 대담회, 쇼 등을 한 사람의 화자가 총괄하게 되는 상황을 가리킨다. 따라서 회의 주제자, 토론과 대담 또는 발표회의 사회자, 쇼의 MC 등이 진행이라는 상황의 화자가 된다.

③ 참여

참여란 회의, 토론, 대담회, 쇼 등에 화자로 참석하여 진행 규칙에 따라 자신의 소견을 발표하게 되는 상황을 가리킨다.

④ 대화

청자가 가장 능동적으로 참여하는 상황이 대화이다. 다시 말하면 화자와 청자가 서로 번갈아 가면서 자신의 의견을 발표하는 상황이다. 대화 가운데 가장 격식있는 것은 인터뷰 또는 면접이며, 가장 격식이 없는 것은 친구 사이 또는 가족간의 한담이다.

(2) 목적에 따른 종류

① 설득 화법

설득 화법은 화자가 청자를 설득하기 위해서 실시하는 화법이다. 설득이란 청중으로 하여금 자신이 주장하는 바를 믿도록 하는 행위를 말한다.

② 정보 제공 화법

정보 제공 화법은 화자가 청자에게 정보나 지식을 전달하기 위해 행하는 화법을 가리킨다. 자신의 연구나 조사 결과, 자신이 가진 전문 지식 그리고 자신이 수집한 정보 등을 전달함으로써 청중의 이해를 돕고자 하는 것이 목적이다.

③ 유머 화법

유머 화법은 특정 또는 불특정 청자에게 즐거운 분위기를 제공하고 청중을 유쾌하게 만들고자 행하는 화법이다. 흔히 연예인들의 우스개 소리를 떠올릴 수 있겠으나, 일반인들이 행하는 다양한 유형의 유머 화법도 이에 포함될 수 있다.

④ 격려 화법

격려 화법은 청자에게 활력과 영감을 불어넣어 주기 위해서 행하는 화법이다. 우리 주위에서 행해지고 있는 대표적인 격려 화법의 예로는 결혼식의 주례사, 시무식·종무식 등의 식사, 입학식과 졸업식의 격려사나 축사 등을 들 수 있다.

2) 좋은 화법과 좋은 화자

(1) 좋은 화법이란?

① 진실성과 예의

화법의 세계로 안내해 주는 수많은 책들에는 진실한 마음과 자세를 견지하라는 대목을 강조한다. 여기에 덧붙여 예의와 예절을 함께 갖춘다면 금상첨화라 할 것이다. 좋은 화법의 기본에는 진실성이 전제된다.

② 간결성과 자연스러움

인간은 말을 지극히 간결한 가운데 의사 전달과 감정 표현이 충분하도록 세련화하는 훈련을 거듭하였다. 여기에 어휘의 선택과 정확하고 품위있는 표현을 찾기 위한 노력이 병행되었다.

③ 적절성과 타당성

말을 할 때에는 때와 장소를 잘 고려해야 한다. 이는 효과적이고 능률적인 화법에서 반드시 필요하다. 때와 장소를 잘 고려한다는 것은 청자의 속성이나 청자가 보내는 반응, 그리고 주어진 상황의 속성에 따라 말의 내용과 발표의 양식을 변화시키는 것을 뜻한다.

(2) 좋은 화자란?

① 창조성과 적극적 태도

자신에게 주어진 스피치를 자신의 능력과 지식, 인격과 진솔함, 정열과 사랑을 널리 알릴 수 있는 좋은 기회라고 생각하여야 한다. 스피치는 여러 가지를 성취할 수 있는 좋은 기회를 제공해 준다. 남이 한 이야기, 남이 말하는 방법을 흉내내는 태도를 지양하고 창조적으로 자신만의 독특한 화법을 체득하여 말해야 한다.

3) 화자의 조건과 역할

(1) 화자의 기본자세

인간관계를 연결해 주는 말의 일차적인 목적은 자신의 생각과 느낌을 상대방에게 정확하게 전달하는 데 있다. 따라서 어떠한 목적으로 하는 말이건, 화자는 이 일차적인 목적을 달성하기 위해 최소한 다음의 원칙에 준해 말을 전개해야 한다.

가. 청자의 주의를 끌어 말의 내용에 흥미와 관심을 갖도록 한다.

나. 흥미와 관심을 잃을 것 같은 상황을 극복하여 그 흥미와 관심이 지속되도록 한다.

다. 상대방이 정확히 이해하고 올바로 납득할 수 있도록 자신의 생각을 명확하게 표현한다.

라. 자신의 인격이 담긴 진실된 말과 성실한 자세로 임한다.

이러한 스피치의 기본 원칙에 바탕을 두고, 화자가 효과적이고 바람직한 화법을 전개시키기 위해서는 사전 준비가 철저히 진행되어야 한다. 세심한 사전 준비를 한 뒤 스피치 상황에 임할 경우에 비로소 화자는 자신감이 넘치는 태도로 자신의 이야기를 전개시킬 수 있다. 그 결과 스피치에 대한 청자의 욕구를 만족시키게 되고, 마침내 화자는 의도한 목적을 성취할 수 있다.

(2) 화자의 화술 태도

스피치에 대한 기본적인 검토와 사전 준비가 끝나면 실제 스피치 상황에 돌입하게 된다. 이 때 화자는 주어진 목표를 성공적으로 달성하고 또 참여한 청자의 욕구도 충분히 충족시켜 줄 수 있도록 효율적으로 스피치를 전개해야 한다.

무엇보다도 스피치는 화자의 목적과 청자의 욕구가 상호 충족되는 방향으로 전개되어야 한다. 그라이스(Grice)는 화자와 청자 사이에 가장 효율적인 스피치 상황이 펼쳐질 수 있는 조건으로 '대화의 협동 원칙 네 가지'를 들고 있다. 즉 대화할 때 화자는 상대방에 최대한 협조하는 방식으로 행동해야 한다는 것이다. 그 네 가지 규칙은 다음과 같다.

〈그라이스(Grice)의 대화의 협동 원칙〉

가. '질'의 규칙(maxim of quality) : 거짓된 것, 증거가 부족한 것은 피하고 사실인 것만 말한다. 분명한 출처와 사실 확인이 가능한 객관적인 내용으로 이루어져야 한다.

나. '양'의 규칙(maxim of quantity) : 더 많이도 적게도 하지 말고 꼭 그만큼의 말만 한다. 주어진 시간 안에서 청자의 이해와 동의를 구할 수 있도록 내용을 구성한다.

라. '관련'의 규칙(maxim of relevance) : 현재 이야기하는 대화의 내용과 연관된 것만을 언급한다.

마. '방식'의 규칙(maxim of manner) : 난해하거나 모호한 말을 피하고 간결하고 명료하게 말한다. 상대방이 정확히 이해할 수 있도록 어휘 선택, 표현 방식에 있어서 청자의 입장을 반드시 고려해야 한다.

(3) 피드백 : 반응의 평가

피드백(feedback)은 실제 스피치를 진행하는 과정에서 화자가 본래의 메시지를 조정하고 수정하게 만드는 청자의 공공연한 반응을 일컫는다.

청자의 반응은 두 가지로 대별될 수 있다. 하나는 보상(報償)으로 파악되는 반응으로서 박수갈채, 동의의 끄덕거림, 메시지에 대한 세심한 주의 등 양성적인 피드백이다. 다른 하나는 징벌로 파악되는 반응으로서 조소와 조롱, 부주의, 하품, 잡담, 불쾌한 표정 등 음성적인 피드백이다. 후자에 가까운 청자의 반응이 나타날 경우, 화자는 자신이 준비한 스피치 원고를 그대로 진행시킬 것이 아니라 청자의 흥미와 관심, 이해도를 다시 높힐 수 있는 방향으로 메시지를 새롭게 수정, 보완, 강화하는 순발력이 요구된다고 하겠다.

4) 청자의 분석

(1) 청자의 욕구와 관심

스피치가 실패하는 대표적인 사례 중의 하나가 청자가 누구인지를 파악하지 않고 말을 하는 경우이다. 이 경우 청자가 알고 싶어하는 바를 시원하게 풀어주지 못할 수도 있고, 사용하는 어휘가 청자의 수준에 맞지 않아 메시지의 내용을 전달하는 데 실패할 수도 있다. 또 주제가 청자의 흥미나 관심과는 동 떨어져 시간을 내어 참여한 청자를 괴롭게 만들 수도 있다. 스피치의 준비는 최소한 다음의 세 가지 질문 ① 청자는 누구인가? ② 청자는 왜 모여 있는가? ③ 청자는 당신에게서 무엇을 원하는가?에 명확한 답을 구하고 시작해야 한다.

(2) 청자의 분석

스피치의 목적은 스피치 자체를 실행하는 데 있는 것이 아니고 청자로부터 의도한 효과를 거두는 데 있다. 따라서 스피치는 항상 청자를 중심으로 준비되어야 한다. 청자의 태도, 지식, 욕구, 감정 등을 잘 파악하여 이에 부합하는 스피치를 준비하여야만 청자가 긍정적으로 움직여주고, 화자는 소기의 목적을 달성할 수 있다. 특히 청자를 화자의 말을 그대로 수용하는 피동적인 존재로 인식해서는 안 된다. 청자는 자기 나름대로의 가치관과 지식 체계를 가지고 있는 존재다. 그리고 그것에 기초해서 화자가 전달하는 정보나 주장에 대해 긍정적으로 수용하려는 자세뿐만 아니라 부정적으로 반발할 태세도 갖추고 있다는 사실을 명심해야 한다. 따라서 청자의 태도와 신념, 욕구 등을 파악하여 청자의 호응을 더 많이 얻어낼 수 있는 방향으로 스피치 상황을 연출해 내는 것은 화자의 기본적 자질이라 할 수 있다.

5분 동안의 자기 소개 스피치를 준비하여 발표하기. (원고 참조하지 않고)

글쓰기 이론과 실제

5) 스피치 내용의 조직

(1) 스피치 내용 개발과 조직의 중요성

이야기할 때는 말할 내용의 주제, 목적, 핵심 명제, 주요 아이디어, 그리고 세부 내용을 청중, 화자, 장소에 따라 분석, 정리하여 이야기해야 한다. 즉 전달하려고 하는 의견, 생각, 사실 등의 정보를 어떻게 가공하여 청중이 알기 쉬우면서도 영향력 있는 내용으로 만들 것인지 연구하여야 한다. 스피치 내용 조직의 장점을 생각하면 다음과 같다.

화자에게 좋은점은 ①안심하고 말할 수 있다 ②잊어버리지 않는다 ③조리있게 이야기할 수 있다 ④즉흥적인 대사를 삽입할 수 있다 ⑤시간 조정이 용이하다 등이다. 그리고 청자에게 좋은 점은 ①청자가 이해하기 쉽다 ②구성에 대한 이미지가 솟는다 ③얘기의 뼈대를 놓치지 않는다 ④얘기의 종점을 파악한다 ⑤얘기의 전체상을 알 수 있다 등이다.

(2) 스피치 내용 조직의 절차

스피치의 조직은 여러 차원에 걸쳐서 이루어지기 때문에 한꺼번에 모든 것을 조직하는 것보다는 단계적으로 체계를 잡아 나아가는 것이 좋다.

① 핵심 명제 개발

핵심 명제는 화자가 하고자 하는 말을 하나의 문장으로 요약한 것으로 그 스피치를 총괄하는 아이디어이다. 스피치의 내용은 발효하는 순서대로 준비하는 것이 아니다. 실행할 때는 서론을 제일 먼저 발표하지만 스피치 준비는 핵심 명제의 개발에서부터 시작해야 한다.

◎ 개발 순서

핵심 명제를 개발하기 위해서 제일 먼저 해야 할 일은 스피치의 주제를 선정하는 것이다. 때로는 스피치 주제가 주어지는 경우도 있다. 이를테면 초청을 받아 연설하는 경우나, 다른 사람의 부탁이나 지시를 받아 프리젠테이션 하는 경우에는 스피치 주제가 주어지기도 한다. 그러나 남이 주제를 결정하여 주지 않는 경우에는 스스로 이를 결정하여야 하며, 때로는 주어진 주제라 할지라도 어느 정도 조정을 해야하는 경우도 있다. 이때는 여러 가지 상황을 잘 고려하여 주제를 선택하여야 한다. 그런 다음 개괄적 목적을 정하고, 이 둘을 적절히 조합하여 세부 스피치 목적을 정해야 한다. 이를 보다 정교하게 표현하면 핵심 명제 개발은 끝난다.

주　제 : 자동차 운전

개괄목적 : 자동차 안전운전

세부목적 : 청자에게 자동차 안전운행의 필요성을 인식시키기 위해.

핵심명제 : 우리가 신호의 지시를 잘 따르고, 차선을 지키며, 제한 속도를 넘지 않는다면, 언제나 자동차를 안전하게 운행할 수 있다.

② 본론의 개발

본론은 핵심 명제를 이해시키기 위해 반드시 논의해야 할 요점들로서 그 스피치의 기본 골격을 구성한다. 내용이 충실한 스피치니 알맹이 없는 스피치니 하는 평가는 그 스피치를 구성하는 본론의 질을 논하는 것이기 때문에 스피치의 뼈대를 구성할 주요 아이디어를 개발해야 한다. 본론부는 주요 아이디어를 결정한 다음, 스피치 상황이나 목적에 맞게 체계화하여야 한다.

가. 주요 아이디어의 개발

아리스토텔레스는 스피치의 주요 골격을 구성하는 주요 아이디어들의 집합을 토우피(topoi)라 불렀다. 토우피란 그리스말로서 '장소(place)'란 뜻을 가지고 있다. 아이디어들의 모임을 '장소'라 표현한 이유는 동일한 주제와 관련된 아이디어들은 하나의 카테고리로 뭉쳐져서 동일한 기억장소에 저장되어 있다고 믿었기 때문이다. 한 주제를 설명하기 위한 아이디어들을 발견하기 위해서는 이들이 모여 있는 기억 장소를 찾아야 하기 때문에 이런 과정을 토우피를 발견하는 과정이라 불렀던 것이다. 오늘날 토우피는 스피치에서 사용할 수 있는 유용한 아이디어들의 모임, 즉 사고의 카테고리를 의미하는 말로 사용되고 있다. 따라서 핵심 명제를 설정하고 난 후이를 발전시켜 나갈 주요 아이디어를 개발할 때는 자신의 스피치에 가장 적합한 토우피를 찾아야 한다.

가) 육하원칙 토우피

육하원칙은 어떤 사건이 전개된 과정이나 어떤 행사가 진행된 과정을 설명하는 데 매우 유용한 토우피이다. 따라서 위원회의 활동 사항이나 연구의 진척 사항 등을 보고하거나, 사건의 발발 경위를 설명하거나, 역사적 사건의 진행 과정을 논의할 때는 이 토우피를 사용하는 것이 좋다. 이 토우피는 누가(who), 언제(when), 어디서(where), 무엇을(what), 어떻게(how), 왜(why) 라는 6가지 주요 아이디어로 구성되는데, 뉴스 보도에서 많이 사용하기 때문에 저널리스틱 토우피라고 부른다.

나) 대안제시 토우피

대안제시 토우피는 기존의 정책, 제도, 제품 등에 새로운 대안을 제시할 때 유용하게 사용할 수 있는 토우피이다. 이 토우피는 문제(problem), 심각성(significance), 본질성(inherency), 해결력(solve the problem), 실현가능성(workability), 그리고 부작용(disadvantage)의 6가지 아이디어로 구성된다. 이 6개의 대안제시 토우피를 이용하여 스피치를 준비할 때는 각각을 하나의 질문 형식으로 만들어 순차적으로 검토해 나가는 것이 바람직하다.

㉠ 문 제 : "왜 새 대안이 필요한가?"

㉡ 심각성 : "문제가 대안을 필요로 할 만큼 심각한가?"

㉢ 본질성 : "문제가 현 상황의 본질적인 문제인가?"

㉣ 해결력 : "대안이 이 문제를 해결할 수 있는가?"

㉤ 실현 가능성 : "대안은 실현 가능한가?"

㉥ 부작용 : "새 대안이 갖는 본질적인 문제는 없는가?"

다) 속성 토우피

어떤 대상-이를테면 사람, 물건, 개념, 제도, 정책, 상품 등-을 설명하는 과정에서 효과적으로 사용할 수 있는 토우피다. 속성 토우피에는 다양한 주요 아이디어들이 있는데 하나의 주제를 논의하기 위해서 이 아이디어들을 모두 논의하는 것이 아니라, 자신의 스피치에 적절하다고 생각하는 것만 골라 쓰면 된다.

㉠ 존재와 비존재 : "있느냐, 없느냐?"

㉡ 정도나 양 : "어느 정도냐?" 또는 "얼마나 있느냐?"

㉢ 공간적 속성 : "지역별 또는 영역별로 어떻게 분포되어 있느냐?"

㉣ 시간적 속성 : "역사적으로 어떻게 변천해 왔느냐?" 그리고 "미래의 전망은 어떠한가?"

㉤ 움직임과 행동 : "어떻게 움직이느냐?" 또는 "어떻게 행동하느냐?"

㉥ 형태 : "어떻게 생겼느냐?"

㉦ 본질 및 정의 : "어떤 특성과 구조를 가지고 있느냐?"

㉧ 변이력 : "변할 수 있느냐?" 또는 "바꿀 수 있느냐?"

㉨ 위력 : "얼마나 강하냐?"

㉩ 요망성 : "얼마나 바람직한가?"

㉪ 실현가능성 : "실현이 가능한가?"

라) 관계 토우피

두 개 이상의 대상을 함께 논의할 때 유용하게 사용할 수 있는 아이디어들의 모임이 윌슨과 아놀드의 관계 토우피이다. 관계 토우피에는 인과 관계, 상관 관계, 종-속 관계, 유사-대조 관계, 그리고 가능-불가능의 관계가 있다. 이 다섯 가지 관계는 그 특성이 서로 다르기 때문에 한 쌍의 대상을 설명하는 데 모두를 다 적용시킬 수는 없다. 따라서 관계 토우피도 스피치 목적에 따라 이중에서 적절한 것만 골라 쓰면 된다.

마) 특수 토우피

특수 토우피(specific topoi)란 주어진 스피치에만 적용될 수 있는 특수한 아이디어들의 집합을 의미한다. 특수 토우피는 다양한 방식으로 개발해 나갈 수 있지만, 가장 좋은 방법은 자신의 스피치 주제와 관련된 개념들을 가능한 한 많이 수집한 후, 이들을 몇 개의 범주로 통합(categorize)하는 방식이다. 이 방법을 단계적으로 설명하면 아래와 같다.

제 1단계 : 개념 수집

평소의 경험과 지식, 참고서적, 관련자료, 자유연상법 등을 총동원하여 스피치 주제와 관련된 개념을 가능한 한 많이 모은다.

제 2단계 : 범주화

유사한 개념들을 통합하여 범주화한다.

제 3단계 : 취사선택

자신의 스피치 목적과 핵심명제에 적절한 범주를 골라 쓴다.

나. 본론의 조직법

가) 연대기적 조직

연대기적 방법은 주요 아이디어를 '시간의 흐름'에 따라 정리하는 방법이다. 연대기적 조직법에는 여러 종류가 있는데 가장 대표적인 것은 이 조직법 이름의 기원이 되기도 한 연대기 패턴을 따르는 방식이다. 즉 '00년 00월 00일 XX발생'하는 식으로 사건 진행을 시간의 흐름에 따라 정리하거나, '10세기 이전......, 11-15세기......, 16-19세기......, 20세기 이후......'하는 식으로 연대를 구역화하여 순서대로 정렬하는 방식 등을 통칭하는 말이다. 이 연대기적 방법은 메시지 목적과 청자에 따라서 연대기의 순서는 '미래→현재→과거'나 '미래→과거→현재'와 같이 보다 효과적인 쪽으로 바꾸어 순차적으로 열거할 수 있다는 장점이 있는 매우 적극적인 구성 방법이다.

나) 공간적 조직

이 방법은 '지리적', 혹은 '공간적'으로 생각을 정리해 가는 방법이다. 이런 방식은 텔레비전 아나운서가 자주 사용하는 것을 볼 수 있는데, 가령 흉악 사건이 발생했다고 하자. 스튜디어의 뉴스 캐스터가 사건 개요를 설명하고 생생한 사건 현장으로부터 리포터가 사건의 상세한 내용을 보고한다. 그리고 경찰청에서 중계로 경찰의 코멘트를 발표한다. 이것은 3개 지점을 선(線)으로 연결하여 평면적인 폭을 갖게 하는 방법으로 시청자에게 뉴스를 극적으로 전달할 수 있다.

이같은 공간적 조직법은 대륙간 차이나 각국의 제도 또는 지역의 특성을 논할 때, 사람이나 물건이 지역적으로 어떻게 분포되어 있는가를 논할 때 사용하면 효과적이다. 이 때 인과적 조직법을 소항목으로 사용하거나 시각 자료를 함께 사용하면 정말 효과가 높다.

다) 인과적 조직

인과적 방법은 주어진 스피치가 어떤 현상의 원인을 진단하거나 어떤 원인의 결과를 분석하는 경우에 안성맞춤이다. 인과적으로 아이디어를 조직하기 위해서는 '안과관계', '예증', '가치기준', 이 3가지를 보여 줄 필요가 있다. 예를 들어 당신이 제약 메이커의 개발부문에 서 신약 개발을 담당하고 있다고 하자. 개발한 신약의 안정성을 학회에서 발표할 때는 다음과 같은 순서로 조직하여 발표하는 것이다.

　　㉠ 가치기준 : 인체에 대한 안전 기준을 제시

　　㉡ 인과관계 : 안전성의 근거를 설명

　　㉢ 예　증 : 임상실험 결과를 소개

라) 에스컬레이션식 조직

이 방법은 작은 것에서 큰 것으로 에스컬레이션처럼 생각을 정리해가는 방법이다. 예를 들어 자신의 성공담을 많은 청중 앞에서 얘기한다며, 당신은 태어나서 자라난 고향의 시의회 의원으로 입후보하여 압도적 승리를 거둔 자랑스런 얘기부터 시작한다. 그리고 위원 시절의 활약상을 도도하게 설명하고, 마지막으로 국회의원으로서 국민에게 얼마큼 봉사하고 있는지에 대해 열변을 토할 것이다. 당신의 업적이 에스컬레이트되어 온 모습을 얘기하면 청중은 당신의 성공담에 도취할 것임에 틀림없다

이 에스컬레이션 방법은 '소→중→대'의 경과만이 아니라 공간적 확대, 단순한 것에서 복잡한 것으로, 평이한 것에서 난이도 높은 것으로, 가까운 것에서 먼 것으로 등 다양하게 단계적 경위를 나타낼 수 있다. 따라서 회사의 성장, 규모의 확대, 매출액추이, 네트워크 등의 설명을 하는 데 적합하다.

마) 변증법적 조직

변증법적이란 자기 속에 있는 모순을 스스로 발전시킴으로써 새롭게 통합된 통일에 도달하는 논리이다. 쉽게 표현해서 한식을 먹고 싶다고 주장하는 친구와 양식을 먹고 싶다고 주장하는 친구를 백화점 식당으로 데리고 가서 싸움을 피하는 것과 같다. '정(正)→반(反)→합(合)',

'백색→흑색→회색'의 전개를 하는 것이다. 이 변증법적 조직은 신기술, 발명, 발견, 문제해결 등의 스피치에 적합하다.

바) 연역적 조직

연역법은 '일반적 원리(대전제)로부터 특수한 원리나 사실(소전제)을 추론하여 결론을 내는 방법'이다. 연역적 조직법을 일반적으로 어렵게 생각하는 경향이 있으나 원리만 파악한다면 그다지 어렵지 않다.

대전제란 일반적으로 알려져 있는 원리, 원칙, 정의, 의견 등을 사용하며, 소전제에서는 대전제에 대한 사실을 거론한다. 그리고 논리적으로 받아들여질 수 있는 결론을 도출한다. 예를 들어 컴퓨터 시스템을 팔기 위한 프리젠테이션을 한다면, 우선 처음에 ①대전제로서 컴퓨터의 일반적 효용을 설명한다. ②소전제로서 고객의 문제점을 분선, 마지막으로 ③컴퓨터 도입의 필요성을 전개한다. 다만 주의할 것은 이 방법은 교묘한 구성으로 삼단논법의 모순점을 안고 있기 때문에 '논리의 비약'이 있거나 '전제의 해석에 무리'가 있거나, '결론에 억지'가 있으면 안 된다.

사) 귀납적 조직

귀납법은 '하나하나의 구체적 사실을 통합하고 그로부터 일반적 원리나 법칙을 도출하는 방법'이다.

　사실 1 : 주말에 테니스를 치는 A씨는 항상 건강하고 발랄하게 업무를 처리한다.

　사실 2 : 월 2회 골프를 하는 B씨는 얼굴 윤기도 좋고 정정하여 활발하게 업무를 처리한다.

　결 론 : 따라서 스포츠는 건강에 좋다.

이 방법으로 내용을 조직하면 많은 실제 사례를 생각하면서 청중으로 하여금 결론을 추론하게 하는 즐거움이 있다.

그러나 이 방법은 사용할 경우는 사례의 수가 충분치 않다면 단순한 자기 주장이 되고, 사례가 결론에 결부되지 않는 것은 단순한 억측이 되며, 사례가 결론에 결부되지 않는 것은 단순한 억측이 되며, 사례가 객관적이지 못하면 단순한 궤변에 불과하므로, ① 사례의 수가 충분한가

② 사례가 결론 도출에 적합한 것인다 ③ 많은 사람들로부터 객관적으로 인정 받고 있는 사례인가에 주의하여야 한다.

다. 서론의 개발

서론부를 개발하는 기법은 매우 다양하다. 주제와 핵심 명제를 소개하기 이전에 서두를 사용하여 관심을 끌고 분위기를 조성하는 기법이 있는가 하면, 거두절미하고 바로 주제를 도입하는 방법도 있다. 이 중에서 어떤 방법을 택하느냐 하는 것은 자신의 스피치 상황과 목적 그리고 청중의 속성에 따라 달라진다. 그러므로 아래에서 논의하는 여러 가지 기법들을 토대로 자신의 스피치에 가장 적절한 방법을 고르는 것이 좋다.

㉮ 깜짝쇼 기법	㉯ 긴장 유발 기법
㉰ 시각자료 이용기법	㉱ 이야기 이용 기법
㉲ 인용에 의한 서두 기법	㉳ 주변 상황 언급 기법
㉴ 질문 기법	㉵ 서두 없는 서론의 기법

라. 결론의 개발

스피치의 결론은 스피치 본체의 실행이 끝난 후 핵심 아이디어를 재강조하고 화자가 궁극적으로 내세우고자 하는 주장을 제시하는 부분이다. 힘겹게 화자가 이끌어 온 스피치 내용의 귀결이다. 스피치는 글과는 달리 서두와 본론부가 견실하지 않을 경우라도 최후의 한마디가 결정수가 될 수 있으므로 소홀히 할 수 없다. 그렇다고 결론이 언제나 꼭 이렇게 해야 한다는 일정한 형식은 없다. 기법으로는 다음의 방법이 있다.

㉮ 요약해서 결론을 내린다.	㉯ 바라는 소망을 결부시켜 결론을 내린다.
㉰ 결의나 맹세로 결론을 짓는다.	㉱ 조력이나 협력을 호소하여 맺는다.
㉲ 전체의 요점을 들어 끝맺는다.	㉳ 여운을 남기고 맺는다.
㉴ 문제를 제기하면서 끝맺는다.	

「남북통일」이라는 주제를 스피치 내용 조직의 절차에 따라 조직하여 발표하기.

5) 목소리와 발음

스피치는 소리를 통한 커뮤니케이션의 한 형태이기 때문에 스피치 실행의 가장 기본이 되는 것 가운데 하나가 목소리이다. 따라서 화자가 선천적 영향으로 남에게 듣기 좋은 목소리를 가지고 있다면 그것은 크나큰 행운이다. 비록, 자신이 목소리에 자신을 갖지 못한다고 하더라도 그대로 주저 앉을 수는 없다. 스스로의 노력을 통해서 이를 극복해야 한다. 세상에 듣기 좋은 목소리와 발음에 주의해 보자. 그런 다음, 확신에 차고 굳건하고, 발음이 분명한 목소리로 스피치를 실행하도록 해야 한다.

(1) 발성과 음성 훈련

발음이란 성문에 있는 성대를 호흡을 통해 진동시켜 나는 소리를 입이나 코를 거쳐 바로 울려 내보내는 현상이다. 발성을 할 때 몇 가지 유의해야 할 점을 보면 다음과 같다.

① 가장 자연스러운 발성을 하도록 노력할 것.

(무리한 음이나 지나치게 꾸미는 소리이어서는 안 된다.)

② 신체적 건강과 명랑한 심리 상태를 유지할 것.

(우울하거나 침통한 상태에서의 발성은 곤란하다.)

③ 신체 부위의 압박감이나 긴장감 없이 발성할 것.

(발성 기관의 어느 한 부분이라도 압박감이나 긴장감이 있으면 제 소리를 낼 수가 없다.)

④ 구강공명과 비강공명을 반반으로 이용하여 밝고 편한 소리를 낼 것.

(한쪽으로 치우쳐 코에 의존한 경우라면 지나친 콧소리도 혐오감을 준다.)

⑤ 진성대와 가성대의 어느 쪽에도 의존하지 말 것.

(성대의 윗부분을 가성대, 성대의 아랫부분을 진성대라고 할 때 가성대에 의존하면 들뜬 소리이거나 간
사한 소리가 나고 진성대에 의존하면 무겁고, 거칠고 거만한 소리가 나게 된다.)

(2) 발성 연습

발성하는 과정에서는 으레 육체적인 긴장을 하게 된다. 특히 목에 힘을 주어 말소리를 내서

는 안 되며, 아랫배에 힘을 주어 뱃속에서부터 울려 나오는 말소리가 되어야 한다. 그 다음은 발음이 정확해야 한다. 정확한 발음을 위해서는 매일 발음 연습을 해야 한다. 우리의 말은 대개 '이다', '입니다' 식의 '다'자로 끝나기 때문에 화법상의 어려움이 많다. 이러한 조그만 문제까지도 세심한 주의를 기울여야 한다.

발성 연습 방법으로는 아무런 문장이나 대사를 가지고(이 책의 한쪽을 가지고서라도) ① 천천히 ② 빨리 ③ 보통 정도로 ④ 슬프게(또는 울면서) ⑤ 즐겁게(또는 웃으면서) ⑥ 크게(높게) ⑦ 작게(낮게) 입에 익혀질 때까지 몇십 번, 몇백 번 되풀이하여 완전히 깨달아야 한다.

(3) 음질

음질이란 듣기 좋음 또는 듣기 나쁨이란 견지에서 음성이 귀에 들려지는 방식에 연관된다. 음질은 고저, 음역, 음조, 공명, 음색 등을 포함한다. 말로 표현된 단어, 문장, 사고 등을 취급할 때, 화자의 과제는 청자가 그 단어를 듣고 단어 이면에 숨겨진 의미를 이해할 수 있도록 충분히 큰 소리로 분명하게 말하는 일이다.

듣기와 이해하기 사이의 차이점을 주목해야 한다. 그리고 화자는 무엇보다도 음성이 잘 들려져야 한다. 즉 음성은 모든 사람이 들을 수 있도록 충분하게 발성, 전달되어야 한다. 둘째로 청자가 들은 바를 반드시 이해하여야 한다.

6) 몸가짐과 제스처

(1) 몸짓 언어의 중요성

스피치하면 흔히 말을 떠올리게 되지만 스피치는 말로만 실행하는 것은 아니다. 말과 함께 자연스런 몸동작이 따라주어야 전달되는 내용도 빛을 발하게 되는 것이다. 흔히 보디 랭귀지(body language)라 부르는 몸짓 언어는 스피치를 실행할 때 여러 가지 중요한 역할을 수행한다.

첫째, 몸짓 언어는 말을 통하여 전달되는 내용이 어떻게 해석되어야 하는가에 대한 힌트를 제공한다.

둘째, 몸짓 언어는 화자의 감정 상태를 노출한다.

셋째, 몸짓 언어는 말을 통하여 전달되는 메시지를 보완하는 역할을 한다.

(2) 자세

화자의 자세는 그의 정신적 준비상태(alertness)와 침착성(poise)을 반영한다. 자세가 바르고 굳건하면 그가 정신적으로 잘 준비되어 있으며 침착하다는 것을 보여 주지만, 자세가 한쪽으로 기울어져 있거나 뒤로 삐딱하게 기대고 있는 경우에는 정신적으로 해이한 상태에 놓여 있음을 반영하는 것이다.

(3) 몸 움직임

몸을 고정시켜 둔 상태에서 스피치를 한다는 것은 불가능하기도 하거니와 바람직하지도 않다. 움직임은 청자의 시선을 모아주기 때문에 때로는 고의적으로 움직일 필요가 있다. 스피치를 할 때의 몸 움직임은 굵으면서도 단호하고 편안하면서도 절도가 있어야 한다. 작고 부단한 움직임은 청자들의 눈을 현혹하게 되며, 불안한 움직임이나 위축된 움직임은 화자가 자신이 없다는 것을 반영하는 것이다.

(4) 시선

흔히 눈을 마음의 창이라 한다. 즉, 눈은 그 사람의 심리 상태를 잘 반영한다는 것이다. 스피치를 할 때 청자를 마주 바라보지 못하고 왼쪽이나 오른쪽 또는 위를 쳐다보는 것은 심리적으로 위축되어 있다는 것을 반영한다. 그렇게 되면 청자는 화자가 상황을 장악하지 못하고 있다는 것을 눈치채게 되며 그만큼 공신력을 낮추어 평가하게 된다. 따라서 스피치를 효과적으로 실행하기 위해서는 청자를 정면으로 쳐다볼 수 있어야 한다. 가장 바람직한 것은 청자 개개인의 눈을 자연스럽고 따뜻하게 쳐다보면서 스피치를 하는 것이다. 따뜻한 응시는 서로 간에 교감을 형성하여 주기 때문에 스피치의 효과를 배가시킬 수 있다.

(5) 표정

얼굴 표정은 화자의 감정 상태와 태도를 드러낸다. 경직된 얼굴 표정은 화자가 매우 긴장해 있다는 것을, 벌개진 얼굴은 불안에 떨고 있다는 것을, 그리고 찡그린 얼굴은 매우 초조해 하고 있음을 반영한다. 긴장, 불안, 초조 등에 휩싸여 있다는 것이 청자에게 알려져서 좋을 것은 하나도 없다. 따라서 스피치에 임할 때는 표정을 관리하는 데 특별히 신경을 써야 한다. 얼굴 표정은 내용의 변화에 따라 적절히 변화해야 한다. 즐거운 이야기를 할 때는 즐거운 표정을, 진지한 이야기를 할 때는 진지한 표정을 지어야 한다. 그러나 화난 표정이나 지나치게 흥분된 표정은 피하는 것이 좋다. 이러한 표정들은 화자가 자신의 감정을 적절히 통제할 수 없다는 사실을 반영하기 때문에 공신력에 영향력을 미친다.

(6) 제스처

스피치를 할 때는 목소리의 변화에 따라 그에 적절한 제스처가 이루어져야 한다. 제스처는 말을 통하여 전달되는 메시지의 의미를 명확하게 해주며, 특정한 단어나 구절을 강조하는 기능을 하고, 청자의 시선을 모으는 역할을 한다.

스피치를 하는 사람이면 누구나 다 제스처가 중요하다는 것을 알고 있다. 그래서 스피치를 실행할 때는 의식적으로 제스처를 하려고 노력한다. 그러나 제스처에 대해 지나치게 많은 신경을 쓰다 보면 과장되거나 어색한 제스처가 나오게 된다. 제스처는 다른 몸짓 언어와 마찬가지로 자연스러움을 그 생명으로 한다.

제스처가 자연스러워지려면 손이 무의식적으로 움직여야 한다. 그러기 위해서는, 기본 자세를 취할 때 손을 자유로이 풀어놓아야 한다. 깍지를 끼거나 탁자를 누르고 있거나 호주머니 속에 넣어 두면 손이 자유로이 움직일 수 없다. 손을 자유롭게 풀어놓은 상태에서 스피치의 진행에 맞게 몸을 움직이다 보면 제스처가 나오게 된다.

(7) 외양

화자의 외양은 그의 공신력에 영향을 미친다. 화자가 깔끔한 복장에 가지런한 모습으로 나타나면 청자는 그를 신중하고 준비가 잘 된 사람으로 평가하지만, 허술한 복장에 너저분한 모습으로 나타나면 그를 경솔하고 제대로 준비가 안 된 사람이라 생각한다. 따라서 스피치는 용모를 단정히 하고 복장을 가지런히 한 상태에서 임해야 한다.

총학생회장 출마자라고 가정하여 스피치를 준비하여 발표해 보시오.

2. 토론과 의사소통

1) 왜 토론인가

(1) 네트워크사회와 토론

의사소통의 중요성이 갈수록 커지고 있다. 그 점은 각종 국가고시나 입사시험에서 구술면접의 비중이 높아지고 있는 사실만 보더라도 쉽게 알 수 있다. 왜 그럴까. 그것은 한국사회의 구조변화와 밀접히 관련되어 있다. 한국사회는 시스템사회에서 네트워크사회로 빠르게 재편되고 있다. 시스템사회는 개체보다 전체를 중시하고 수직적 위계를 기반으로 하는 사회인 반면에 네트워크사회는 전체보다 개체를 중시하고 수평적 관계를 기반으로 하는 사회이다. 그래서 시스템사회에서는 명령과 복종이라는 상명하달적 관계가 주축을 이룬다면, 네트워크사회에서는 소통과 협력이 관계의 주요 형식이 된다.

이러한 구조변화는 두 가지 현상과 깊이 관련되어 있다. 하나는 87년 6월 항쟁이 가져다준 민주화이다. 6월 항쟁으로 파시즘의 시대가 종말을 고하고 민주주의의 새로운 시대가 열렸다. 한국사회의 민주화는 정치적·제도적 차원뿐 아니라 일상적·문화적 차원에 이르기까지 폭넓게 진척되었다. 그에 따라 사람들 간의 관계가 수평적이고 민주적인 관계로 변하고 있다. 다른 하나는 대중지성의 출현이다. SNS(social network service)의 급속한 성장은 이를 잘 보여준다. 지식인이 주도했던 여론을 대중이 이끌고 있다는 것은 대중이 지식인의 역할을 수행하고 있다는 것을 의미한다. 그런 만큼 대중에 대한 과거와 같은 명령과 통제가 더 이상 통하지 않게 되었다.

네트워크사회는 개인의 자율성을 존중하고 소통과 협력을 중시하며 수평적 관계를 바탕으로 한다. 말의 바른 의미에서의 사회란 본디 의사소통의 네트워크이다. 그렇게 보면, 시스템사회는 정상적인 의미의 사회가 아니었다고 할 수 있다. 그런 점에서 한국사회가 네트워크사회로 변화하고 있다는 것은 한국사회가 이제야 정상적인 의미의 사회로 진입하고 있다는 것을 뜻한다고도 할 수 있다. 네트워크사회에서 가장 중요한 능력은 의사소통의 능력이다. 네트워크 자체가 의사소통에 의해 구성되기 때문이다. 토론 능력이 중요한 까닭이 여기에 있다. 인간은 삶은 무수한 만남으로 이루어진다. 만남이란 곧 의사소통이다. 의사소통을 통해 만남이 이루어지고, 그 만남들이 모여 네트워크가 만들어진다. 네트워크사회에서는 네트워크를 만드는 능력이 최고의 경쟁력이다. 네트워크를 만들 줄 모르면 고립되고 소외되기 때문이다.

토론은 의사소통의 과정을 농축해놓은 것이다. 그런 만큼 토론 속에는 의사소통의 과정에서 벌어질 수 있는 모든 상황이 집약되어 있다. 그래서 토론은 의사소통의 능력을 키워주는 가장 효과적인 훈련의 장이 된다. 토론의 달인은 의사소통의 달인이 될 수 있고, 의사소통의 달인은 네트워킹의 달인이 될 수 있다.

SNS를 통한 의사소통의 장단점에 대해 자유롭게 토론해 보시오.

(2) 놀이로서의 토론

사람들은 토론을 대단히 진지하고 엄숙한 일로 여긴다. 그래서 토론에 참여한 사람들은 대개 말하는 것이 조심스러워지고 실수하지 않을까 눈치를 보게 된다. 당연히 분위기가 경색되면서 토론은 어색하고 힘겨운 의식처럼 되어버린다.

토론이 활성화되려면 무엇보다 먼저 토론을 즐거운 놀이로 보는 발상의 대전환이 필요하다. 문화예술은 놀이에서 시작되었다. 쉽게 말해 음주가무의 놀이가 발전해 문화예술이 된 것이다. 토론 또한 일종의 문화예술이다. 토론의 전체 과정을 보면 마치 한 편의 드라마와도 같다. 토론은 드라마처럼 발단-전개-위기-절정-대단원의 긴박하고 역동적인 과정을 보여준다. 또한 토론에서 사회자와 발표자와 토론자는 드라마의 연출자와 작가와 주인공과 비슷한 역할을 한다.

드라마가 놀이인 것처럼 토론 역시 즐거운 놀이이다. 토론을 의식 치르듯 대하면 힘겨운 일이 된다. 반면에 토론을 놀이하듯이 하면 즐거운 일이 된다. 드라마처럼 토론 또한 말의 향연이다. 말을 갖고 노는 놀이인 것이다. 물론 토론이라는 놀이를 즐기려면 사고력, 이해력, 표현력이 밑받침되어야 한다. 표현력이 있어야 자신의 생각을 설득력 있게 전달할 수 있고, 사고력이 있어야 자기의 견해를 논리적으로 가다듬을 수 있으며, 이해력이 있어야 상대방의 주장에 담긴 장단점을 정확하게 파악할 수 있다.

하지만 이것은 축구라는 놀이를 제대로 즐기려면 기본기와 기초체력과 규칙 이해를 미리 갖추고 있어야 하는 것과 똑같다. 어떤 놀이든 제대로 즐기기 위해서는 그 정도의 부담은 감수해야 하는 것이다. 실제로 대부분의 사람들은 그러한 부담을 즐거운 마음으로 기꺼이 감수한다. 축구라는 놀이가 너무 재미있기 때문이다. 더구나 축구를 즐기다 보면 저절로 기본기와 체력이 더욱 늘게 된다. 토론 역시 마찬가지다. 최소한의 표현력과 사고력과 이해력은 토론이라는 놀이를 즐기기 위해 기꺼이 감수해야 할 기본적인 소양이다. 뿐만 아니라 토론을 즐기다 보면 표현력과 사고력과 이해력이 저절로 좋아진다. 표현력과 사고력과 이해력을 갖추지 못한 사람들도 토론이라는 놀이를 통해 그것들을 향상시킬 수 있는 것이다. 그것은 축구를 전혀 모르는 사람들도 축구를 하다 보면 자기도 모르는 사이에 기본기와 체력과 규칙 이해가 생기는 것과 똑같다.

토론은 표현력과 사고력과 이해력에 바탕한 즐거운 놀이인 동시에 그 놀이를 통해 표현력과 사고력과 이해력을 증진시키는 일석이조의 향연이다. 토론을 놀이처럼 즐겨라! 이것이 토론의 절대적이고도 유일한 원칙이다.

놀이의 관점에서 토론과 축구의 공통점과 차이점에 대해 자유롭게 토론해 보시오.

2) 토론의 순서

토론은 예비 토론-본 토론-마무리 토론의 세 과정으로 이루어진다. 이 세 과정은 의사소통의 전체 과정을 축약해놓은 것이다. 또한 이 과정은 서론-본론-결론으로 이루어진 논문의 구성과도 부합한다. 그런 점에서 토론의 과정은 사고의 과정과도 똑같다. 토론이 사고력을 증진시켜주는 소이가 여기에 있다.

(1) 예비 토론

토론은 예비 토론으로 시작한다. 예비 토론이란 무엇이 문제이고 왜 문제인지에 대한 공감대를 확보하는 작업이다. 가령 한미 FTA를 주제로 토론한다고 할 때 한미 FTA에 관해 토론해야할 당위성과 필요성에 대한 공감대가 없다면 활발한 토론을 기대하기 힘들다. 예비 토론은 한미 FTA라는 논제가 왜 중요하고 무엇이 문제인지에 관해 기본적인 문제의식을 공유하는 과정이다.

또한 한미 FTA라는 논제를 토론하는 데 필요한 소주제들을 설정하는 것도 예비 토론에서 반드시 이루어져야 한다. 소주제를 제대로 잡아야 본 토론이 체계적으로 이루어질 수 있다. 예비 토론은 글쓰기에 비유하면 개요에 해당한다. 개요란 글의 밑그림을 그리는 일이다. 개요에서 중요한 것이 목차의 작성이다. 목차가 잘 짜여질 때 글의 체계성을 갖출 수 있다. 소주제를 설정하는 일 역시 마찬가지다.

(2) 본 토론

예비 토론으로 논제에 대한 공감대를 확보하고 소주제를 설정한 후에 본 토론으로 들어간다. 본 토론은 논제를 구성하는 각각의 소주제들에 대해 토론하는 과정이다. 본 토론에서 중요한 것이 다양한 의견들 간의 경쟁이다. 이 논쟁을 통해 문제의 본질을 규명하고 최선의 합리성을 찾는 것이 본 토론의 과제이다.

실제 토론에서는 일반적으로 이 과정이 논제를 구성하는 주요 요소들을 소주제로 세분화해 토론하고 그것들을 평가하는 방식으로 진행된다. 이를테면 한미 FTA라는 대주제 아래 1) 한미

글쓰기 이론과 실제

FTA의 동기와 배경 2) 한미 FTA의 장점과 긍정적 효과 3) 한미 FTA의 단점과 부정적 효과 4) 한미 FTA의 보완 대책과 같은 소주제로 세분화해 토론하는 것이 가능할 것이다. 유념할 것은 본 토론에서 반드시 합의가 이루어져야 하는 것은 아니라는 점이다. 합의가 이루어지면 좋겠지만, 합의에 집착하지는 말라는 것이다. 합의에 대한 과도한 집착은 토론의 활성화를 저해하기 십상이기 때문이다.

(3) 마무리 토론

마무리 토론은 말 그대로 토론을 마무리하는 과정이다. 토론을 마무리하는 데 있어서 중요한 것은 두 가지이다. 하나는 토론을 종합하는 일이다. 토론의 종합을 너무 심각하게 생각할 필요는 없다. 토론의 전체 과정에 대한 개개인의 소감을 자유롭게 피력하는 정도면 족하다. 그 과정에서 토론에 대한 종합적인 인상과 판단이 토론 참여자들에게 자연스럽게 형성될 것이다. 다른 하나는 대안을 모색하는 일이다. 가령 한미 FTA의 대안에 대해 생각해보는 것이 그것이다. 이 때 실제적인 대안을 찾아내느냐 하는 것은 중요하지 않다. 중요한 것은 대안적 사고 그 자체이다. 대안을 향해 열려 있을 때 미래지향적이고 생산적인 토론이 가능하기 때문이다.

(4) 강평

토론이 끝난 후에는 강평의 과정을 꼭 거쳐야 한다. 강평은 토론의 성공한 부분과 실패한 부분을 분별해 칭찬할 것은 칭찬하고 비판할 것은 비판하는 작업이다. 그럴 때 토론의 발전을 기대할 수 있다. 처음에는 담당교수가 이 일을 맡는 것이 좋다. 아무래도 토론 초기에는 토론자들이 강평을 할 수 있는 안목이 여물지 못한 상태이기 때문이다. 하지만 토론 훈련이 어느 정도 진행되면 그 때부터는 토론자들이 강평자의 역할을 맡겨야 한다. 강평의 경험이 토론에 대한 감각을 향상시키는 데 중요한 작용을 하기 때문이다. 토론 참여자들 간의 상호강평도 좋은 방법이다. 가령 사회자가 토론자들을, 토론자가 발표자를, 발표자가 사회자를 강평하는 식으로 상호강평하는 것이 가능할 것이다. 또는 사회자, 발표자, 토론자가 각각 토론과정 전체를 강평하는 방식도 생각해볼 수 있다.

이때 유의할 것이 토론 때 자신과 같은 의견이었냐 아니었냐가 강평의 기준이 되어서는 안 된다는 점이다. 이런 식의 강평은 공정성을 갖기 힘들기 때문에 안 하느니만 못한 결과를 낳기 마련이다. 따라서 토론 과정의 일관성과 체계성, 논리전개의 타당성과 깊이, 표현방식의 설득력이나 매너, 대안의 적절성 같은 것들을 중심으로 강평이 진행되어야 한다.

한미 FTA 문제를 다음의 순서에 맞춰 토론해 보시오.

　1) 예비토론

　-한미 FTA 문제를 토론해야 할 이유들을 논해본다.

　-소주제를 토론을 통해 정한다.

　2) 본 토론

　-소주제별로 토론한다.

　-각각의 소주제에 대한 최종적 입장을 들어본다.

　3) 마무리 토론

　-토론 내용에 대한 전체적인 소감을 들어본다.

　-한미 FTA의 대안에 대해 의견을 들어본다.

　4) 강평

　-토론 참가자들에게 토론에 대한 강평을 들어본다.

　-담당교수가 토론에 대해 강평한다.

3) 토론의 역할 분담

토론이 성공하려면 역할 분담이 제대로 이루어져야 한다. 토론을 이끌어가는 주체는 사회자, 발표자, 토론자이다. 토론이라는 드라마는 이 세 주체가 삼위일체를 이뤄 자신의 역할을 적절하게 수행할 때 성공을 기대할 수 있다.

(1) 사회자

사회자의 역할은 토론을 이끄는 것이다. 이를 위해서 사회자는 발표자 이상으로 논제를 꿰뚫고 있어야 한다. 그래야 토론을 올바른 방향으로 유도하는 것이 가능하다. 또한 사회자는 토론 참여자들이 자발적으로 자신의 생각을 피력할 수 있도록 분위기를 조성해야 하며, 논제에 대한 공감대를 마련해야 한다. 그런 점에서 사회자는 토론이라는 드라마의 연출자라 할 수 있다.

(2) 발표자

발표자의 역할은 논제에 관해 주제발표를 하고 토론자들의 질문이나 비판에 답변하는 것이다. 발표자는 드라마의 대본을 만드는 작가와 비슷하다. 그런 만큼 발표자는 항상 발표의 내용과 수준에 의해 토론의 내용과 수준이 결정된다는 사실을 명심하고, 주제에 대한 완벽한 이해를 기본적으로 갖추고 있어야 한다. 질문이나 비판에 대해 적절하게 답변하고 반박하는 능력도 발표자가 갖춰야 할 덕목이다.

(3) 토론자

토론자의 역할은 논쟁과 토의와 심의에 참여해 자신의 견해를 피력하는 것이다. 토론의 중심은 사회자나 발표자가 아니라 바로 토론자이다. 드라마에 비유하면, 사회자가 연출자이고 발표자가 작가라면 토론자는 주인공이라 할 수 있다. 그래서 사회자나 발표자 없는 토론은 있지만, 토론자 없는 토론은 존재할 수 없다. 따라서 토론자들은 자신이 토론의 주인공이라는 주인의식을 갖고 토론에 임해야 한다.

4) 토론 훈련의 단계

토론 훈련은 단계별로 진행되는 것이 바람직하다. 쉬운 방식의 토론에서 시작해 점차 어려운 방식의 토론으로 진척시켜 가야한다는 말이다. 쉬운 방식의 토론을 통해 토론에 대한 감각을 익히고 어려운 방식의 토론을 통해 토론의 매너와 규범을 습득해 나가는 것이 토론 능력을 키우는 올바른 수순이다.

(1) 분임토론

가장 쉬운 방식의 토론이 분임토론이다. 분임토론은 몇 개의 조로 나뉘어 이루어지는 토론이다. 토론의 첫 단계에 가장 효과적인 토론이 분임토론이다. 분임토론은 대화 상태와 비슷한 토론 방식이라 할 수 있다. 토론의 규모가 작으므로 토론 참여가 훨씬 용이하고 분위기에 적응하기도 쉽다.

다만 분임토론으로 끝내지 말고 되도록 전체토론의 과정을 거치는 것이 좋다. 분임토론은 다음 단계의 토론으로 나아가기 위한 준비과정이므로 전체토론을 통해 다음 단계의 토론에 대한 적응력을 갖춰나가는 것이 필요하기 때문이다.

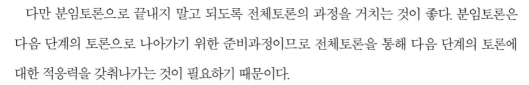

다음의 글을 읽고 학교폭력으로 인한 자살을 막을 수 있는 대책에 대해 분임토론을 해보시오.

우리나라의 전체 자살률은 경제협력개발기구(OECD) 국가들 중 가장 높다. 2009년 한해에만도 약 1만5500명이 자살로 사망하였다. 30분당 1명씩 자살로 죽음을 맞이한 셈이다. 그 중 청소년 자살의 특징은 성공률이 높지는 않지만, 시도율은 모든 연령층을 통틀어 가장 높다는 점이다. 10대의 사망 중 자살로 인한 사망이 가장 높은 위치를 차지한다. 글레이저 등에 따르면, 청소년의 자살 가운데 다른 연령층에서 가장 중요한 원인이 되는 우울증으로 인한 경우는 10% 미만이고, 충동이나 남을 조종하려는 의도, 가족이나 친구들에게 복수하려는 의도가 결정요인으로 나타났다. 굴드 등은 대인관계의 갈등이나 상실이 청소년 자살 대부분의 촉발인자가 된다고 보았다.

엘카인드 등은 '가상적 청중'이란 개념을 도입하여 자신이 자신의 행동·외모·생각·감정에 몰두하는 것과 같이 '다른 사람들도 나의 행동·외모·사고·감정을 주목할 것이다'라고 남을 지나치게 의식하여 고민한다고 하였다. 청소년들은 유명인이나 가까운 사람이 갑자기 자살을 하면 '나도 저렇게 죽으면 편하지 않을까' 혹은 '나도 그 사람을 따라 죽고 싶다'는 마음에 자살을 시도하기도 한다. '베르테르 효과'라는 모방자살이다. 이 시기는 아직 확고한 주체성이 확립되지 않아 미래의 꿈이나 이상을 좇아 어려움이 있더라도 확고한 신념을 가지고 일을 해결해 나갈 힘이 부족하다. 그래서 타인의 이야기에 영향을 받고, 눈치를 보고, 어려움이 닥치면 쉽게 포기하고 극단적인 선택을 하기 쉬운 시기이다.

자살을 이야기할 때 가장 어려운 점은 예측을 하기가 쉽지 않다는 점이다. 하지만 자살하는 사람에겐 특징이 있다. 자살 시도 전에 약 80% 이상의 사람들이 '죽고 싶다'는 표현을 누군가에게 한다는 것이다. 그렇기 때문에 평소와 다른 행동을 하거나, 자신의 신변을 정리하고, 작별인사를 하고, 평소 아끼던 물건이나 돈을 주어버리는 등의 행동을 하는 경우에는 반드시 이유를 물어보고, '죽고 싶다'는 등의 표현이 있다면 정신건강의학과 의사 등 전문가와 상담하도록 하여야 한다.

최근 국가나 지자체에서 '정신보건센터'나 교육청 소속 '위센터' 등을 통해 청소년 정신건강 검진을 하고 있다. 그러나 청소년은 학부모의 동의가 없이는 진단이나 치료를 하기 어려운 경우가 많다. 학부모에게 연락을 하면 '우리 애는 아무런 문제가 없다', '친구들이 문제다', '정신질환자 취급을 한다', '아이 장래를 망친다'는 식으로 낙인을 걱정하여 치료에 비협조적인 경우가 많다.

　실제로 아이의 고민이나 문제의 심각성을 잘 알지 못하는 부모도 상당히 많다. 등교를 거부하거나, 청소년 비행 등의 문제가 벌어지거나, 자살 시도 등의 사고가 생기고 나서야 사후약방문 식으로 병원을 찾는 경우를 많이 본다. 일차적으로는 부모와 아동·청소년 사이에 많은 대화와 보살핌이 우선이겠지만, 국가에서 법적·제도적으로도 문제가 발견된 아동·청소년들에 대한 부모의 관심과 치료적 접근을 보장할 수 있는 대책 마련이 시급한 상황이다.

　▶▶▷ 〈엄마, 전 지금 죽고 싶다구요!〉, 《한겨레신문》, 2012. 1.19, 이광헌 동국대 경주병원 정신건강의학과 교수

(2) 약정토론

약정토론은 주제발표와 그에 대한 약정토론을 중심으로 진행되는 토론이다. 다시 말해 발표자와 토론자를 미리 정해서 하는 토론이 약정토론이라 할 수 있다. 약정토론은 주제발표와 약정토론을 중심으로 한 토론이므로 발표자와 약정토론자의 철저한 사전준비가 필수적이다. 따라서 담당교수가 발표문과 토론문을 미리 검토하고 수정·보완시키는 것도 좋다.

약정토론 역시 전체토론의 과정을 거쳐야 한다. 전체토론을 효율적으로 진행하기 위해서는 약정토론 과정에서 나온 쟁점들을 사회자나 담당교수가 정리해줄 필요가 있다. 쟁점을 중심으로 토론이 이루어질 때 토론의 활성화를 기대할 수 있기 때문이다.

글쓰기 이론과 실제

재벌들이 중소기업이나 영세자영업자들의 사업영역까지 침범하고 있는 데 대해 비판의 목소리가 높다. 중소기업과 영세자영업이 서민들의 생계나 취업에서 차지하는 비중이 높다는 점에서 재벌들의 이러한 약탈적 행태는 사라져야 마땅하다. 하지만 그 방법론에 있어서는 의견이 분분하다. 한편에서는 재벌에 대한 사회적 규제를 제도화해야 한다고 주장하고, 다른 한편에서는 재벌의 자율적 자기교정에 맡기는 것이 좋다고 말한다. 어떤 방안이 복지와 성장의 선순환적 발전을 위해 보다 바람직한 대책인지에 대해 약정토론 해보시오.

(3) 찬반토론

이 단계부터가 전체토론에 해당한다. 다만 전체토론의 첫 단계이므로 찬반토론의 형식이 효과적이다. 찬반토론이란 쟁점이 분명한 문제를 중심으로 찬성과 반대의 의견이 공방을 벌이는 토론이다. 찬반토론은 전체토론 가운데 토론의 방식이 가장 단순한 토론이다. 따라서 전체토론의 감각과 매너를 익히는 데 가장 용이하다.

찬반토론에서 중요한 것은 논제를 잡는 일이다. 찬성과 반대가 선명하게 갈리는 사회적 이슈를 논제로 설정하는 것이 좋다. 토론자들의 참여 의욕도 높일 수 있고 토론의 분위기도 활성화시킬 수 있기 때문이다. 토론 전과 후에 찬성과 반대의 비율을 확인해 그 변화를 비교해보는 것도 찬반토론의 한 방식이다. 토론의 효과를 가장 쉽게 알아볼 수 있기 때문이다.

다음의 글을 읽고 안락사를 허용할 것인지에 대해 찬반토론해 보시오.

국민 10명 중 7명이 무의미한 연명치료 중지(소극적 안락사)에 찬성하는 것으로 보건복지부 설문조사에서 나타났다. 찬성 이유로 가족들의 고통, 고통만 주는 치료, 경제적 부담 등을 꼽았다. 가족 동의나 본인의 사전 의사 표시가 있다는 전제 아래 무의미한 생명 연장보다는 존엄한 죽음이 낫다고 여기는 것이다. 이번 설문은 민감한 생명윤리에 대한 정부의 첫 국민 인식 조사여서 주목된다. 2009년 고 김옥경 할머니 사례로 논란을 빚었던 안락사 문제를 공론화할 의향이 있음을 시사한다. 안락사 허용 여부는 고대 그리스 때부터 제기돼온 인류의 오랜 종교·도덕·철학적 논쟁거리다. 소생 가능성이 없는 환자의 고통을 덜어줌으로써 명예롭게 죽을 권리와 죽음은 신의 영역이라는 종교적 관점이 맞서왔다. 시대, 나라, 상황마다 잣대가 달랐기에 공통의 기준을 정하기도 모호한 측면이 있다. 하지만 1990년대 이후 네덜란드와 벨기에가 안락사를 합법화 했고, 스위스는 용인하고 있으며, 미국과 호주 일부 주에선 제한적으로 허용한다. 일본도 임종이 다가올 때 본인의 의사를 존중하는 '명예사(존엄사)'에 관한 법률 제정을 추진 중이다. 의학기술의 발달로 죽음이 임박한 환자도 연명장치를 이용해 몇달씩 생명을 유지하는 게 가능해졌다. 죽음까지도 의료화된 세상이다. 물론 윤리적 논란을 빚는 적극적 안락사(의사조력 자살)까지 허용하긴 어려울 것이다. 하지만 소극적 안락사마저 금지시킨다면 급격한 고령화 속에 전국 병상은 본인 의사와 무관하게 연명장치를 단 임종 직전 환자들로 가득 찰 수도 있다. 죽음만도 못한 삶을 유지하는 것은 생명 연장이 아니라 죽음의 연장으로 봐야 할 것이다. 이제 존엄하게 죽을 권리에 대해 조심스럽게 재검토할 때가 됐다.

▶▶▷「죽음 연장하는 안락사 금지, 재검토할 때가 됐다」, 『한국경제』, 2012.1.19

(4) 자유토론

자유토론은 주제발표에 대해 토론자 전체가 참여해 자유롭게 논의하는 토론 방식이다. 자유토론은 주제발표 후 약정토론 없이 곧바로 전체토론으로 이어지기 때문에 토론 참여의 폭이 가장 넓은 토론이며, 그런 만큼 최선의 합리성을 기대할 수 있는 토론이다. 그런 점에서 자유토론은 토론의 이상형이라 할 수 있다. 대중지성의 시대에 가장 부합하는 토론이기도 하다.

자유토론이 제대로 이루어지려면 토론자 모두가 논제에 대한 기본 지식뿐 아니라 토론의 감각과 매너를 갖추고 있어야 한다. 따라서 논제에 대한 토론 참여자 전체의 사전 준비가 필수적이다. 담당교수는 이 점에 대해 토론 참여자들에게 미리 충분히 주지시켜야 한다. 사전 준비 없는 자유토론은 불가능하기 때문이다. 자유토론을 토론 훈련의 마지막에 놓은 것도 그래서이다.

영화 〈도가니〉를 관람하고 성폭력을 줄일 수 있는 법적·문화적 대책과 예방책에 대해 자유토론해 보시오.

5) 토론의 방법

토론은 다양한 의견들이 경쟁하는 장이다. 이때의 경쟁은 승자독식의 제로-썸 게임이 아니라 최선의 합리성을 찾아가는 윈-윈 게임을 뜻한다. 제로-썸 게임은 경쟁이 아니라 독점일 뿐이다. 다양한 의견들 간의 경쟁은 구체적으로는 주장하고 설득하고 반박하고 재반박하는 과정으로 구성된다. 따라서 토론의 달인이 되려면 주장과 설득과 반박을 능숙하게 구사할 줄 알아야 한다.

(1) 주장

주장이란 자신의 소신이나 의견을 밝히는 일이다. 주장은 상대방의 동의를 목표로 하므로 그 목표를 달성하기에 적합한 주장을 펼쳐야 한다. 이때 중요한 것은 두 가지이다. 첫 번째는 보편타당성이다. 보편성과 타당성을 인정받을 수 있는 가치 합리적인 주장을 해야만 설득력을 갖출 수 있다. 두 번째는 충분한 논거이다. 아무리 보편타당한 주장을 해도 논리적 근거나 경험적 근거를 적절하게 제시하지 못하면 광범위한 동의를 기대하기 힘들다. 그러므로 토론에서 경쟁력을 가지려면 보편타당성을 분별할 수 있는 지성과 논거를 찾아내는 사고력을 갖추는 훈련을 꾸준히 하는 것이 긴요하다. 이러한 능력을 키우는 데는 인문학 독서만큼 유용한 것이 없다.

(2) 설득

설득이란 자신의 주장에 대한 호감도와 신뢰도를 높이는 일이다. 같은 내용을 말할 때에도 어떻게 말하느냐에 따라 다르게 받아들여진다. 아무리 옳은 주장이라도 동의를 얻지 못하면 현실화될 수 없다. 효과적인 설득을 통해 호감도와 신뢰도를 높이는 것이 동의를 이끌어내는 지름길이다. 호감도와 신뢰도를 높이기 위해서는 무엇보다 표현력을 갖추고 있어야 한다. 적절한 표현과 효과적인 수사(修辭)를 구사할 때 호감도와 신뢰도가 높아지는 법이다. 따라서 평소에 문학 독서를 통해 표현과 수사에 대한 감각을 길러두어야 한다.

(3) 반박

토론은 공방의 과정이다. 하나의 의견이 제시되면 그것과 대립하는 의견이나 비판이 나오기 마련이다. 반박이란 그러한 반대 의견이나 비판이 잘못된 것임을 밝히고 자신의 의견이 정당함을 입증하는 행위이다. 효과적인 반박은 상대방의 주장에 담긴 모순이나 허점을 정확하게 밝혀낼 때 가능하다. 이를 위해서는 잘 들을 줄 알아야 한다. 토론에서 말하기 이상으로 듣기가 중요한 것은 그래서이다. 실제 토론을 보면, 자기 말만 하고 남의 말에는 무관심한 사람들이 적지 않다. 이런 식의 토론 방식으로는 상대방을 설득하기 어렵다. 설득하지 못하니 동의를 얻어내기도 어렵다. 반박도 설득의 한 과정임을 명심해야 한다.

6) 토론의 구성요소

토론이라는 행위는 논쟁, 토의, 심의로 구성된다. 토론을 할 때에는 자신의 발화가 이 셋 중 어느 것에 해당하는지를 명확히 분별하면서 거기에 맞게 행동해야 한다. 그래야 토론의 흐름에 적절하게 대처할 수 있다. 그렇지 못하면 토론에서 소외되거나 주변화된다.

(1) 논쟁

논쟁이란 서로 다른 견해에 대해서 옳고 그름을 따지는 일이다. 토론은 다양한 의견들 간의 경쟁이므로 그 가운데 어떤 의견이 옳은지를 놓고 다투는 것은 필연적이다. 논리적 다툼의 과정에서 좋은 게 좋은 거지 식의 타협주의는 금물이다. 시시비비를 따지는 자리에서는 치열해야 한다. 1+1이 2일 수도 있고 3일 수도 있을 수는 없는 일 아닌가. 따라서 논쟁의 상황에서는 적극적이고 분명하게 옳고 그름을 따지는 태도를 취해야 한다. 자신이 옳다고 생각하면 당당하게 소신을 밝히고 상대방을 비판하는 것이 논쟁적 합리성이다.

다음의 글을 읽고 아이돌 문화와 청년문화의 가치와 필요성에 대해 논쟁해 보시오.

　　2000년대의 대중문화를 생각할 때마다 가장 안타까운 것이 청년문화가 보이지 않는다는 사실입니다. 1960년대 중반 이후 한국의 대중문화를 선도한 것은 청년문화였습니다. 청년문화는 기성문화에 대한 대항문화(counter-culture)로 출발해 70년대의 저항문화, 80년대의 민중문화로 자기 갱신하면서 한국의 대중문화를 이끌었습니다. 돌이켜보면, 1970~80년대는 한국의 대중문화가 가장 역동적인 시기였습니다. 발랄한 실험정신, 예리한 비판정신, 진중한 역사의식으로 새로운 대안문화의 시대를 열어갔었죠. 그 중심에 청년문화가 있었습니다. 청년문화의 진원지는 대학이었지만, 대학에서 일어난 바람은 폭풍이 되어 대학 너머, 세대 너머로 확산되었더랬습니다. 그것은 당시의 대학문화에 자주·민주·통일로 표상되는 시대적 보편성이 담겨 있었기 때문입니다. 청년문화가 저항문화 혹은 민중문화라는 범(凡)세대적 명칭으로 불렸던 것도 그래서일 터입니다.

　　하지만 1990년대에 청년문화의 맥이 끊겼습니다. 그 출발점은 대학문화의 죽음이었습니다. 대학문화의 죽음은 곧바로 청년문화의 실종으로 이어졌죠. 그 자리를 차지한 것이 이른바 아이돌 문화였습니다. 아이돌 문화는 문화산업이 기획하고 연출한 상품이었습니다. 아이돌 문화의 타겟은 10대였습니다. 10대의 감성과 소망을 표현하겠다는 명분으로 등장한 아이돌 문화는 순식간에 문화시장을 평정했죠. 아이돌 문화의 키워드는 '나'였습니다. 청년문화 또한 '개인'을 노래했지만, 10대문화의 '나'는 개인과도 다른 의미를 갖고 있었습니다. 그것은 한마디로 환원 불가능성이라고 할 수 있습니다. 이 환원 불가능한 '나'라는 표상은 가정과 학교라는 집단에 속박되어 힘겨워하던 10대들에게 열광적인 지지를 받았고, 그 열풍은 민족과 계급에 주눅 들어있던 청년세대로까지 확산되었죠.

　　우스운 것은 환원 불가능한 '나'의 결과가 나이키 현상으로 상징되는 획일성이었다는 사실입니다.(요즈음은 노스페이스라더군요.) 이는 10대문화가 개성과는 무관한 일종의 패션(fashion)에 불과하다는 사실을 말해줍니다. 10대문화의 본질이 문화산업이 만든 아이돌 문화라는 점에서 그것은 당연한 일이라고 할 수 있을 겁니다. 더욱 심각한 문제는 청년문화가 거기에 홀려 실종되어 버렸다는 것입니다. 대학축제를 보면 그 점을 쉽게 확인할 수 있습니다. 요즈음의 대학축제는 향락적이고 소비주의적이라고 비판받았던 70년대보다도 더 퇴행적입니다. 70년대의 대학축제는 그래도 다

종다양한 청년문화가 주축이었던 데 비해 요사이의 대학축제는 그 나물에 그 밥 같은 아이돌 문화가 휩쓸고 있으니까요. 사실 청년세대가 10대용 상업문화에 붙들려 있다는 것은 한심한 일이 아닐 수 없습니다. 청년기를 질풍노도의 시기라고도 합니다만, 청년이야말로 세계에 대한 도전정신으로 충일한 세대 아니겠습니까. 기성체제에 대한 도전은 언제나 청년의 몫이었습니다. 하지만 2000년대의 청년들은 체제의 요구에 맞춰 정답 외우고 스펙 쌓기에 여념이 없습니다. 왜냐고 물으면 생존하기 위해서라고 답합니다. 맞는 얘기입니다. 지금 청년세대는 미래의 전망이 보이지 않는 암담하고 우울한 시대를 살고 있습니다. 88만 원 세대라는 말이 상징하듯 실업과 비정규직이 기다리는 10 대 90의 시대를 현재의 한국사회는 걷고 있습니다. 이런 상황에서 청년들이 할 수 있는 일은 정답 외우기와 스펙 쌓기 밖에 없을 겁니다.

현재에 좌절하고 미래에 주눅 든 청년들이 위안을 갈망하는 것을 뭐라고 할 수는 없겠지요. 하지만 이들에게 제공할 양식이 과연 위안 밖에는 없는 걸까요. 나는 그렇지 않다고 생각합니다. 그런 점에서 문제는 오히려 문화 쪽에 있습니다. 위안을 넘어서는 무언가를 만들어내지 못하고 있는 문화 생산자들의 무능력과 무기력이 문제라는 겁니다. 1970-80년대의 대학문화가 더욱 그리워지는 것도 그래서일 터입니다. 시대정신이 담긴 청년문화가 용트림할 수 있는 터전은 대학 말고는 달리 없으니까요. 대학은 지금도 우리의 희망입니다.

▶▶▷ 하정일, 〈청년문화는 어디에 있는가〉, http://www.minmun.org, 2011.12.26

(2) 토의

토의란 어떤 문제에 대하여 함께 검토하고 협의하는 일이다. 토론은 최선의 합리성을 구하는 과정이므로 협력도 필요하다. 치열한 논쟁을 거치면서 서로의 차이와 함께 서로의 공통점도 알게 되면 합의의 가능성이 생기게 된다. 그러면 토론은 자연스럽게 논쟁에서 토의로 넘어가게 된다. 합의란 타협이 아니라 최선의 합리성을 구하기 위한 합리적 의견조율을 뜻한다. 따라서 토의에서는 유연하고 개방적인 태도를 가져야 한다.

다큐멘터리 영화 〈시코〉를 관람하고 의료 민영화의 폐해에 대해 토의해 보시오.

(3) 심의

심의란 어떤 안건을 조사하고 논의하여 결정하는 일이다. 심의는 검토하고 협의한다는 점에서 토의와 부분적으로 겹치기도 하지만, 대안을 찾거나 최종적인 결정을 내리는 특징을 갖고 있다. 특히 어떤 사안에 대한 대책을 마련하는 토론에서는 심의가 중요하다. 또한 심의는 무언가를 결정하는 작업이기 때문에 결정의 과정에서 논쟁도 발생하기 마련이다. 다만 그러한 토의나 논쟁들은 대안을 찾고 대책을 마련하기 위한 심의행위의 일환이라는 점에서 시시비비를 가리는 논쟁이나 의견조율을 목표로 하는 토의와는 다른 성질을 갖고 있다.

국가보안법은 국가의 안전을 위태롭게 하는 반국가 활동을 규제함으로써 국가의 안전과 국민의 생존 및 자유의 확보를 목적으로 제정된 법률이다. 이 법은 1948년에 만들어진 후 몇 차례 개정되긴 했지만, 그 본질적 내용은 현재까지 그대로 유지되고 있다. 국가보안법의 필요성에 대해서는 법 제정 시기부터 논란이 있어왔다. 지금도 국가보안법이 사상의 자유와 표현의 자유를 침해하는 악법이므로 폐지되어야 한다는 주장과 분단상태라는 특수성을 감안해 이 법을 존치시켜야 한다는 주장이 맞서고 있다. 국가보안법 존폐 여부에 대해 심의해 보시오.

1장 글쓰기의 기초

1. 글쓰기의 이해

강상중 ,『고민하는 힘』, 이경덕 옮김, 사계절, 2008.

김영하,「연애편지적 글쓰기」,『김영하·이우일의 영화 이야기』, 마음산책, 2003.

도정일,「여행자의 이야기-신입생을 위하여」,『씨네21』, 디스토피아 유토피아.

발터 벤야민,『일방통행로/사유이미지』, 김영옥·윤미애·최성만 옮김, 도서출판 길, 2007.

2. 글쓰기의 첫걸음

귀스타브 플로베르,『통상관념사전』, 진인혜 옮김, 책세상, 2003.

모리스 블랑쇼,『문학의 공간』, 박혜영 옮김, 책세상, 1998.

베르나르 베르베르,『상대적이며 절대적인 지식의 백과사전』, 이세욱 옮김, 열린책들, 1996.

오주석,『오주석의 한국의 미 특강』, 솔, 2008.

장정일,『보트하우스』, 산정, 1999.

2장 쓰기의 기본기

국어교재편찬위,『국어와 작문』, 도서출판 개신, 2002.

김봉군 외,『작문의 원리와 실제』, 새문사, 1999.

조창환 외,『글쓰기의 전략과 실제』, 관동출판, 2006.

3장 글쓰기의 절차

1. 상황맥락 분석하기

교육과학기술부,『2007년 개정 고등학교 국어과교육과정 해설』, 2008.

박경미,『수학 비타민』, 중앙M&B, 2003.

생텍쥐페리,『어린 왕자』, 문예출판사, 1998.

2. 주제 정하기

김경훤 외 9명,『창조적 개성과 개성적 글쓰기』, 성균관대학교 출판부, 2008.

박정자,「유행의 문법: 팬티가 드러나는 청바지는 젊음의 반항이 아니다」,『로빈슨 크루소의 사치』, 기파랑, 2006.

3. 글감 만들기

문화체육관광부,「'2009 국민독서실태조사' 결과 요약」, 문화체육관광부 보도자료, 2010.1.28.

장정일,「행복」,『생각: 장정일 단상』, 행복한책읽기, 2005.

한철우 외,『사고와 표현』, 교학사, 2003.

4. 개요 작성하기

　황현산, 「영어강의도 사회문제다」, 『한겨레』, 2010.1.8.

5. 서술하기

　김승옥, 「무진기행」, 『김승옥 소설전집1』, 문학동네, 2001.

　마이클 샌델, 『정의란 무엇인가』, 이창신 옮김, 김영사, 2009.

　말하기와 글쓰기 편찬위원회, 『말하기와 글쓰기』, 원광대학교출판국, 2002.

　박태순, 「서울의 방」, 『무너진 극장』, 정음사, 1972.

　유홍준, 『나의 문화유산답사기』, 창작과비평사, 1993.

　이기종 편저, 『논술과 작문쓰기』, 학문사, 2005.

　이태준, 『문장강화』, 창작과비평사, 1988.

　최상규, 『글을 어떻게 쓸 것인가』, 정음사, 1985.

　칼 세이건, 『코스모스』, 홍승수 옮김, 사이언스북스, 2004.

　하근찬, 「수난이대」, 『하근찬 선집』, 하정일 엮음, 현대문학, 2011.

　황보현, 「박지성 시즌 8호골 터졌다」, 『아시아투데이』, 2012.1.15.

6. 고쳐 쓰기

　이태준, 『문장강화』, 창작과비평사, 2002.

　정희모 외, 『대학 글쓰기』, 삼인, 2008.

4장 삶과 글쓰기

1. 대학에서의 글쓰기

　건국대학교글쓰기연구회 편, 『글쓰기의 기술』, 파미르, 2006.

　고려대학교출판부 편, 『새로운 논문 작성법』, 고려대학교출판부, 2001.

　김동우, 『공학도를 위한 글쓰기 노하우』, 생능출판사, 2008.

　자기표현과 글쓰기 편찬위원회 편, 『자기표현과 글쓰기』, 도서출판 경진, 2011.

2. 사회에서의 글쓰기

　나카노 아키오, 『기획서 잘 쓰는 법』, 나상억 옮김, 21세기북스, 2003.

　임재춘, 『한국의 이공계는 글쓰기가 두렵다』, 마이넌, 2003.

　「자기소개서, 비슷하고 진부한 내용은 감점」, 『중앙일보』, 2005.2.13.

　http://www.bizforms.co.kr/bizcontents/qna/qna_41.asp

　http://www.work.go.kr

3. 디지털시대의 글쓰기

　김동우, 『공학도를 위한 글쓰기 노하우』, 생능출판사, 2008.

　장원길 외, 『매혹적인 말하기와 프레젠테이션』, 글누림, 2010.

참고문헌

5장 학문과 글쓰기

1. 인문학과 글쓰기

도스또예프스끼, 『죄와 벌』, 홍대화 옮김, 열린책들, 2004.

무라카미 하루키, 『그러나 즐겁게 살고 싶다』, 김진욱 옮김, 문학사상사, 1996.

박이문, 『사유의 열쇠』, 산처럼, 2005.

아리스토텔레스, 『시학』, 천병희 옮김, 문예출판사, 2006.

에드워드 핼릿 카, 「역사와 사실」, 『역사란 무엇인가』, 이기백·차하순 엮음, 문학과지성사, 1985.

2. 사회과학과 글쓰기

김준, 『소심한 김대리 직딩일기』, 철수와영희, 2007.

고병권, 『화폐, 마법의 사중주』, 그린비, 2011.

월터 J. 옹, 『구술문화와 문자문화』, 이기우·임명진 옮김, 문예출판사, 1995.

홍성욱, 『파놉티콘: 정보사회 정보감옥』, 책세상, 2007.

3. 자연과학과 글쓰기

나희덕, 「옥수수밭이 있던 자리」, 『야생사고』, 창작과비평사, 2009.

리처드 도킨스, 『이기적 유전자』, 홍영남 옮김, 을유문화사, 2001.

에드워드 드 보노, 『톡톡 튀는 아이디어가 샘솟는 드 보노의 수평적 사고』, 이은정 옮김, 한언, 2005.

이블린 폭스 켈러, 『생명의 느낌』, 김재희 옮김, 양문, 2001.

존 로이드·존 미친슨, 『동물 상식을 뒤집는 책』, 전대호 옮김, 해나무, 2011.

최재천, 『통섭의 식탁』, 명진출판, 2011.

4. 예술과 글쓰기

강연호, 「신발의 꿈」, 『현대시학』, 2002년 6월호.

김훈, 『자전거 여행』, 생각의나무, 2004.

마르틴 하이데거, 『예술 작품의 근원』, 오병남·민형원 공역, 예전사, 1996.

박정자, 『빈센트의 구두』, 기파랑, 2005.

베르나르 베르베르, 『상대적이며 절대적인 지식의 백과사전』, 이세욱 옮김, 열린책들, 1996.

오주석, 「추운 시절의 그림, 김정희의 〈세한도〉」, 『옛 그림 읽기의 즐거움』, 솔출판사, 1999.

이석원, 『현대음악』, 서울대학교출판부, 1999.

정재승, 「육식」, 『한겨레21』, 2011.11.25.

진중권, 「세상이 사라졌으면」, 『놀이와 예술 그리고 상상력』, 휴머니스트, 2005.

츠베탕 토도로프 역음, 『러시아 형식주의』, 김치수 옮김, 이화여자대학교출판부, 1997.

글쓰기 이론과 실제

글쓰기 이론과 실제

© 원광대 〈글쓰기 이론과 실제〉 교재 편찬위원회, 2012

1판 1쇄 발행__2012년 02월 25일
1판 3쇄 발행__2018년 02월 27일

지은이__원광대 〈글쓰기 이론과 실제〉 교재 편찬위원회
펴낸이__양정섭

펴낸곳__도서출판 경진
     등 록__제2010-000004호
     주 소__경기도 광명시 소하동 1272번지 우림필유 101-212
     블로그__http://kyungjinmunhwa.tistory.com
     이메일__mykorea01@naver.com

공급처__(주)글로벌콘텐츠출판그룹
     대 표__홍정표
     디자인__김미미
     기획·마케팅__노경민 이종훈
     주 소__서울특별시 강동구 풍성로 87-6
     전 화__02-488-3280
     팩 스__02-488-3281
     홈페이지__www.gcbook.co.kr

값 10,000원
ISBN 978-89-5996-148-1 93710